Presentazione

W0375271

L'impegno straordinario di ricostruzione perfetta del Settecento inglese in *Barry Lyndon* non ci consegna soltanto un esempio di grande film, ma investe direttamente la questione fondamentale: che cos'è il cinema? Kubrick esplicitamente disegna un mondo che è insieme totalmente creato e assolutamente ricreato. È creato perché è inventato dal gesto compositivo dell'autore e dai suoi collaboratori, si manifesta come un mondo nuovo che si aggiunge agli altri mondi, e accresce la nostra esperienza e la nostra conoscenza. Ma insieme questo mondo è ricreato, cioè non nasce *ex novo* dalla fantasia visiva di Kubrick, bensì è realizzato sulla base di modelli preesistenti e quanto mai suggestivi. Questi modelli ovviamente non sono la realtà del Settecento, che noi certamente non possiamo più percepire direttamente, ma sono le immagini del mondo settecentesco che l'arte ci ha lasciato, dei sistemi di segni che rinviano certo al visibile settecentesco, ma che insieme ne sono diversi perché rielaborati pittoricamente con uno stile e una sapienza mirabili, sicuramente specifici e particolareggiati. Hogarth, Constable, Gainsborough, Reynolds e gli altri pittori inglesi ci mostrano il mondo che vedono, ma lo fanno rielaborandolo e ricomponendolo attraverso una visione personale – come Ernst Gombrich ha mostrato brillantemente in *Arte e illusione*. E Kubrick, che ci dà il mondo di *Barry Lyndon* riscrivendo filmicamente le immagini dei grandi pittori del Settecento, crea un sistema di segni dinamici che riprende e rielabora i sistemi di segni dei pittori. Ci dà un'opera che riorganizza il mondo attraverso le ricreazioni di altri artisti, ci dà qualcosa che non è la realtà, ma un simulacro, non la storia, ma la sua rielaborazione visiva e mentale, somigliante e differente, proprio come un simulacro. D'altronde Kubrick non lavora con questa opzione formale solo sul Settecento. Aveva già ricreato il futuro in *Arancia meccanica* mediante un'invenzione del mondo come estensione e proiezione di modelli visivo-spaziali della pop art, da Oldenburg a Lichtenstein, da Warhol a Ramos ad Allen Jones. E aveva affermato l'immagine filmica come segno di segno, cioè configurazione ipersemiotizzata che rinvia ad altre configurazioni. Sono esperienze filmiche radicali in cui il cinema non è solo inventato dal gusto del grande artista, ma inverato nella sua struttura profonda.

PAOLO BERTETTO

Kubrick, o dell'ossimoro

di *Enrico Carocci*

I.

Nel 1959, in un profilo pubblicato su «Film Quarterly», Colin Young definiva Stanley Kubrick come «il più controverso dei nuovi registi hollywoodiani, con quattro film indipendenti alle spalle»[1]. L'etichetta di "indipendente" accompagnava Kubrick da tempo, come dimostrano queste parole da una recensione a *Rapina a mano armata* (*The Killing*, 1956):

> [a] ventott'anni Kubrick è riuscito a ottenere [...] una posizione invidiabile, con un produttore che cofinanzia i suoi film e gli assicura l'indipendenza. Armato infatti di indipendenza di spirito, oltre che di risorse finanziarie, Kubrick costituisce una minaccia più che mai necessaria[2].

Essere indipendente, per un cineasta americano dell'epoca, poteva implicare il rifiuto di ogni rapporto ogni rapporto con l'industria dominata dalle major, per individuare modalità alternative di finanziamento e distribuzione; oppure il dialogo con quel sistema, per gestire la realizzazione di un prodotto che fosse in grado di soddisfarne le richieste.

Soprattutto negli anni cinquanta, la critica più impegnata tentò di riportare Kubrick al primo modello, dipingendo talvolta la figura di un cineasta-artista che resiste ai vincoli di un capitale omologante per realizzare film di qualità. Kubrick stesso, nelle interviste del periodo, si esprimeva in termini simili. È però evidente che si trattava in parte di una strategia di autopromozione: fin dagli esordi, infatti, egli optò per la seconda strada. Soltanto con *Paura e deside-*

rio (*Fear and Desire*, 1953) mantenne le distanze dall'industria; e tuttavia, come mostrato da Peter Krämer, uno studio di quel caso consente di individuare i «limiti dell'autonomia» che già all'epoca Kubrick si impose nel tentativo di raggiungere, almeno in linea di principio, un pubblico non di nicchia[3].

L'insuccesso del film, che ebbe una distribuzione alternativa, deve aver convinto Kubrick a valutare diversamente, per il futuro, i generi a basso costo maggiormente distribuiti nei circuiti commerciali: di qui probabilmente i noir urbani de *Il bacio dell'assassino* (*Killer's Kiss*, 1955) e *Rapina a mano armata*, quest'ultimo ulteriormente rinforzato sul piano produttivo dall'incontro con James Harris e dalla nascita della società Harris-Kubrick.

Robert Sklar, in un articolo seminale, ha ricordato come la distanza di Kubrick dall'industria cinematografica sia stata solo apparente: fu alimentata dalla lontananza fisica del regista, che a partire dalla lavorazione di *Lolita* (*Id.*, 1962) si spostò in Inghilterra, nonché dalla figura di artista intransigente che Kubrick continuò a promuovere. Un fatto rimane però fermo: Kubrick «ha lavorato, almeno una volta, con quasi tutte le "major": United Artists, Universal, Columbia, MGM e Warner Bros. Queste compagnie hanno distribuito i suoi film e hanno partecipato al finanziamento di alcuni di essi»[4]. La novità del caso kubrickiano risiede piuttosto, secondo Sklar, nel modo particolare con cui il cineasta interpretò le regole del sistema produttivo hollywoodiano.

Il rapporto tra Kubrick e l'industria statunitense si comprende, inoltre, se inquadrato nel periodo dei cambiamenti all'interno del sistema hollywoodiano dopo la "sentenza Paramount" e l'avvento della televisione, tra gli anni cinquanta e i sessanta. Kubrick ottenne effettivamente, nel corso di quegli anni, un livello di autonomia che progressivamente lo portò a esercitare il controllo sui propri film in una misura impensabile per qualsiasi altro cineasta.

Non bisogna però pensare a un caso isolato per principio. Sempre più spesso, all'epoca, le major seguivano il modello della United Artists, che si limitava a distribuire film prodotti da indipendenti con i quali, altrettanto spesso, divideva i profitti. D'altra parte, risale a quel periodo lo spostamento di Hollywood da un sistema basato su *producer units* verso un sistema di *package units*, con

gruppi di indipendenti che venivano assunti per la realizzazione di singoli progetti all'interno dei quali i registi potevano raggiungere un certo livello di controllo[5].
C'erano insomma delle condizioni favorevoli, di natura innanzitutto produttiva, grazie alle quali Kubrick poté entrare in contatto con la grande industria pur rimanendo indipendente, e anzi riuscendo a estendere, nel giro di un decennio, i margini di autonomia consentiti. È soltanto grazie a questa costante interazione con le major che il regista guadagnò, nel corso degli anni, il potere contrattuale che gli consentì di diventare l'"autore cinematografico" per eccellenza.

2.

«How did they ever make a movie of Lolita?»: il manifesto del film che Kubrick adattò dal romanzo omonimo di Vladimir Nabokov rifletteva ironicamente sulle condizioni di possibilità di un'operazione che, nel 1962, appariva effettivamente difficile da realizzare. Bisogna ricordare, tuttavia, che anche la presentazione dei propri film come delle *sfide* al senso comune era parte della strategia comunicativa adottata dal regista.
Dieci anni prima, nel '52, la Corte Suprema aveva posto i film sotto il primo emendamento della Costituzione, affermando così il principio della libertà di espressione per ciò che riguardava l'arte cinematografica. Da quel momento i comitati di censura cominciarono a rilasciare il visto a un numero crescente di film – soprattutto a quelli di importazione, che potevano affrontare più facilmente temi e situazioni che il Production Code o la Catholic Legion of Decency avrebbero bollato come "oscene". Gli studios tentarono di trarre vantaggio da questo processo, avendo compreso che proporre in sala film con tematiche "adulte" avrebbe aiutato il cinema a contrastare la concorrenza crescente della televisione. Il processo fu comunque lento: ancora all'inizio degli anni sessanta il Codice Hays, pur emendato, continuava a costituire un ostacolo per la realizzazione di film come *Lolita*.
Già con il lancio dei lungometraggi precedenti Kubrick aveva co-

struito la propria immagine di cineasta intraprendente accettando, e sfruttando, il restrittivo senso del pudore degli ambienti cinematografici. Si pensi ai manifesti dei suoi primi lavori: pur promuovendo film molto diversi tra loro, suggerivano continuamente allo spettatore la possibilità di compiere viaggi all'interno di territori proibiti. In una versione del manifesto di *Paura e desiderio*, ad esempio, così si sintetizza la vicenda: «Trapped... 4 desperate men and a strange half-animal girl!»; in un altro, per *Il bacio dell'assassino*, leggiamo: «Her soft mouth was the road to sin-smeared violence!». Ancora, una locandina di *Rapina a mano armata* accompagna immagini allusive con la scritta «In all its fury and violence... Like no other picture since *Scarface* and *Little Caesar*!»; mentre in una versione del manifesto di *Orizzonti di gloria* (*Paths of Glory*, 1957), che anticipa la strategia del lancio di *Lolita*, si afferma che «It explodes in the no-man's land no picture ever dared cross before!».

Si trattava evidentemente di campagne che seguivano una modalità sensazionalistica all'epoca diffusa, e che finiva tra l'altro per accomunare film di *exploitation*, *b-movies* e film d'arte sotto l'etichetta della trasgressione. Il manifesto di *Lolita*, in questo contesto, era particolarmente intelligente: non si focalizzava sull'erotismo del già noto romanzo di Nabokov, bensì esaltava il coraggio di chi aveva osato portare temi scabrosi sul grande schermo nonostante la rigidità delle censure, per poi rinforzare il messaggio con l'immagine ammiccante della giovane Sue Lyon.

Il film, com'è noto, non manteneva la promessa di trasgressione che la pubblicità suggeriva: i temi affrontati nel romanzo erano così scabrosi che, come risulta dalle ricerche sulla lavorazione, censure di ogni tipo arrivarono a incidere su ogni fase della lavorazione[6]. Kubrick si dichiarò spesso insoddisfatto del risultato; ma una maggiore insoddisfazione fu espressa da pubblico e critica, secondo una dinamica che avrebbe accompagnato il lancio di molti dei film kubrickiani successivi, fino a *Eyes Wide Shut* (*Id.*, 1999). «How did they ever make a movie of Lolita?», chiedeva il manifesto del film; in effetti, scrisse qualcuno all'epoca, «they didn't»[7].

Per la prima volta, ad ogni modo, si tentava di trasformare l'uscita di un film di Kubrick in un *evento*: una strategia che pure cominciava a diffondersi con l'acuirsi della crisi delle sale, e che sarebbe stata ulteriormente sfruttata dal regista negli anni a venire. Come nota Thomas Elsaesser, infatti, sempre più dopo *Lolita* i film di questo cineasta sarebbero stati presentati come dei «pezzi unici» o dei «prototipi», secondo una modalità che promuoveva la figura dell'autore ma risultava, in ultima analisi, decisiva anche per i suoi committenti[8].

3.

Kubrick cercava dunque l'attenzione del pubblico e della critica promettendo film fuori dai limiti e autopromuovendosi come giovane regista intransigente. Ma la realizzazione dei suoi progetti era spesso il frutto di una quantità di riscritture e compromessi, la cui principale funzione era il mantenimento dell'interesse da parte dell'industria *mainstream*. Nel corso degli anni sessanta Kubrick avrebbe guadagnato una progressiva capacità di controllare ogni fase della realizzazione dei suoi film, incluso il marketing di lancio; ed è probabile che questa crescente autonomia, che negli anni aumentò al punto da diventare un caso unico, non sarebbe stata possibile senza la collaborazione con Kirk Douglas.
La tormentata vicenda produttiva di *Orizzonti di gloria* è esemplare. Quando fu presentata la prima versione del progetto, nel '56, la Harris-Kubrick aveva cominciato a collaborare con la MGM, grazie all'interesse del responsabile di produzione Dore Schary. Schary rifiutò però *Orizzonti di gloria*, soprattutto per la cattiva luce che gettava sull'ordine militare francese[9], e accettò invece l'adattamento di un racconto presente nell'archivio dello studio, *Bruciante segreto* (*Brennendes Geheimnis*, 1911) dell'austriaco Stefan Zweig[10]. Tuttavia, nel corso di questa lavorazione (che iniziò presto ad accumulare ritardi), Harris e Kubrick continuarono a lavorare indipendentemente alla scrittura di *Orizzonti di gloria*. Nel frattempo, quando a Schary fu tolto l'incarico e l'accordo con Harris-Kubrick fu sciolto, la sceneggiatura di *Orizzonti di gloria* fu proposta alla United Artists, che chiese però una riscrittura radicale unita al nome di una grande star interessata a interpretare il film. Kubrick

e Harris accettarono, ma la nuova versione del film – che enfatizzava il ruolo di protagonista del colonnello Dax, per facilitare l'interesse di un divo – fu ancora rifiutata. A quel punto Kirk Douglas, che era alla ricerca di progetti per la propria neonata compagnia di produzione, la Bryna Productions, manifestò il proprio interesse. Dopo un ritardo iniziale, durante il quale Kubrick e Harris cercarono l'attenzione di Gregory Peck, Douglas dette la propria disponibilità: avrebbe prodotto e interpretato il film, e la Harris-Kubrick si sarebbe impegnata a realizzare con la Bryna altri cinque film. Harris e Kubrick, probabilmente malvolentieri, accettarono: il film fu così presentato alla United Artists, che in un primo momento rifiutò ancora, per poi accettare a causa del peso di Douglas, che impose il film[11].

Il progetto fu portato avanti in maniera caparbia e autonoma. Siamo però lontani dall'immagine del cineasta che «sceglie di restare del tutto indipendente dalle case di produzione più grosse», come scriveva Young nel già citato profilo del 1959[12]: un'affermazione che suona ancora più discutibile se pensiamo che, pochi mesi prima, Kubrick aveva accettato di lavorare alla regia di *Spartacus* (*Id.*, 1960). La vicenda è nota: le riprese del film, prodotto e interpretato da Douglas, erano appena cominciate con la regia di Anthony Mann. Quest'ultimo fu però allontanato, per ragioni non del tutto chiare, e sostituito da Kubrick. La realizzazione di *Spartacus* non era dunque parte dell'accordo con la Bryna: si trattò di una sorta di favore personale che il regista accettò di fare, nonostante le scarse possibilità di intervento[13].

Le ragioni delle collaborazioni con Douglas non sono trasparenti. Si può supporre che lo svantaggioso accordo con la Bryna sia stato accettato a causa del successo insufficiente di *Rapina a mano armata*; quanto alle condizioni di lavoro per *Spartacus*, sappiamo che Kubrick – che non girava film da due anni – ne era consapevole quando accettò di entrare nel progetto. Le conseguenze della collaborazione, ad ogni modo, furono proficue. Dopo *Spartacus*, innanzitutto, la Harris-Kubrick poté annullare l'accordo con la Bryna, per proseguire con la realizzazione di film più personali (*Lolita*). Kubrick, inoltre, sostenne in seguito i propri progetti con potere negoziale rinforzato: poté rifiutare ad esempio nel

1964 (anno del successo de *Il dottor Stranamore*; *Dr. Strangerlove*) una favorevole proposta da parte della Columbia[14], per firmare qualche mese dopo un contratto ancora più vantaggioso con la MGM, grazie al quale realizzò *2001: Odissea nello spazio* (*2001: A Space Odyssey*, 1968) con un margine di autonomia inedito.
Il rapporto con Douglas consentì dunque a Kubrick di accrescere la propria reputazione, da "ragazzo prodigio" a cineasta maturo e responsabile che, sebbene poco più che trentenne, era in grado di maneggiare grandi budget. Gli accostamenti tra Kubrick e figure come von Stroheim o Welles, in questa prospettiva, risultano ampiamente fuorvianti. Nel 1970, considerando l'affidabilità del regista e i risultati di *2001*, la Warner Bros. propose a Kubrick un contratto che gli consentiva di rimanere in Inghilterra: avrebbe fatto riferimento agli studi londinesi della major, che si sarebbero occupati della produzione, e avrebbe ottenuto come regista il 40% dei profitti, la libertà di scegliere i soggetti, la possibilità di stabilire la durata della lavorazione, nonché la garanzia del *final cut*. Il contratto prevedeva la realizzazione di tre film, e costituì il quadro all'interno del quale Kubrick realizzò *Arancia meccanica* (*A Clockwork Orange*, 1971), *Barry Lyndon* (*Id.*, 1975) e *Shining* (*The Shining*, 1980).

4.

Negli anni quaranta, mentre studiava con svogliatezza, il giovane Kubrick iniziò a frequentare le sale cinematografiche del Bronx nonché le proiezioni del MOMA e dell'Amos Vogel's Cinema 16. Nel 1953, quando realizzò *Paura e desiderio*, il regista venticinquenne aveva visto film commerciali americani di ogni genere, film d'arte importati e film sperimentali destinati ai circuiti alternativi: possedeva, insomma, un'eterogenea ma solida cultura cinematografica. La sua formazione non fu però propriamente cinefila, e soprattutto non fu caratterizzata dal gusto tipico della *auteur theory* di stampo francese che Andrew Sarris avrebbe contribuito ad "americanizzare". Sembra che l'interesse di Kubrick per il cinema fosse specialmente tecnico, e almeno inizialmente motivato dalla convinzione di riuscire a realizzare film migliori di molti prodotti hollywoodiani: per questo motivo, convinto di poter imparare anche dai film mediocri, non sceglieva le proiezioni a cui assistere sulla base del proprio gusto. In linea di massima, guardava al cinema commerciale con sufficienza; lo colpì profondamente, tuttavia, il lavoro di alcuni cineasti: da Elia Kazan a Max Ophüls, da Charlie Chaplin a Sergej Ejzenštejn, di cui lesse gli scritti teorici allora disponibili in inglese.

Kubrick non fu insomma un critico cinematografico passato alla regia, né un cineasta laureato all'università; era stato però, fin da giovane, un intellettuale autodidatta dalla formazione eclettica. Sono di grande interesse, a questo proposito, le recenti ricerche che hanno contribuito alla ricostruzione della sua biografia intellettuale. Pensiamo soprattutto al lavoro di Nathan Abrams[15], dedicato all'impatto dell'identità etnica sulla produzione kubrickiana, e in particolare alle tracce di cultura ebraica che talvolta emergono nei suoi film (ricordiamo che le origini di Kubrick erano ebraiche e mitteleuropee: il padre Jacob Cubrick, poi Jack o Jacques Kubrick, era di origini austriache, così come la madre, Gertrude Perveler)[16]. Si tratta di tracce che spesso soltanto letture sintomali dei film, talvolta rischiose, sono in grado di sottolineare. I risultati migliori, tuttavia, fanno emergere dati interessanti: ad esempio il fatto che Kubrick fosse portato a diluire i riferimenti alla *Jewishness*, magari presenti nei testi letterari di partenza, non tanto per indifferenza culturale quanto per la necessità di rendere popolari i propri film. Emerge insomma, anche sotto questo aspetto, come la considerazione del dialogo con l'industria *mainstream* sia imprescindibile per ogni indagine sui significati dei film kubrickiani.

Negli anni cinquanta inoltre, ricorda Abrams, Kubrick fu influenzato dal gruppo dei cosiddetti New York Intellectuals, che com'è noto erano per lo più scrittori e critici ebrei, di sinistra ma avversi al comunismo sovietico. Kubrick ne condivise una serie di preoccupazioni connesse al mondo occidentale dopo l'Olocausto e, pur rimanendo marginale rispetto al gruppo, assorbì il loro interesse per la psicoanalisi, l'esistenzialismo e l'intellettualismo. Si tratta di un'inclinazione effettivamente evidente in *Paura e desiderio*: il regista prese presto le distanze da quel film, ma il modo in cui temi e motivi lì presenti sono stati rielaborati nei film successivi ci indica la misura della metamorfosi di un atteggiamento mai abbandonato negli anni a venire.

La formazione di Kubrick è dunque, in parte, quella di un intellettuale newyorkese ebreo interessato a grandi questioni culturali, non schierato politicamente ed eclettico nei gusti e nei riferimenti. Si consideri questa dichiarazione del '59 di Dwight Macdonald, che fu uno dei più noti esponenti del gruppo: «Ho trascorso tre interessanti ore con Stanley Kubrick, il più talentuoso tra i giovani registi, discutendo su Whitehead, Kafka, *Potëmkin*, buddismo zen, sul declino della cultura occidentale, e sull'ipotesi per cui la vita val la pena di essere vissuta soltanto agli estremi – fede religiosa o vita dei sensi; è stata una tipica conversazione newyorkese»[17]. Se ricordiamo che Macdonald avrebbe pubblicato di lì a poco *Masscult and Midcult* (1960), un celebre saggio che attaccava la cultura americana *middlebrow* assumendo posizioni elitarie, possiamo immaginare il motivo per cui Kubrick non poté aderire completamente alla "famiglia" degli intellettuali newyorkesi – soprattutto dopo essere entrato in contatto con istituzioni del *Midcult* come la rivista «Look» e gli studi hollywoodiani.

Non a caso poco dopo Macdonald, nonostante la stima per il regista, fece emergere in una recensione di *Lolita* quella che per lui era una chiara contraddizione: si possono comprendere, scrisse in sostanza, le ragioni di Kubrick in quanto *businessman*, ma nondimeno è impossibile perdonare le molte concessioni fatte ai puritani dal Kubrick *artista*[18]. Lo scrittore avrebbe preferito un maggiore coraggio a dispetto di tutto, senza comprendere che il cineasta stava mettendo in atto un progetto che non intendeva cristallizzarsi nella logica binaria che oppone il *businessman* e l'artista. Il progetto di Kubrick accompagnava il declino della cultura borghese descritto ad esempio da Eric Hobsbawm[19], e stava contribuendo peraltro all'evoluzione dello stesso *Midcult* insieme a quella del cinema industriale e della cultura di massa.

5.

Scriveva Norman Kagan nel 1972, introducendo una delle prime monografie dedicate a Kubrick:

questo libro si basa sulla *auteur theory*, secondo cui un regista di film ha la stessa libertà e capacità di controllo nel dar forma alle proprie creazioni di quanta ne hanno scrittori, pittori e altri artisti. Kubrick è chiaramente il sogno di ogni *auteur critic*: scrive, gira, dirige, monta, e spesso gestisce la propria pubblicità [...]; i suoi film sono più vicini all'opera d'arte personale rispetto a ogni altro nell'ambito del cinema commerciale[20].

Nonostante le molte stroncature da parte di critici autorevoli ("autorialisti" e non), Kubrick diventò presto un prototipo di autore cinematografico: la precisione che dedicava a ogni fase della realizzazione di un film generò presto un rapporto di fiducia con i suoi interpreti, sicuri di poter individuare perfino nei dettagli gli indici di un'intenzionalità rinforzata dall'evidente coesione stilistica e tematica. La filmografia di Kubrick a questo proposito era sempre più «chiusa», come scrive Michele Guerra, e anche questo ha contribuito a generare l'«aura mitica»[21] che circondò il cineasta dopo *2001*, nonché, soprattutto a partire dagli anni ottanta, l'immagine del genio isolato che vive per la propria arte.
Il trasferimento nei dintorni di Londra non implicava però, abbiamo visto, un allontanamento radicale dall'industria statunitense. Come ricorda Elsaesser, lavorare in Inghilterra significava aderire a un'efficace strategia elaborata a Hollywood: Kubrick seguì di fatto il modello di registi più giovani come Scorsese o Spielberg, «che grazie alle società da loro costituite crearono un rapporto professionale a lungo termine, oltre che un legame personale con un paio di personaggi chiave delle case cinematografiche riconglomerate». La distanza strategica dagli Stati Uniti, insomma, non era sintomo di un vezzo: dagli anni sessanta in poi, infatti, l'industria inglese «divenne [...] una significativa risorsa per la nuova Hollywood in materia di infrastrutture»[22].
Non bisogna con questo minimizzare la portata dell'ambiziosa dedizione con la quale Kubrick interpretò la propria funzione di autore cinematografico. La responsabilità finanziaria di Kubrick, la

sua attenzione alle questioni amministrative e la sua competenza di tecnico, infatti, erano parte di una più complessa strategia che aveva come finalità l'esercizio del controllo e dunque, in ultima istanza, la costruzione di una figura autoriale che combinasse il ruolo produttivo, quello professionale e quello estetico[23]. In anticipo sui tempi, inoltre, Kubrick cercava di imporre un modello di autore inteso come *brand*: come scrive acutamente Gianfranco Marrone, egli fu «ideatore, promotore, produttore e traduttore di quel marchio identitario che porta il suo nome, a partire da cui la serie altrimenti sfilacciata e opaca delle sue opere non saprebbe o non potrebbe trovare un centro unitario che ne garantisca la riconoscibilità comunicativa e il valore culturale»[24].

Sarà chiaro, a questo punto, quanto stiamo cercando di evidenziare: non è possibile, affrontando il lavoro di Kubrick, separare nettamente la cura delle questioni estetiche dall'attenzione per quelle amministrative, il lavoro dell'artista da quello del tecnico o del produttore. Non si può dire che Kubrick sia rimasto al di fuori del sistema hollywoodiano, più di quanto non si possa dire che sia rimasto all'interno di esso: egli ha delineato un perimetro al cui interno i termini che troppo spesso vengono considerati opposti – l'arte e il mercato – si trovano affiancati e non in contraddizione. Questo spazio di lavoro, costruito nel corso del tempo e per progressivo affinamento, esprime l'atteggiamento *totalizzante* dell'autore Kubrick. L'ambizione che lo muoveva era quella di tenere insieme istanze che il senso comune considerava distinte; la spinta che lo alimentava era il timore di non riuscirvi, o di diventare vittima dei propri mezzi. Come negli scacchi, il gioco di Kubrick consisteva nel continuo evitamento di situazioni che avrebbero implicato l'impossibilità di muoversi.

Scriveva alla fine del 1960, in una serie di appunti per «The Observer», che «la cosa importante in un film non è tanto arrivare al successo, quanto evitare i fallimenti, perché ogni flop limita le opportunità future di girare i film che vuoi»[25]. Si trattava soprattutto, per Kubrick, di individuare e sviluppare opportune «tecniche per evitare i problemi»[26]: per evitare cioè gli errori fatali dovuti al fatto di essersi inserito in un sistema all'interno del quale si è facilmente sostituibili. Il che è alla base, tra l'altro, di temi e motivi cari al suo

cinema: il terrore di poter essere espulsi o rimpiazzati, l'ansia di compiere l'errore irreparabile, la lotta contro dispositivi assoggettanti, la necessità di mantenere il controllo, la difficoltà nel contenere gli istinti e nell'accettare le regole dei giochi sociali.
I principali nuclei tematici kubrickiani sono stati lucidamente descritti da Ruggero Eugeni, che ne individua il nucleo originario nella «crisi del modello della ragione occidentale»: un tema "alto" che deriva dall'apprendistato intellettuale del regista, e che tuttavia Kubrick affronta «non con strumenti concettuali e mediante verbalizzazioni», bensì «con mezzi esclusivamente cinematografici, visivi e auditivi»[27]. Il *brand* kubrickiano, in effetti, si nutre di una feconda dialettica tra superficie e profondità: tra la facilità rassicurante dell'esperienza sensoriale e la complessità inquietante della ricerca del significato.

6.

Le interpretazioni della filmografia kubrickiana hanno messo in gioco un complesso intreccio di riferimenti storici, culturali e filosofici. Nei film di Kubrick si riconosce, innanzitutto, una *summa* di questioni che riguardano innanzitutto la modernità: Sandro Bernardi, ad esempio, ha visto in *Eyes Wide Shut* un testamento, «la più profonda, amara critica del Novecento e della città, descritta come regno delle immagini»[28], in cui si evoca la Vienna di Schnitzler mentre si mostra una New York contemporanea abitata dai fantasmi d'inizio secolo[29] e del Settecento.
Non possiamo dare conto in questa sede del dibattito[30]: diremo che, in linea generale, i film di Kubrick sono manifestazioni tardomoderne di istanze e modelli estetico-culturali precedenti. Le sue immagini ad esempio, come scrive Michele Cometa, «cannibalizza[no] la storia della visualità occidentale» e la rileggono con «occhio neoclassico»[31], raccontando in particolare le sorti del regime della prospettiva nel suo confronto con i dispositivi novecenteschi[32]. Più in generale, il cinema di Kubrick mette in forma una rigorosa interrogazione dell'*occhio*, che Francesco Casetti intende come grande figura ossimorica del Novecento[33]; e problema-

tizza la funzione dello sguardo, di modo che, come scrive Vito Zagarrio, l'ultimo titolo, *Eyes Wide Shut*, costituisce «una sorta di inno alle contraddizioni del cinema, delle sue radici, delle sue eredità culturali, del suo sguardo»[34].
Seguendo una suggestione diversa, la questione del modernismo kubrickiano può essere posta in chiave protonovecentesca e mitteleuropea: pensiamo soprattutto a James Naremore, che riporta una definizione di Tom Gunning secondo cui Kubrick può essere considerato come l'«ultimo autore viennese»[35]. Si tratta di una definizione singolare, che rende conto di alcuni modelli che Kubrick portò nel suo cinema nonché, probabilmente, di un'idea di arte che ne accompagnò l'evoluzione. Recentemente Giulia Carluccio e Giaime Alonge hanno rilanciato la suggestione di Gunning: a ben vedere, infatti, «in tutto il cinema di Kubrick è determinante l'influenza della cultura mitteleuropea (e più in generale europea): dalla filosofia di Nietzsche alla psicoanalisi (Freud e Jung, in particolare), dalla letteratura di Joyce e Kafka allo straniamento brechtiano o, per quanto riguarda la musica, dai grandi compositori mitteleuropei classici alla dodecafonia»[36].
L'ipotesi di un Kubrick mitteleuropeo e viennese può essere ulteriormente sviluppata: potremmo ricordare i riferimenti a Schiele e Klimt tenuti presenti per *Eyes Wide Shut*[37], oppure l'ammirazione di Kubrick per Ophüls, cineasta che evocava atmosfere *fin de siècle* e che fu peraltro regista di adattamenti da Schnitzler e Zweig[38]. Le implicazioni del discorso non potrebbero essere però sistematizzate, poiché non è possibile stabilire entro quali limiti e secondo quali aspetti Kubrick si sia deliberatamente avvicinato alla cultura viennese a cavallo dei due secoli. I riferimenti univoci d'altronde, come abbiamo accennato, mal si adattavano alla logica del suo *brand*.
Possiamo tuttavia ricavare una suggestione di carattere generale. La cultura viennese a cavallo tra i due secoli, come scrive Eric Kandel, ha generato una «svolta verso l'interiorità», sviluppando «una visione della mente umana come ampiamente irrazionale per sua stessa natura»[39] nonché una volontà da parte degli artisti di esplorare impulsi istintuali come l'aggressività, l'erotismo e l'ansia. Il soggetto umano che Kubrick ha in mente è, a questo proposito, quello descritto da Freud e narrato da Schnitzler. Significativa è la

vicenda dell'adattamento di *Doppio sogno* (1926) che, immaginato alla fine degli anni sessanta, riemerse nella lavorazione di progetti successivi – dal film su Napoleone (Kubrick disse che «la sua vita sessuale era degna di Arthur Schnitzler»)[40] a *Shining* (tra le cui note di lavorazione c'è un appunto nel quale Kubrick immagina di inserire il racconto di una fantasia sessuale da parte di Wendy, che pure è una moglie fedele, a Jack)[41] – per realizzarsi solo nel '99 con *Eyes Wide Shut*. Identificare Schnitzler e la psicoanalisi, d'altra parte, non era difficile: nel 1922 Freud stesso scrisse di aver a lungo evitato lo scrittore per timore di incontrare il proprio *Doppelgänger*[42].

7.

Soprattutto dopo la svolta di *2001* Kubrick ha affermato più volte di voler coinvolgere il pubblico puntando innanzitutto su un livello pre-verbale della comunicazione – un livello che il regista concepisce in termini sostanzialmente psicoanalitici:

il cinema agisce a un livello molto più vicino alla musica e alla pittura che alla parola scritta, e naturalmente i film offrono l'occasione di trasmettere concetti complessi e astrazioni senza affidarsi alle parole [...]: un camionista dell'Alabama, che si presume abbia opinioni piuttosto limitate su qualsiasi altro argomento, è in grado di ascoltare un disco dei Beatles allo stesso livello di comprensione e percezione di un giovane intellettuale di Cambridge, perché le loro emozioni e il loro subconscio sono molto più simili del loro intelletto. Il legame comune è la reazione subconscia emotiva; e penso che un film che riesce a comunicare a quel livello possa avere uno spettro di impatto molto più profondo di qualsiasi forma di comunicazione verbale tradizionale[43].

Oppure, in termini simili:

Sul piano delle emozioni le persone si assomigliano molto di più che sul piano intellettuale. Il legame comune è la loro reazione emotiva inconscia. Guardare un film è come fare un sogno a occhi aperti. Agisce su parti del cervello che vengono raggiunte solo dai sogni o dal teatro, e lì si possono esplorare le cose senza alcuna responsabilità dell'ego conscio e della coscienza[44].

Si può pensare, almeno entro certi limiti, che l'interesse per Freud del giovane intellettuale newyorkese si sia rivelato a un certo punto funzionale al progetto cinematografico cui il cineasta dette forma nel corso degli anni, nel tentativo di conciliare un'idea di arte sostanzialmente elitaria con le esigenze di un mercato che richiedeva prodotti capaci di raggiungere un pubblico vasto. Non sfugga tuttavia, in queste riflessioni sul coinvolgimento, l'intreccio tra il gusto per l'astrazione concettuale e la ricerca di una base sensoriale-affettiva: l'esperienza che i film di Kubrick offrono agli spettatori consisteva, anche nella mente del loro autore, in quella paradossale forma di «conoscenza carnale» descritta da Annette Michelson[45], e non a caso indagata recentemente secondo i presupposti della *embodied cognition*[46].

Paolo Bertetto vede in Kubrick un cineasta che ha la capacità di «interpretare ed esprimere il pensiero»[47] pur lavorando innanzitutto sull'intensificazione percettiva; Bernardi, d'altra parte, scrive che Kubrick «fa della visione il piacere più banale e nello stesso tempo il lavoro più difficile», perché rende complessa e mai pacificata la «semplice arte del guardare»[48]. L'esperienza kubrickiana è dunque «un percorso di rigenerazione della conoscenza attraverso la percezione visiva», come scrive Eugeni: una traiettoria che parte «dal basso»[49], da livelli comunicativi elementari che sollecitano in primo luogo le emozioni comuni a tutti gli spettatori.

Il cinema di Kubrick, in ogni caso, è immediato sul piano dell'esperienza e insieme complesso su quello del significato, senza che sia possibile tenere distinti i due aspetti. Si tratta di una modalità che definisce le proprie dinamiche in termini ben espressi dalla figura dell'*ossimoro* – dal greco *oksýmōron*, composto di *oksýs* (acuto) e *mōrós* (ottuso). Il cinema di Kubrick è ossimorico, *acuto-ottuso*, perché non esiste in esso astrazione che non sia radicata nell'esperienza sensibile, né partecipazione che non implichi anche un certo distacco. Se Kubrick è un pensatore, lo è nella misura in cui elabora concetti partendo da dati sensoriali e affettivi; se è un autore, lo è nella misura in cui coniuga la difficoltà del cinema d'arte con la popolarità del prodotto culturale; se è un *brand*, lo è anche perché i suoi film costruiscono un *mood* particolare, in un regime emozionale che implica la partecipazione come la distanza.

Proprio a questa forma "ossimorica" del coinvolgmento kubrickiano dedicheremo le nostre riflessioni conclusive, riferendoci in particolare al caso emblematico di *Shining*.

8.

In molti parlano, a proposito dei capolavori kubrickiani, di un "cinema totale" che si avvale del contributo a pari titolo di letteratura, musica, pittura, gestualità e architettura. Kubrick è stato in effetti, come ha ricordato Paolo Cherchi Usai, un grande architetto del cinema[50], e Giuliana Bruno ha riconosciuto in lui «un maestro del movimento»[51] che invita gli spettatori ad attraversare percorsi architettonici. Se insistiamo su questo aspetto è perché il riferimento all'architettura evidenzia la fondamentale qualità *scenografica* del coinvolgimento nel cinema di Kubrick. È anche grazie a questa qualità che gli spazi kubrickiani, insieme alle figure che li abitano, circolano oggi nella cultura popolare con l'evidenza delle icone e il fascino degli enigmi.

Prendiamo ad esempio l'Overlook Hotel di *Shining*, una delle più celebri invenzioni kubrickiane. È stato ampiamente citato ne *I Simpson* (ad esempio nel sesto episodio della sesta stagione, *La paura fa novanta V* (1994)) oppure in film come *Toy Story* (1995), per caratterizzare l'inquietante appartamento di Sid, o più di recente in *Ready Player One* (2018). La sua natura di horror "luminoso" lo ha reso adatto alla realizzazione di uno dei primi *fake trailers* (realizzato nel 2005 da Robert Ryang, che trasformò il film in una commedia sentimentale), mentre le sue incongruenze spaziali lo pongono al centro di una quantità di video-analisi circolanti sul web (ricordiamo a proposito anche il documentario *Room 237* (2012)). Infine, la sua presenza visiva lo ha reso l'ambiente ideale di uno sparatutto per Duke Nukem 3D (1996), nonché di un parco dell'orrore allestito presso gli Universal Studios (2017).

Lo stile visivo e le narrazioni spazializzate di Kubrick sembrano, in effetti, particolarmente in linea con la sensibilità contemporanea per l'*environmental storytelling*. Allo stesso tempo però i suoi film

– lo si percepisce oggi come all'epoca della loro uscita – stabiliscono con i personaggi una relazione "anempatica", che per così dire "raffredda" l'intensità del coinvolgimento scenografico.

Con *Shining*, che è diventato presto un classico dell'horror, Kubrick intendeva bilanciare gli scarsi risultati di *Barry Lyndon* attingendo a un genere già rinnovato e reso popolare da film come *L'esorcista* (*The Exorcist*, 1973). Nonostante il successo in termini di incassi, tuttavia, le reazioni di pubblico e critica furono spesso tiepide, soprattutto perché secondo molti il film non spaventava abbastanza[52] (si tratta per inciso di un'ennesima promessa non mantenuta, dal momento che Kubrick aveva annunciato «l'horror più spaventoso di tutti i tempi»)[53]. C'è da dire che la reinvenzione d'autore dei generi cinematografici era stata particolarmente feconda negli anni settanta, ma nel 1980 il sistema americano cominciava a prediligere le forme di nuovi blockbuster caratterizzati da un coinvolgimento più intenso e basato sullo *storytelling*.

In questa prospettiva, comunque, *Shining* costituisce una chiave per comprendere la commistione di intimità scenografica e distanziamento empatico che caratterizza il *brand* kubrickiano. È difficile, in linea di massima, giungere a una vera e propria condivisione delle emozioni di Jack, Wendy e Danny. L'esperienza vissuta dei Torrance è invece evocata direttamente attraverso l'architettura, come nota Juhani Pallasmaa: la sensazione di «perversione cinica e calcolata» che pervade il film, infatti, è inscritta «nello stesso scenario architettonico», prima che nei comportamenti dei personaggi, e «l'immensità dello spazio si traduce in un senso di oppressione e reclusione. I Torrance sono "microbi intrappolati nei visceri di un mostro", per citare King»[54].

Il regime emotivo di *Shining*, in altri termini, si fonda su un *mood* generato dalla sproporzione tra le vicende melodrammatiche dei personaggi e l'indifferenza delle strutture architettoniche. Se secondo molti *Shining* non spaventa davvero, pur presentando alcune situazioni orrorifiche basate su azioni e psicologie, è perché Kubrick e la co-sceneggiatrice Diane Johnson hanno lavorato per evocare non tanto episodi di *paura* quanto un diffuso sentire perturbante, riferendosi proprio al saggio freudiano del 1919[55]. Sotto questo aspetto lo spazio domestico in *Shining* funziona come quello del melodramma secondo la lettura di Veronica Pravadelli[56]: è appunto il ricorso all'eccesso spaziale, insieme alle incoerenze strutturali e alle molte incongruenze di *continuity*, a rendere inquietante il film. Non stupisce il fatto che, come ricorda Michel Ciment, alla scenografia Kubrick dedicò «la parte più grossa del budget (diciotto milioni di dollari)»: come molti altri spazi kubrickiani infatti «l'hotel diventa un personaggio con la funzione di relativizzare l'importanza dell'uomo vittima del destino e dei suoi impulsi»[57]. Ciò che inquieta in *Shining*, perché doveva restare nascosto e invece è emerso, è innanzitutto l'hotel stesso in quanto progetto architettonico non subordinato all'azione, cioè in quanto spazio geometrico autonomo che rimane indifferente ai tentativi dei Torrance di abitarlo, trasformandolo in una casa.

9.

Giuliana Bruno ha sottolineato la qualità *aptica* dello spazio cinematografico: davanti ai film di "cineasti-architetti" infatti «"sentiamo" lo spazio tangibilmente [...] poiché il contatto diventa un'interazione, un'interfaccia comunicativa»[58]. In questa prospettiva, come abbiamo visto, i film di Kubrick rassicurano, attraverso il piacere "ottuso" dell'incontro sensoriale con una superficie audiovisiva. Si tratta però soltanto, ripetiamo, di un aspetto del coinvolgimento kubrickiano.

Allo stesso tempo infatti, proprio per l'ambiguità che li caratterizza, i film di Kubrick inquietano, generando ad esempio un'enorme quantità di interpretazioni anche non specialistiche. Queste ultime in particolare, come è noto, sfociano spesso nel complottismo: ma come ricorda Rob Brotherton il complottismo, che discende dalla tendenza del nostro cervello a ricercare significati causali, è un meccanismo che si attiva spontaneamente per attenuare la spiacevolezza dell'ambiguità emotiva[59]. Si è sempre spinti all'interpretazione, verrebbe da dire, nel momento in cui ci si confronta con eventi che non possiedono il "significato situazionale" tipicamente espresso da emozioni specifiche (ad esempio, la paura *versus* l'inquietudine generalizzata). È il lato oscuro del coinvolgimento

kubrickiano, quello che spinge alla ricerca di significati che si presuppongono celati, al di là delle superfici.
Questo particolare intreccio tra aspetti rassicuranti e inquietanti, ad ogni modo, ci sembra garantisca la vitalità di questo cinema ossimorico nel panorama mediale contemporaneo, nonché la sua diffusione nella cultura visuale popolare. I film di Kubrick sono sempre più analizzati e interpretati, seppur fino alla sovrainterpretazione, e per altri versi continuano a esercitare una particolare influenza legata alla loro evidenza sensoriale. D'altra parte, le nuove pratiche di fruizione popolarizzano e rilanciano le ossessioni che, a un livello evidentemente diverso, continuano ad animare anche gli studi specialistici. I film di Kubrick, in effetti, sono ancora oggi oggetto di una quantità di ricerche, nonché banco di prova di nuove metodologie. Nonostante il passare degli anni, insomma – e viene qui da pensare alle idee di un altro viennese, Alois Riegl[60] –, essi continuano a caricarsi di quella pluralità di valori che, accumulandosi nel tempo, trasformano le semplici opere umane in *monumenti*.

Le età di Stanley Kubrick

di *Elio Ugenti*

L'ETÀ DELLA FOTOGRAFIA (1945-1950)[1]

È l'ottobre del '48 quando Mildred Stagg, dalle pagine di «The Camera», traccia il primo profilo di Stanley Kubrick, descrivendolo come il più giovane fotografo assunto dalla celebre rivista «Look»[2]; Kubrick ha da poco compiuto vent'anni, e da due anni è entrato a far parte dello staff della rivista, sulle cui pagine ha già pubblicato decine di servizi[3].
In questo periodo il suo metodo di lavoro sembra già chiaramente definito, e modellato sul *modus operandi* in voga nella redazione di «Look», soprattutto per quel che concerne la realizzazione di *photoessays*, nei quali Kubrick si specializza presto. Il momento dello scatto è preceduto da un'attenta fase di studio, sopralluoghi e scrittura. Ogni servizio è minuziosamente progettato e ampiamente discusso in redazione prima di essere realizzato, perché ciascun servizio è il frutto di un lavoro d'équipe che contraddistingue la redazione di «Look» e la differenzia, ad esempio, dalla rivale «Life»[4].
La breve carriera da fotografo di Kubrick è stata spesso considerata come un tassello importante per la ricostruzione di un quadro creativo estremamente complesso[5], oltre che per cogliere il punto d'innesco di un "pensiero visivo" che avrebbe trovato pieno compimento nella pratica registica[6]. È questo il motivo per cui consideriamo questo periodo come la prima delle sei "età" che qui individueremo.
Alcune dichiarazioni di Kubrick riportate nell'articolo di Stagg lasciano intendere una predilezione per la "spontaneità" della pratica fotografica e per la capacità del fotografo di cogliere l'attimo attraverso lo scatto[7]. Ciò nonostante, la storia di Kubrick a «Look»

prende il via da una posa ben architettata, nella quale il senso di spontaneità è teso a mascherare un accurato lavoro di composizione. La celebre fotografia dell'edicolante affranto e "incorniciato" dalle prime pagine dei giornali che annunciano la morte di Franklin Delano Roosevelt, in effetti, è stata considerata a lungo come la più viva testimonianza di una straordinaria capacità di cogliere l'attimo da parte del giovane fotografo; ma si tratta, in realtà, della testimonianza di un'altrettanto straordinaria capacità di cogliere il potenziale comunicativo di una situazione e di individuare la strategia compositiva più efficace per veicolarlo attraverso un'immagine fotografica. In tal senso, l'operazione che è alla base di questo scatto consente forse di rintracciare già *in nuce* quell'idea di "fotografare la fotografia della realtà" con la quale Kubrick ha sintetizzato l'elemento portante della propria pratica cinematografica nel corso di una conversazione con Jack Nicholson, nel 1980[8]. Questa fotografia viene acquistata da «Look» per la cifra di 25 dollari, e pubblicata sul numero del 26 giugno 1945[9] a conclusione di un servizio dedicato alla morte del presidente americano.
Il successo di Kubrick, definito come un «veterano» già all'età di vent'anni, in un trafiletto a lui dedicato da «Look» nel numero dell'11 maggio 1948[10], dipende evidentemente dalla sua capacità di assecondare le necessità della committenza, ottenendo in cambio un certo margine di autonomia creativa che emerge chiaramente in alcuni dei servizi fotografici realizzati in questi anni[11]. È il caso, per esempio, del servizio *Holiday in Portugal*, pubblicato nell'estate del '48, la cui cornice narrativa consente a Kubrick di rispettare le necessità editoriali e i codici di genere della *travel story*, per appagare dunque il sentimento esotico dei lettori, senza impedirgli di mettere in risalto il proprio personale gusto figurativo, sfruttando ad esempio i forti contrasti cromatici tra i corpi degli uomini e delle donne – quasi sempre in abito scuro – e il grigio più tenue del cielo e della sabbia, accentuato spesso dall'accurata scelta di un'inquadratura dal basso. La cifra autoriale che viene a costituirsi servizio dopo servizio è, dunque, il frutto di un costante processo di negoziazione tra stile personale e direttive editoriali.
Il 19 gennaio 1949 viene pubblicato nelle pagine di «Look» *Prizefighter*, un servizio fotografico realizzato da Kubrick per raccontare

in venti scatti un'intera giornata del pugile Walter Cartier, che si conclude con l'incontro serale contro Jimmy Mangia al Roosevelt Stadium di Jersey City. Questo servizio, unanimemente considerato come un punto di svolta nella carriera del futuro regista, ispira il primo cortometraggio realizzato da Kubrick, *Day of the Fight* (1951), nel quale si riprende lo stesso soggetto di *Prizefighter*.

L'ETÀ DEGLI ESORDI (1950-1953): I CORTI E «PAURA E DESIDERIO»

Film fan to film-maker: da cinefilo a cineasta. Il titolo di un articolo a firma di Joanne Stang, pubblicato sul «New York Times» nel '58[12], individua un aspetto centrale della formazione di Kubrick. Se infatti la "palestra" di «Look» si rivela fondamentale per l'acquisizione di una padronanza tecnica e di un metodo di lavoro d'équipe, alla base del passaggio dalla fotografia al cinema si pone anche una passione cinefila coltivata fin dall'infanzia nei *nabe* del Bronx[13], dove Kubrick conosce – seppur senza apprezzarlo particolarmente – molto cinema americano dell'epoca. L'altra faccia della sua passione prende corpo, invece, nella costante frequentazione delle sale *d'essai* e nella partecipazione alle proiezioni del MOMA, dove entra in contatto col cinema d'arte europeo e orientale, e con le sperimentazioni d'avanguardia[14].
Mentre lavora ancora nella redazione di «Look», Kubrick inizia a coltivare l'idea di un cortometraggio da vendere come episodio per la serie *The March of Time*, prodotta dalla celebre casa editrice americana Time Inc., dove dal '50 lavora come fattorino il suo amico Alexander Singer. Kubrick e Singer sono profondamente convinti di poter trarre dei buoni profitti da questa operazione[15]. Con queste intenzioni nasce il progetto del già menzionato *Day of the Fight*, per la realizzazione del quale Kubrick investe quattromila dollari[16], pagati coi risparmi accumulati negli anni di lavoro presso «Look». L'idea di vendere il film alla Time Inc. naufraga però presto, nel momento in cui Kubrick capisce che ne trarrebbe un profitto insufficiente. Sceglie così di rivolgersi alla RKO Pathé, che acquista il film e lo inserisce nel catalogo di *This is America*, una serie di *newsreels* prodotta a partire dal '42.

Il breve documentario segue una giornata di Walter Cartier, dal momento del risveglio fino all'incontro serale contro Bobby James, e rievoca per alcuni aspetti la tipica struttura dei *newsreels* dell'epoca, con il racconto prevalentemente scandito da una voce *over* accompagnata da un tappeto musicale costante in assenza di suono in presa diretta. Ciò nonostante, nei tre minuti finali del film, Kubrick fa sistematico ricorso ad alcune interessanti soluzioni stilistiche, nel corso dell'incontro tra Cartier e James. In questa scena, girata con due macchine da presa, Kubrick sembra dar sfogo al desiderio di oltrepassare i codici della rappresentazione cinegiornalistica. Si pensi, ad esempio, all'uso del montaggio alternato per enfatizzare la risonanza mediatica dell'incontro mostrando le persone che, in strada o nei locali, seguono il match alla radio; o alla scelta del punto di vista, fondata sull'alternanza tra inquadrature descrittive e inquadrature decisamente meno canoniche, come quella che mostra in primo piano lo sgabello e le gambe divaricate di Bobby James mentre sullo sfondo, fuori fuoco, si intravede la sagoma di Walter Cartier. L'idea è chiaramente quella di portare lo spettatore il più possibile dentro l'incontro. Di alcune soluzioni stilistiche Kubrick si ricorderà qualche anno dopo, girando le scene dell'incontro di boxe ne *Il bacio dell'assassino* (*Killer's Kiss*, 1955).

L'acquisto di *Day of the Fight* da parte della RKO Pathé consente a Kubrick di rientrare delle spese, e gli vale anche una proposta da parte della casa di produzione per la realizzazione di un secondo breve documentario, *Flying Padre* (1951). È a questo punto che Kubrick decide di abbandonare la redazione di «Look», e con essa la sua carriera di fotografo.

Flying Padre racconta due tipiche giornate del reverendo Fred Stadtmueller, costretto a pilotare quotidianamente un aereo per raggiungere facilmente i propri parrocchiani. Questo film aderisce più del precedente ai codici del *newsreel* dell'epoca[17]. È però possibile rintracciare anche qui alcune soluzioni eccentriche, che emergono di tanto in tanto in un racconto che procede con fluidità e compostezza. Pensiamo ad esempio alla scena del funerale, quando l'inserto di due primissimi piani interrompe improvvisamente la continuità dell'azione in campo medio per portare nel film un certo gusto "fotografico" che esalta le espressioni facciali di un

uomo e di una donna mediante il montaggio in successione di due primissimi piani. Oppure al momento in cui il protagonista mette in moto il suo aeroplano per correre in soccorso di un bambino malato: Kubrick ricorre qui a un montaggio estremamente rapido che alterna due inquadrature del prete con una della sua ombra, conferendo enfasi e dinamismo figurativo ai suoi gesti, e facendo sì che la loro assoluta ordinarietà si carichi di un vigore che restituisce il senso della loro urgenza sul piano drammatico. In entrambe queste soluzioni, le influenze del cinema sovietico appaiono piuttosto evidenti, sia per quel che concerne l'uso del primo piano, sia soprattutto per le scelte di montaggio.
Dopo *Flying Padre* Kubrick è pronto per realizzare il suo primo lungometraggio. In un articolo-intervista comparso sul «New York Times»[18] nel gennaio del '51 sembra infatti che la fase pre-produttiva del suo progetto – che diventerà *Paura e desiderio* (*Fear and Desire*) – sia già in stato avanzato e che egli sia in grado di fornire dettagli precisi su casting e location[19]. Il lavoro di post-produzione si rivela però più complesso del previsto e il film vede la luce soltanto nel '53.
Non sono pochi gli studiosi che nel corso del tempo hanno ritenuto eccessiva la severità del giudizio del regista nei confronti di quest'opera prima, e che considerano il film come un tassello importante per una valutazione complessiva della produzione kubrickiana, se non persino come un film ben girato, fortemente connotato sul piano simbolico e allegorico, che rivela il talento del giovane cineasta e, in particolare, una concezione molto personale del montaggio[20].
Ciò nonostante, come sostenuto opportunamente da James Naremore, si tratta di un film che esibisce i segni dell'"artisticità"[21] e appare a tratti come un'opera "sbilanciata", nella quale Kubrick sembra non riuscire a controllare quel desiderio di sperimentazione che gli vale l'accusa di intellettualismo da parte di alcuni recensori dell'epoca[22]. Più volte è stato rimarcato come l'intento di Kubrick fosse quello di realizzare un film antimilitarista che pone al proprio centro la gratuità e l'insensatezza della violenza prodotta da ogni guerra. Concordiamo però con Ruggero Eugeni quando sostiene che, a un'analisi più profonda, emerge in questo film una

dimensione più propriamente filosofica, all'interno della quale lo smarrimento spaziale dei personaggi funziona come correlato oggettivo del loro più profondo smarrimento esistenziale[23]. Lo stile visivo scelto da Kubrick e la coltre di lirismo che avvolge la sceneggiatura operano uno scollamento della vicenda dalla dimensione realistica e la collocano su un piano prevalentemente "mentale": «not other country but the mind», potremmo dire, riprendendo la frase con cui si chiude l'introduzione alla vicenda da parte della voce narrante che apre il film.

L'investimento iniziale per la produzione di *Paura e desiderio* è di diecimila dollari, una cifra che Kubrick riesce a mettere insieme coinvolgendo amici e familiari, e soprattutto grazie all'aiuto del facoltoso zio Martin Perveler, accreditato come produttore associato, con il quale l'accordo si chiude nel febbraio '51, dopo una non semplice contrattazione sulla ripartizione dei proventi[24]. La scelta di girare senza suono in presa diretta fa però quadruplicare il costo del film in fase di post-produzione; Kubrick è allora costretto a cercare altri finanziamenti, e si rivolge a Richard De Rochemont, presidente della Vavin Inc. Da lui riceve il denaro necessario per chiudere il film, accettando in cambio di lavorare come regista di seconda unità sul set di *Mr. Lincoln* (1952), uno sceneggiato televisivo diretto da Normand Lloyd e prodotto da De Rochemont.

Una volta ultimata la post-produzione, *Paura e desiderio* incontra i favori del distributore Joseph Burstyn, che fino ad allora aveva provveduto alla distribuzione di molto cinema europeo negli Stati Uniti, tra cui molti film neorealisti, ma non aveva mai puntato su un giovane regista esordiente. L'anteprima per la stampa si tiene al Guild Theatre di New York il 26 marzo 1953 e cinque giorni dopo si tiene quella per il pubblico[25].

Nello stesso anno Kubrick realizza un ultimo breve documentario, *The Seafarers* (1953), commissionato dalla Seafarers International Union per promuovere le attività sindacali dell'associazione dei marinai e pescatori americani. Si tratta, sotto molti aspetti, di un tipico film industriale che, proprio per questo, non gode di una vera e propria distribuzione ad ampio raggio[26].

L'ETÀ DEL NOIR (1954-1957): «IL BACIO DELL'ASSASSINO» E «RAPINA A MANO ARMATA»

La lavorazione di *The Seafarers* si conclude prima della fine dell'anno, e nel '54 Kubrick dà il via alla produzione del suo secondo lungometraggio, *Il bacio dell'assassino*. Se è vero che questo film potrebbe collocarsi nel periodo precedente, perché rivela sul piano produttivo diverse affinità con *Paura e desiderio*, è vero anche che sul piano formale esso inaugura un fondamentale dialogo del regista con i generi hollywoodiani classici, oltre a caratterizzarsi per una maggiore compostezza stilistica e per la presenza di elementi della struttura narrativa che ci consentono di considerarlo più come un ponte gettato verso l'opera successiva, *Rapina a mano armata* (*The Killing*, 1956), che come un'opera in continuità con il primo lungometraggio.

Sul piano visivo *Il bacio dell'assassino* si inscrive pienamente nei canoni del noir classico. A questo contribuisce l'abilità di Kubrick come direttore della fotografia, che gli consente di realizzare dei tagli di luce molto netti che irrompono nelle ambientazioni prevalentemente notturne del film, creando effetti di chiaroscuro suggestivi ma soprattutto utili alla costruzione della particolare atmosfera che avvolge l'azione. Un'atmosfera rinvenibile in molte produzioni hollywoodiane del periodo, che ricorrono a questo genere cinematografico per gettare uno sguardo severo sulla "American way of life" del secondo dopoguerra[27].

Anche molti elementi della trama risultano pienamente ascrivibili al genere noir. Pur chiudendo quella che Bill Krohn definisce una «trilogia del pugilato»[28], costituita da un servizio fotografico, un documentario e, per l'appunto, un lungometraggio di finzione, la figura del pugile – il protagonista Davey Gordon – è inserita in questo caso in una trama che pone al centro dell'attenzione la sua infatuazione per la dirimpettaia Gloria Price, e l'intrecciarsi della loro vicenda amorosa con quella del losco malavitoso Vincent Rapallo.

Il bacio dell'assassino esibisce dunque una trama semplice ma solida, sulla quale Kubrick testa uno stile visivo decisamente attento alla composizione. I personaggi, inoltre, diventano portatori di un'azione narrativamente efficace, a differenza di quanto avveniva

nel film precedente, nel quale sembravano interessare il regista soltanto su un piano introspettivo. Si rintracciano in questo film anche dei significativi progressi per quel che concerne la scrittura e l'applicazione di espedienti narrativi come, ad esempio, la perfetta applicazione del meccanismo di "semina e raccolta" sul quale si fonda la riuscita dell'equivoco che porta all'uccisione di Albert, l'amico di Davey assassinato dai tirapiedi di Rapallo in seguito a uno scambio di persona. È presente, inoltre, una cornice narrativa all'interno della quale il film si sviluppa come un lungo flashback[29]: un espediente, questo, già applicato da Kubrick al servizio fotografico *Prizefighter*, la cui prima fotografia ci mostra Walter Cartier in attesa di entrare sul ring per l'incontro finale, e che tornerà in *Lolita* (*Id.*,1962), che si apre e si chiude con l'omicidio di Quilty.
Sul piano produttivo Kubrick si affida nuovamente all'aiuto di parenti e amici. Il maggior investitore è stavolta Morris Bousel, un farmacista newyorkese il cui nome compare come produttore nei titoli di testa, accanto a quello di Kubrick stesso.
Il bacio dell'assassino esce nelle sale nel settembre del 1955, ma anche in questo caso gli incassi troppo bassi non consentono a Kubrick di ottenere alcun guadagno significativo. Ciò nonostante, il film colpisce profondamente James B. Harris, giovane produttore a capo della Flamingo Films, che decide di collaborare con Kubrick alla produzione di un nuovo film e di fondare con lui una società di produzione – la Kubrick-Harris Pictures – avviando così un sodalizio che durerà fino al 1962.
La collaborazione con Harris consente a Kubrick di realizzare un film di livello decisamente più elevato, la cui resa finale non è affidata soltanto all'evidente talento del regista, ma a un impianto produttivo solido, a una strategia distributiva ben delineata e alla possibilità di contare su un cast di attori professionisti. Harris riesce infatti ad avere nel cast Sterling Hayden, figura fondamentale per riuscire a chiudere la contrattazione intavolata con la United Artists per la co-produzione del film.
Rapina a mano armata è il primo film girato da Kubrick a Los Angeles, oltre che il primo film del regista basato su un testo letterario preesistente. Il romanzo in questione è *Clean Break* (1955) di Lionel White, al quale Kubrick e il co-sceneggiatore Jim Thompson

restano molto fedeli, intervenendo solo nel finale per introdurre l'elemento del caso che sancisce una differenza sostanziale tra l'epilogo del film e quello del romanzo.

Rapina a mano armata raggiunge anche l'Europa, dove la critica si divide tra pareri molto positivi e recensioni decisamente più tiepide, come quella di Jean-Luc Godard comparsa sulle pagine dei «Cahiers du Cinéma» nel '58, nella quale il futuro regista, pur apprezzando il sistematico ricorso alla «déchronologie» dell'azione, mette in risalto la poca originalità della trama e i limiti di una regia che emula troppo esplicitamente lo stile di Max Ophüls[30].

Rapina a mano armata esce negli Stati Uniti il 20 maggio 1956, e riesce a suscitare l'interesse dei vertici della MGM, che in quello stesso anno avviano una contrattazione con la Harris-Kubrick per una collaborazione. In particolare, Dore Schary – allora a capo della major – propone a Kubrick di presentare un progetto a partire dai soggetti conservati nella biblioteca della MGM. Kubrick, con la collaborazione dello scrittore Calder Willingham, inizia a lavorare a un adattamento del racconto di Stefan Zweig *Bruciante segreto* (*Brennendes Geheimnis*, 1911), ma il progetto naufraga presto a causa di un cambio ai vertici della major[31]. Contemporaneamente, però, Harris e Kubrick affidano a Jim Thompson l'adattamento del romanzo *Orizzonti di gloria* (*Paths of Glory*, 1935) di Humphrey Cobb[32], una storia che fin dall'inizio non stimola l'interesse di Schary, ma sulla quale il regista e il produttore sembrano decisi a investire in ogni caso.

L'ETÀ DELLA GUERRA (1957-1960): «ORIZZONTI DI GLORIA», IL PROGETTO DI «THE GERMAN LIEUTENANT» E «SPARTACUS»

Intervistato nel '59 da Colin Young, Kubrick afferma:

> Il fascino di una storia di guerra o di un giallo è che fornisce un'occasione quasi unica per mettere in contrasto un individuo della nostra società contemporanea con una solida cornice di valori universalmente accettati, di cui il pubblico diventa profondamente consapevole [...]. La guerra, inoltre, è una specie di vivaio che favorisce la crescita rapida e forzata di atteggiamenti e sensazioni[33].

La guerra è al centro di tutti i progetti in cui Kubrick è coinvolto nel periodo compreso tra il '57 e il '60. Lo è in *Orizzonti di gloria* (*Paths of Glory*, 1957), film ambientato tra le fila dell'esercito francese durante la prima guerra mondiale; lo è in *Spartacus* (*Id.*, 1960), la cui storia ruota intorno alla rivolta di un gruppo di schiavi contro la Repubblica romana nel I secolo a.C.; e lo sarebbe stata in *The German Lieutenant*, un altro progetto non realizzato al quale il regista sta lavorando proprio all'epoca della sopracitata intervista.
Il contrasto di cui parla Kubrick, quello tra l'individuo e la cornice di valori di cui la guerra sembra restituire consapevolezza, favorisce l'emergere di concetti astratti come la *verità* (in *Orizzonti di gloria*) e la *libertà* (in *Spartacus*), riportandoli però a una dimensione quanto mai tangibile e materiale. La messa in gioco di questi valori trasforma i protagonisti dei due film (entrambi interpretati da Kirk Douglas) in paradigmi di virtù eroiche, come è stato notato da Naremore, concedendo allo spettatore la possibilità di riconoscere in essi dei personaggi positivi in senso assoluto, come capita raramente nel cinema del regista[34].
Sul piano stilistico sembra che, in questi due film, Kubrick sia alla ricerca della forma migliore per armonizzare il conflitto tra il generale (dei concetti) e il particolare (dei gesti e delle parole dei suoi personaggi), con un taglio più personale in *Orizzonti di gloria* che non in *Spartacus*. Il senso della ricerca formale in atto in questo periodo ben emerge dalle parole di Steven Spielberg che, nel documentario *Stanley Kubrick: A Life in Pictures* (*Id.*, 2001), afferma:

Molti artisti, quando montano una tela bianca, cominciano con dettagliati tratti di matita. Stanley cominciava tutti i suoi film in modo concettuale, secondo me, con grandi pennellate di colori primari, e batteva su questi concetti che erano abbastanza ovvi. In *Orizzonti di gloria*, per esempio, ogni sequenza ha un suo messaggio chiaro, ma in ogni sequenza la regia è sottile e quasi gentile.

Una sottigliezza e una gentilezza che si ritrovano, ad esempio, nella sequenza finale del film, quando la successione di inquadrature che "divide" le due parti in gioco, isolandole l'una dall'altra (i soldati francesi da una parte e la giovane donna tedesca, interpretata dalla futura moglie di Kubrick, dall'altra), è improvvisamente in-

terrotta da un'inquadratura dal retro del palcoscenico che ricomprende l'intero gruppo in un solo piano d'insieme, amplificando notevolmente il senso di quella "comunione emotiva" anticipata, sul piano sonoro, dal timido canticchiare dei soldati.
Per le riprese di *Orizzonti di gloria* Kubrick si trasferisce per la prima volta in Europa, dato che il film viene girato in Germania. Il film viene distribuito negli Stati Uniti nel '58, non senza suscitare reazioni di dissenso anche molto forti. In Europa alcuni governi, come quello svizzero e quello tedesco, bandiscono il film dalle sale per non incrinare i rapporti con il governo francese. In Francia, infine, il film non viene proiettato fino al '74, anno in cui il governo decide di abolire ogni forma di censura politica[35].
Completata la produzione di *Orizzonti di gloria*, Kubrick inizia a pensare a diversi nuovi progetti. Tra questi naufraga, per esempio, quello avviato con Marlon Brando per la realizzazione de *I due volti della vendetta* (*One-Eyed Jacks*), film che alla fine sarà diretto dallo stesso Brando nel '61; ma nel frattempo Kubrick inizia a lavorare alla sceneggiatura di *Lolita* (inizialmente affidata a Willingham e poi a Vladimir Nabokov, autore dell'omonimo romanzo da cui è tratta) e ha in procinto di realizzare un altro film di guerra, il già menzionato *The German Lieutenant*. La sceneggiatura di quest'ultimo film è stata completamente redatta insieme a Richard Adams, reduce della guerra di Corea che ha scelto di adattare le proprie memorie ricollocandole nel contesto della seconda guerra mondiale. Il film avrebbe ruotato intorno alla storia di un nucleo di paracadutisti tedeschi che, nonostante l'imminente sconfitta della Germania, è spinto da un ostinato colonnello a paracadutarsi dietro le linee nemiche per far saltare un ponte sul Meno che risulta strategico per i movimenti delle forze alleate. Nonostante la fase di pre-produzione sia ampiamente avviata, Kubrick decide di non iniziare le riprese e accetta la proposta di Douglas di sostituire Mann per la regia di *Spartacus*, ritrovandosi così a trentun anni a dirigere un kolossal da dodici milioni di dollari e un cast composto, oltre che dallo stesso Douglas, da Peter Ustinov, Laurence Olivier, Charles Laughton e Tony Curtis.
A dispetto della giovane età e della mastodontica macchina produttiva che muove questo film, Kubrick tenta di imporre il proprio

stile, incidendo così anche sui tempi di lavorazione, che si allungano notevolmente rispetto alle previsioni[36]. Ciò nonostante, la "paternità" dell'opera risulta di difficile attribuzione, data anche la tendenza di Kubrick a prenderne le distanze. La lavorazione di *Spartacus* sembra terminata nell'agosto del '59, ma all'inizio dell'anno successivo Kubrick è costretto a richiamare gran parte del cast per realizzare delle nuove riprese. L'anteprima mondiale del film si ha soltanto nell'ottobre del 1960, al DeMille Theatre di New York. L'esperienza di *Spartacus* e le numerose divergenze con Douglas portano Kubrick a pretendere un maggiore controllo su tutti i suoi film successivi. Il successo commerciale e di critica ottenuto da *Spartacus*, che si aggiudica tra l'altro quattro premi Oscar, offre a Kubrick la possibilità di presentarsi ormai ai produttori di tutto il mondo come un regista "ufficiale"[37].

L'ETÀ DELLA SVOLTA (1960-1964): «LOLITA» E «IL DOTTOR STRANAMORE»

«*Lolita* è, secondo me, il primo film di Stanley Kubrick»[38]. L'affermazione di Alex Cox, certamente provocatoria, è assolutamente comprensibile: *Lolita* segna una prima, importante cesura netta all'interno dell'opera di Kubrick, sia sul piano produttivo che su quello formale.

Il piano-sequenza che apre il film, subito dopo i titoli di testa, ci mette di fronte a una costruzione dell'azione che non può che spiazzare lo spettatore. L'organizzazione dello spazio, l'illuminazione, la recitazione di Peter Sellers nei panni di Quilty, tutto concorre a generare un'atmosfera surreale. Nessuno di questi elementi può essere inteso come un elemento che contraddistingue lo stile di Kubrick, eppure ciascuno di essi sembra poter contribuire alla configurazione di un'idea di cinema decisamente nuova. Non c'è, in *Lolita*, l'esibizione di una marca stilistica forte o forzatamente "originale". C'è, semmai, una sorta di addomesticamento delle soluzioni formali sperimentate nei film precedenti, un loro pieno adattamento alle necessità della storia e alla determinazione di un'atmosfera che inizia a risultare naturalmente "kubrickiana", per quanto sfuggente possa risultare il senso di questo aggettivo. La scena dell'omicidio di Quilty – che costituisce, come accennato, la cornice entro cui l'intera vicenda è inscritta – si configura quasi come una scena onirica. La vicenda sembra collocarsi a metà tra il reale e il mentale, in un'atmosfera che Kubrick definisce a sua volta "kafkiana", e che fa apparire il momento dell'omicidio come un sogno, brutto ma in fondo divertente[39].

La presenza di Sellers rappresenta, in tal senso, un elemento non secondario. La collaborazione con l'attore inglese consente a Kubrick di portare alle estreme conseguenze la possibilità di riscrivere le parti attoriali durante le riprese, a partire dalla capacità d'improvvisazione degli interpreti. Un modo di lavorare, questo, che esalta le capacità recitative di Sellers, ma che mette a dura prova ad esempio Shelley Winters (che interpreta la signora Haze), fino al punto da incrinare la fiducia di Kubrick nei suoi confronti e ipotizzare una sua sostituzione in corsa.

Anche James Mason, che interpreta il ruolo del prof. Humbert, infatuato della giovane Dolores Haze (Lolita), ricorda nella sua autobiografia la centralità del lavoro sull'improvvisazione nelle scene tra lui e Sue Lyon. Temendo un'interpretazione troppo meccanica, in particolare da parte della giovanissima protagonista, Kubrick chiede ai due attori di non focalizzare eccessivamente l'attenzione sulle battute scritte nel copione, per far emergere la personalità dei loro personaggi quasi senza premeditazione, in armonia con le diverse situazioni in cui sono di volta in volta calati[40].

Sul piano produttivo e distributivo il film non ha vita facile, data la tematica controversa. Kubrick e Harris sono consapevoli di non poter affrontare il tema della sessualità in maniera esplicita, com'è trattato nel romanzo di Vladimir Nabokov. Per questo motivo si avvalgono della consulenza di Martin Quigley, uno dei redattori del celebre Codice Hays, che fornisce loro delle indicazioni piuttosto precise su alcuni elementi che avrebbero potuto incontrare la disapprovazione della MPAA (Motion Picture Association of America), la quale aveva già fortemente disapprovato il primo script presentato dalla Harris-Kubrick[41]. Quigley avvia per questo una lunga mediazione; nell'estate del 1961, dopo che Kubrick e Harris hanno acconsentito ad apportare le modifiche suggerite, il film ottiene

l'approvazione negli Stati Uniti e poi anche in Inghilterra, nonostante le numerose rimostranze da parte di diverse associazioni religiose in entrambi i paesi.
Intervistato nel 1964 da Terry Southern circa la possibilità di considerare *Lolita* come un "film erotico", Kubrick sostiene che l'erotismo deve funzionare come una sorta di forza che conferisce energia alle scene. A interessare il regista sono le intenzioni dei personaggi e le conseguenze che un rapporto sessuale comporta per loro, non l'atto in sé[42]. Difficile dire quanto alcune soluzioni siano state immaginate da Kubrick fin dall'inizio e quanto invece la censura abbia influito su alcune sue scelte. Lo stesso Kubrick, in più di un'occasione, ha sostenuto che se avesse conosciuto in anticipo la severità dei limiti imposti dalla censura, non avrebbe mai realizzato questo film; mentre Harris, parlando dell'indignazione e delle rimostranze delle associazioni cattoliche, e riferendosi in particolare alla scena in cui Humbert inizia un rapporto sessuale con la signora Haze guardando la foto di Lolita sul comodino, ha ammesso: «Pensarono che Humbert usasse quella foto per stimolazione sessuale. Lo negai. Credo però, in tutta onestà, che avessero ragione. Comunque decidemmo di limitare il numero di occhiate a quella foto»[43].
Il sodalizio tra Harris e Kubrick si interrompe in questo periodo. Harris decide di avviare una carriera di regista dirigendo *Stato d'allarme* (*The Bedford Incident*, 1965). Kubrick porta invece avanti l'idea di adattare il romanzo di Peter George *Red Alert* (1958), un thriller politico nel quale un generale dell'esercito statunitense ordina un attacco nucleare contro la Russia. Con queste premesse nasce il progetto de *Il dottor Stranamore - Ovvero: come ho imparato a non preoccuparmi e ad amare la bomba* (*Dr. Strangelove or: How I Learned to Stop Worrying and Love the Bomb*, 1964).
Kubrick torna dunque ad affrontare il tema della guerra, calandosi dentro le dinamiche della Guerra Fredda e del timore, piuttosto diffuso in questi anni, dell'imminente scoppio di un terzo conflitto mondiale. Il film, alla sua uscita, è un successo commerciale; distribuito all'inizio del 1964, ottiene da subito una risonanza internazionale. Le generazioni più giovani si rivelano particolarmente inclini a comprendere l'approccio irriverente nei confronti di una tematica tanto delicata, messa in scena da Kubrick come una commedia

dell'assurdo. La critica, invece, si divide: alcuni attaccano ferocemente il film, considerandolo pericoloso, mentre altri arrivano a inserirlo tra i migliori dieci film americani dell'anno[44]. *Il dottor Stranamore* solleva un acceso dibattito pubblico, ma resta per diciassette settimane consecutive il film più popolare in tutti gli Stati Uniti[45].

L'ETÀ DELLA MATURITÀ (1968-1999): I CAPOLAVORI E I PROGETTI NON REALIZZATI

Il 1968 è l'anno d'uscita di *2001: Odissea nello spazio* (*2001: A Space Odyssey*), un film che genera ancor più di *Lolita* una cesura netta nell'opera kubrickiana, inaugurando una nuova e lunga fase nella carriera del regista. Una fase nel corso della quale lo stile "kubrickiano" si forma e si consolida, fino a diventare il vero denominatore comune tra film diversissimi tra loro per genere di appartenenza, ambientazione e tematiche affrontate. In tal senso, è pressoché impossibile non concordare con Bill Krohn, quando afferma che «[l]'opera di Kubrick si divide in due periodi, uno ante-*2001* e uno post-*2001* [...], perché è in questo momento che il cineasta incomincia a realizzare film che non hanno niente in comune con film precedenti, ivi compresi i suoi»[46]. Il consolidamento dello stile visivo va di pari passo con un più generale processo di reinvenzione formale che include la sperimentazione tecnica, il ripensamento dei generi classici e il rapporto tra suono e immagine. La musica diventa componente fondamentale dell'impianto formale dei film, a partire dalla collaborazione con Wendy Carlos, ma anche con Leonard Rosenman e Rachel Elkind, e dall'utilizzo di un repertorio classico che si mescola, ad esempio, alle sperimentazioni sonore di György Ligeti[47].
Quest'ultima fase è scandita dalla produzione di capolavori come *Arancia meccanica* (*A Clockwork Orange*, 1971), *Barry Lyndon* (*Id.*, 1980) *Shining* (*The Shining*, 1980) e *Full Metal Jacket* (*Id.*, 1987), fino a *Eyes Wide Shut* (*Id.*, 1999), l'ultimo film di Kubrick che già nel titolo, come ricordato da Vito Zagarrio, si propone come luogo di ricerca formale e «metafora di un disperante conflitto dello sguardo»[48]. Un film la cui post-produzione si conclude solo pochi

giorni prima della morte del regista, avvenuta il 7 marzo 1999 a causa di un infarto.
L'ultima fase della parabola kubrickiana è caratterizzata da una crescente dilatazione dei tempi di lavorazione dei film, nonché dall'aumento del numero di anni che separa l'uscita di un film dal successivo. La ricerca della storia giusta, in particolare, fa sì che Kubrick abbandoni progetti anche molto importanti, spesso dopo che la fase di pre-produzione è già avviata: la storia di questo periodo, in fondo, è anche la storia di progetti ambiziosi che non hanno mai visto la luce.
Pensiamo, innanzitutto, all'idea di realizzare un film sulla vita di Napoleone Bonaparte[49]. Come ricordato da Jan Harlan, cognato di Kubrick e produttore esecutivo dei suoi film da *Barry Lyndon* in poi, Napoleone rappresenta per Kubrick «il genio secolare che, nonostante tutto, fallisce»[50]. Per lungo tempo il regista intrattiene un intenso scambio con Felix Markham, storico e massimo esperto di storia napoleonica all'Università di Oxford[51]. Secondo quanto sostenuto da Harlan, la fase di pre-produzione di questo film è avviata nel '70, e Kubrick sta per trasferirsi in Romania, dove intende ricostruire le location delle battaglie napoleoniche, dal momento che quelle reali sono ormai mutate drasticamente a causa dello sviluppo urbano e industriale. Proprio nel '70, però, esce *Waterloo* di Sergej Fëdorovič Bondarčuk, un film interpretato da Rod Steiger, i cui incassi risultano disastrosi. I finanziatori del film di Kubrick, preoccupati dalla possibilità di un analogo fallimento, si tirano indietro e il progetto viene messo da parte. LoBrutto sostiene che *Napoleon* continua a impegnare Kubrick ancora durante le riprese di *Arancia meccanica*, e Jack Nicholson, futuro protagonista di *Shining*, afferma nel 1975 di aver effettivamente discusso con Kubrick della possibilità di interpretare il ruolo di Napoleone, ma aggiunge anche di avere ormai perso le speranze su una sua effettiva realizzazione[52].
Napoleon non è, tuttavia, l'unico grande progetto incompiuto di questi anni. Partendo dal romanzo *Bugie di guerra* (*Wartime Lies*, 1991) di Louis Begley, all'inizio degli anni novanta Kubrick inizia a lavorare a un adattamento per realizzare *Aryan Papers*, assecondando così il desiderio di realizzare un film sui campi di sterminio che lo anima fin dalla metà degli anni settanta[53]. Anche in questo caso,

la fase di pre-produzione è pienamente avviata, la Warner è coinvolta nel progetto e la ricerca delle location è in corso, così come la progettazione dei costumi. Ancora una volta, però, Kubrick si ritrova costretto a fare un passo indietro, nel momento in cui Steven Spielberg dà il via alla lavorazione di *Schindler's List* (*Id.*, 1993).
Prima di concentrarsi definitivamente sul progetto di *Eyes Wide Shut*, a metà degli anni novanta Kubrick torna su un altro progetto rimasto per anni nei suoi cassetti: la realizzazione di un nuovo film di fantascienza. Nel 1982, infatti, Kubrick ha acquistato i diritti del racconto di Brian Aldiss *Supertoys che durano tutta l'estate* (*Supertoys Last All Summer Long*, 1969) per trarne un film sulla questione dell'intelligenza artificiale (già affrontata attraverso il personaggio di HAL 9000) e ha a lungo lavorato sulla sceneggiatura e sullo storyboard[54]. Nel '93 contatta Spielberg e gli propone di dirigere il film, che sarebbe stato prodotto dallo stesso Kubrick; i due si incontrano per discutere i dettagli, ma non giungono a un accordo. Nel frattempo, Kubrick inizia la lavorazione di *Eyes Wide Shut* e accantona il progetto, che come noto sarà ripreso e rimaneggiato da Spielberg per la realizzazione di *A.I. Intelligenza Artificiale* (*A.I. Artificial Intelligence*, 2001).
Si torna così, infine, alla New York contemporanea in cui Kubrick sceglie di ambientare il suo ultimo film, trasformando così lo spazio d'azione di *Doppio sogno* (*Traumnovelle*, 1926), il racconto di Arthur Schnitzler da cui è tratto. Una New York che Kubrick mette in scena senza allontanarsi dall'Inghilterra, ricostruendo gran parte degli interni e degli esterni negli studi di Pinewood, e utilizzando solo alcune riprese "dal vero" delle strade della Grande Mela per i fondali di retroproiezione.
L'ambientazione newyorchese, d'altronde, sembra restituire circolarità alla traiettoria artistica di Kubrick. Quasi un passaggio obbligato nei luoghi in cui tutto ha avuto inizio, tra quelle strade che erano state il teatro d'azione delle storie fotografate ai tempi di «Look». Compare in una sequenza del film, come noto, un'edicola che ricorda perfettamente quella fotografata da Kubrick all'indomani della morte di Roosevelt. Si torna così all'inizio di questa storia; si torna in patria, come al termine di ogni Odissea che si rispetti.

Il dottor Stranamore - Ovvero: come ho imparato a non preoccuparmi e ad amare la bomba

di *Ilaria A. De Pascalis*

Il dottor Stranamore - Ovvero: come ho imparato a non preoccuparmi e ad amare la bomba (*Dr. Strangelove or: How I Learned to Stop Worrying and Love the Bomb*), distribuito il 29 gennaio 1964[1], aderisce alle formule della commedia nera per affrontare uno snodo problematico come la minaccia atomica, e lo fa attraverso una rigorosissima struttura formale. Nel corso dell'analisi si vedrà come le scelte compositive, la scala dei piani e l'articolazione del montaggio permettano di leggere questo film come configurazione del potere biopolitico, secondo la descrizione proposta da Michel Foucault. In particolare, si vedrà come la riflessione estetica metta in scena la distribuzione di tale potere, finalizzato alla regolazione della sopravvivenza della specie secondo le logiche e le strategie del liberalismo economico e politico.

BIOMECCANICA ED ESTETICA DEL GROTTESCO

La narrazione de *Il dottor Stranamore* ha inizio nel momento in cui il generale Jack D. Ripper (Sterling Hayden), convinto che un complotto comunista stia contaminando i "fluidi corporei"[2] degli americani tramite la fluorizzazione dell'acqua, decide di ordinare un attacco nucleare contro la Russia, in modo da risolvere una volta per tutte la Guerra Fredda[3]. La grande complessità del film sta nel modo in cui la struttura formale non produce soltanto un racconto, ma va a configurare in modo esplicito una dimensione ideologica e intellettuale. Nel corso dell'analisi, si vedrà come le scelte di composizione del quadro, di articolazione della scala dei

piani, e di montaggio producano un discorso sul posizionamento dei personaggi nella mappa ideologica e sull'articolazione del potere globale.
La prima scelta di Stanley Kubrick, in linea con altri prodotti culturali statunitensi del periodo[4], fu quella di trasformare le debolezze logiche del romanzo in punti di forza satirici, trasformando il racconto in una commedia nera e grottesca. L'assurdo come elemento caratterizzante i nessi consequenziali della narrazione, e soprattutto il comportamento anti-sentimentale e ottuso dei suoi personaggi, rispondevano al gusto del pubblico sofisticato delle città universitarie e delle metropoli, che permisero alla Columbia che lo distribuiva un incasso di circa cinque milioni di dollari[5]. È proprio attraverso l'uso della satira e del paradosso che *Il dottor Stranamore* si fa promotore di una produttiva contraddittorietà fra motivazione narrativa, che cattura il pubblico all'interno della struttura dell'azione, e distacco estetico-formale, che genera una riflessione attiva e una posizione critica rispetto alla catena degli eventi.
Tale distacco è reso particolarmente evidente dalla modalità di relazionarsi degli attori e della macchina da presa (mdp) con i personaggi, in funzione di quella tonalità "grottesca" che James Naremore individua come una delle modalità di racconto dominanti nel cinema di Kubrick[6]. Questo regista ha infatti prodotto una serie di film particolarmente segnati da una serie di "marche autoriali", ovvero opzioni tecniche e soluzioni formali che possono essere considerate parte di una visione relativamente armonica del linguaggio cinematografico e dei suoi modi di narrazione. Anche se in questa sede non saranno sviluppati confronti fra questo e altri film di Kubrick, nell'individuare alcune convergenze tra le scelte estetiche specifiche condotte ne *Il dottor Stranamore* si vedrà come l'"autore Kubrick" diviene una funzione nella struttura del film, catalizzatore di una serie di componenti formali ricorrenti nel sistema filmico a lui riferito, e utili per la lettura del singolo prodotto[7].
In particolare, è interessante sottolineare come *Il dottor Stranamore* proponga una dialettica peculiare fra una mdp relativamente statica e una performance attoriale caricata di una eccessiva mobi-

lità fisica e mimica[8]. Tale contrasto produce idealmente uno shock nell'opporre la quiete della mdp all'eccesso emotivo, affettivo e sensoriale generato dai corpi degli attori. Il cast sembra quasi riprodurre quello «stato prolungato d'eccitazione» determinato dal «lavoro muscolare continuo» fissato «tramite l'angolazione del corpo e non della posa» di cui parlava Sergej Ejzenštejn a proposito della biomeccanica[9]. È soprattutto George C. Scott a farsi portatore di questa recitazione, teatrale ma al tempo stesso «organica»[10], in cui il corpo diviene strumento complessivo e interamente investito nella messa in scena del personaggio. Famoso in questo senso è il momento in cui Scott cadde accidentalmente durante uno dei dialoghi col Presidente nella Sala di Guerra, movimento tenuto nel montaggio finale e divenuto uno degli elementi che vanno a connotare il personaggio di Turgidson come costantemente teso fra la totale inadeguatezza e la capacità di rispondere in modo efficace ai momenti di crisi.

La capacità di Scott di reagire in modo "organico" alla mdp e al suo personaggio è resa però particolarmente evidente dal pianosequenza in cui viene aggiornato sulla crisi in corso, prima tramite la voce della segretaria Miss Scott, e poi rispondendo direttamente alla telefonata. Si tratta di un'inquadratura molto famosa per le sue qualità compositive, enfatizzate dalla staticità della mdp (che compie solo piccoli movimenti di *recadrage*) e dal set caratterizzato da grandi specchi che coprono due pareti nella stanza d'albergo in cui Miss Scott e Turgidson si trovano. L'uomo è chiuso in bagno, e interviene per un paio di minuti come voce brusca e seccata, sollecitato dalla segretaria; entra poi in campo come riflesso nello specchio, e infine conquista il centro dell'inquadratura. L'uomo indossa soltanto dei boxer e una camicia dalla vistosa fantasia, lasciata sbottonata; la parziale mancanza di abbigliamento sottolinea come Turgidson dia una grande importanza alle necessità del proprio corpo, che siano erotiche, alimentari e digestive, o banalmente motorie. Significativo in proposito il gesto con cui dà un sonoro colpo alla propria pancia nel momento in cui comunica al suo interlocutore la propria decisione sul da farsi (fig. 1); ma anche il movimento in avanti della mdp con cui si conclude la sequenza, che sottolinea con il proprio avvicinamento le allusioni sessuali contenute nelle frasi rivolte da Turgidson a Miss Scott.

Opposti a George C. Scott nella recitazione e soprattutto a Turgidson in questa visione olistica del sistema corpo-mente ci sono il Ripper di Hayden e, soprattutto, lo Stranamore di Sellers. Entrambi mettono in scena una frattura insanabile fra il proprio corpo e la soggettività che lo abita, quasi fosse una configurazione aggiuntiva del sé, scollegata dalle azioni e dal proprio posizionamento nello spazio e rispetto alla mdp. Hayden infatti è quasi sempre collocato in modo "eccessivo" rispetto allo spazio che occupa e soprattutto allo sguardo che lo inquadra: se il piano-sequenza della telefonata vedeva Turgidson prendere progressivamente in mano la situazione (e la propria pancia nuda), il *long take* in cui Mandrake va a comunicare a Ripper che gli Stati Uniti non sono davvero sotto attacco è di tutt'altra natura.

In questa lunga inquadratura, che compone buona parte della sequenza in questione, il Generale resta di spalle alla mdp, con il corpo in ombra; la mdp è all'altezza della sua sedia, inquadrando Mandrake con un'angolazione dal basso, che grazie all'uso del grandangolo permette non solo di vedere l'intera stanza ma soprattutto di lasciare un quarto dello spazio al soffitto incombente (fig. 2). L'uomo accende con ostentazione un grosso sigaro, che sarà essenziale nella composizione di una delle più famose inquadrature del film, ovvero il primissimo piano del Generale fortemente angolato dal basso, ripreso con un teleobiettivo e con un'illuminazione contrastata (fig. 3). Tale inquadratura si alterna al primo piano più largo, non angolato e illuminato in modo diffuso e "naturale" di Mandrake, e vede il volto di Ripper bloccato in una posa rigida mentre svela il suo progetto per sferrare un attacco nucleare contro la cospirazione comunista internazionale. I deliri di Ripper sulla contaminazione dei "fluidi corporei" maschili operata dai comunisti, mentre l'uomo è isolato dal suo contesto grazie alla composizione e al buio che lo circonda, da un lato sottolineano il suo distacco da qualunque principio di realtà, ma al tempo stesso garantiscono quel «divertimento osceno» che secondo Naremore caratterizza molti momenti di humor nero nei film di Kubrick[11].

È proprio questa dialettica fra reazioni opposte – spavento e diver-

timento, sberleffo e pericolo – a contraddistinguere secondo lo studioso la maggior parte delle discussioni sull'estetica del grottesco. La provocazione portata nei confronti del pubblico si esplicita in questo caso nella contraddizione fra l'enormità del rischio (l'apocalisse nucleare), l'ordine razionale della composizione delle inquadrature (quasi placide nella loro staticità organizzata), e i comportamenti impossibili dei suoi personaggi. Gli individui coinvolti infatti non hanno una complessità psichica, non sono raccontati attraverso reazioni emotive e affettive profonde, non costruiscono strutture di identificazione e desiderio reciproci (se non secondo dinamiche piuttosto elementari).
Il personaggio più evidentemente paradossale resta però Stranamore, che Kubrick riprese con tre mdp per non perdere neppure un frammento delle improvvisazioni di Sellers[12]. La sua recitazione è all'insegna di quella che sempre Naremore ha definito, nel suo volume sulle performance attoriali, «incoerenza espressiva»: si tratta di una serie di gesti ed espressioni tesi a sottolineare la repressione di una soggettività che cerca di emergere nella superficie. In altre parole, un'esibizione di "dissonanza" attraverso una messa in scena metaperformativa del personaggio[13]. Questo contrasto è letteralizzato nella performance di Sellers dal famoso combattimento del braccio destro nei confronti del resto del corpo. La mano guantata si dimostra una protesi autonoma[14], portatrice di una parte dell'identità di Stranamore, che lo induce a fare il saluto nazista ed esibisce tutta la violenza solitamente invisibile in una struttura politico-culturale come quella del liberalismo, che mantiene parvenze compassionevoli e di riconoscimento dell'umanità degli uni negli altri (palesemente incarnate dal Presidente).
Il godimento sadico per l'idea stessa della violenza continua a trapelare nei brevi discorsi di questo personaggio, connotato in funzione del razionalismo spietato di cui il nazismo avrebbe voluto essere portatore, e che trapela dai continui lapsus per cui chiama il Presidente «Mein Führer». Stranamore corregge sempre però i propri scivoloni linguistici, per continuare ad essere accettato nel consesso civile; almeno fino al momento in cui, di fronte all'Apocalisse, tutti i presenti si convincono dell'opportunità del piano di Stranamore per preservare esemplari di razza umana, che vivreb-

bero in un regime di riproduzione e attività sessuale forzata auspicato come paradisiaco. Al culmine della progettazione di queste possibilità (che si analizzeranno in modo più approfondito in seguito), Stranamore diviene preda della propria eccitazione, e miracolosamente si alza in piedi, ergendosi simbolicamente in una posa fallica ed esclamando «Mein Führer... I can walk!», prima che la Macchina della Fine del Mondo entri in azione dando vita alla catena di esplosioni orgasmiche accompagnate dalla versione di *We'll Meet Again* cantata da Vera Lynn.

La relazione diretta proposta dal film fra sessualità e morte è messa in chiaro fin dalla sequenza dei titoli di testa: un montaggio in cui viene mostrato un momento di rifornimento di carburante in volo come si trattasse di una copula fra i due aerei, mentre risuona una versione strumentale di *Try a Little Tenderness*[15] (fig. 4). Lo scherzo osceno segna immediatamente il tono ridicolo e sovversivo del film, sottolineandone la dimensione grottesca attraverso quella strategia «abbassante e materializzante» che Bachtin aveva identificato come determinante della pratica di rovesciamento delle gerarchie narrative[16].

All'eccesso visivo e narrativo di cui si fanno portatori tutti questi personaggi e le performance attoriali che li costruiscono, si contrappongono attraverso una dialettica esplicita altri personaggi, connotati da tutt'altri registri stilistici e formali. Si tratta da un lato di Mandrake e Muffley, incarnazioni della ragionevolezza e del buonsenso, i soli a cui sono concessi dei veri e propri campo/controcampo convenzionali; e dall'altro dei soldati, non sempre identificabili in quanto individui, ma a cui è garantita dalla mdp l'umanità dello sguardo in soggettiva.

Muffley e soprattutto Mandrake sono contraddistinti da una mascolinità molto meno aggressiva, declinata nella forma di una mimica pacata, a tratti goffa, e dall'uso di accenti morbidi. È soprattutto però il loro rapporto con la mdp a caratterizzarli come personaggi "ordinari", per differenza rispetto ai corpi già analizzati. È interessante infatti notare come, in diversi momenti di dialogo, Muffley e Mandrake siano inquadrati secondo i codici compositivi che solitamente avviano un campo/controcampo, anche se poi quasi mai le inquadrature dei loro interlocutori si adeguano a tale forma. Come si è già visto, nel montaggio che segue l'inquadratura lunga – che vede Mandrake comprendere le intenzioni belliche di Ripper – è proprio lo squilibrio fra due codici stilistici opposti a dare vita al confronto. La differenza fra le due soggettività permette di identificare Mandrake come un ufficiale senza particolari doti, ma proprio per questo parte di un sistema di comunicazione ordinario, tanto da essere sempre in grado di interpretare correttamente i segni che gli vengono posti davanti.

È in questo senso che possiamo leggere la principale soggettiva che lo riguarda, e che lo accomuna ai soldati più o meno anonimi e privi di potere decisionale che vengono coinvolti nella battaglia. Si tratta di un movimento di zoom indietro, a partire dal foglio posto sulla scrivania di Ripper, a cui Mandrake si avvicina dopo il suicidio di quest'ultimo e che gli permette di capire quali siano le lettere che compongono il codice per richiamare l'attacco aereo. A questa scoperta segue la conversazione con il Colonnello "Bat" Guano, la cui assurdità è data dalla differenza fra le informazioni possedute dai due ufficiali: Guano non è stato aggiornato sul rischio di apocalisse nucleare scatenato da Ripper, il che giustifica la sua diffidenza nei confronti di un Colonnello di una potenza straniera trovato assieme al cadavere di un Generale statunitense.

L'unico momento in cui Mandrake era stato collocato in un vero e proprio campo/controcampo in precedenza era stato quando Ripper gli aveva spiegato di essersi accorto del complotto per la fluorizzazione dell'acqua durante «l'atto fisico dell'amore». I due sono nel mezzo della battaglia, inquadrati lateralmente in mezza figura larga. Alla domanda di Mandrake su come abbia scoperto il complotto, il tono di Ripper si fa più sommesso, e l'inquadratura passa a una mezza figura larga e frontale dei due, illuminata in modo più omogeneo (fig. 5); a questa segue il campo/controcampo in primo piano, con un'illuminazione relativamente morbida, a mostrare la comprensione e compassione di Mandrake per il Generale.

Ma Ripper è preda sia della retorica della guerra che dell'incapacità di leggere le informazioni in modo corretto, oltre che di una scissione totale dal proprio corpo; di conseguenza, abbraccia una logica non-consequenziale, e cede all'esaltazione della morte e della distruzione. Il campo/controcampo, che ribadisce il proprio sta-

tuto di figura retorica che colloca due personaggi in una posizione paragonabile e di riconoscimento reciproco, e che era stato reso possibile dal momento di pietà umana mostrato da Mandrake, non è un'opzione ulteriormente percorribile: le loro differenze sono troppo strutturali.
Quelle fra Mandrake e Guano sono invece differenze culturali e di collocazione rispetto allo spettro delle informazioni, non radicali inconciliabilità di configurazione del pensiero: e una certa omogeneità fra i due personaggi è data proprio dal più convenzionale campo/controcampo che riporta la loro conversazione, mentre Mandrake lo convince prima a metterlo in comunicazione con il Presidente attraverso un telefono pubblico, e poi a scassinare un distributore di Coca-Cola. Anzi, è Mandrake in questo caso ad avere un'inquadratura maggiormente angolata dal basso, a segnalare il suo stato di agitazione permettendo allo spettatore di percepire la sua frenesia mentre cerca di trovare una soluzione al nuovo intoppo comunicativo che gli si presenta, ovvero non avere monete a sufficienza per parlare con il Pentagono. Ed è Guano ad assumere uno sguardo che rende leggibile il mondo che lo circonda, perché appartiene a lui la tradizionalissima soggettiva sul distributore.
Guano fa insomma pienamente parte di quel gruppo di persone che si trovano ad essere inconsapevolmente coinvolte in una battaglia per la sopravvivenza stessa dell'umanità, fra cui si annoverano i soldati impegnati su entrambi i fronti nella lotta per la base Burpleson e l'equipaggio del B52. Anche in questo caso, Kubrick concede ai personaggi l'abilità di guardare e leggere il mondo di conseguenza, benché con modalità molto diverse.
Innanzitutto, la battaglia per la base Burpleson è mostrata ripetutamente secondo gli stilemi del documentario di guerra: macchina a mano, fotografia sgranata, ampio uso di teleobiettivi, e soprattutto una composizione del quadro che è spesso intralciata da oggetti posti in primo piano – fogliame o grate – come se si trattasse di inquadrature "rubate" da un reporter[17] (fig. 6). Si tratta dunque di un regime dello sguardo fortemente incarnato, benché non appartenga a nessun personaggio in particolare[18], che ha lo scopo diretto di convogliare la percezione degli spettatori verso un'esperienza della battaglia che si mostra in tutta la sua caoticità. Spesso è pres-

soché impossibile capire se la mdp sia posta al fianco dei soldati che difendono la base o di coloro che la stanno attaccando, dal momento che si tratta di membri dello stesso esercito. Attraverso le riprese "dal vivo" viene sottolineata la sostanziale insensatezza non solo della battaglia in atto, ma anche dell'atto della battaglia. Se in *Barry Lyndon* la guerra verrà messa in scena nella sua dimensione teatrale, scenografica, strategica[19], ne *Il dottor Stranamore* essa assume una dimensione incarnata, materica, assurda. La guerra è la "forma" su cui vengono ordite le trame narrative[20] solo nella misura in cui ne viene abbracciata la dimensione pragmatica e al tempo stesso paradossale, immotivata dalla Storia ma determinata da un incidente nel processo storico: una piccola battaglia contro le proprie stesse forze armate, per evitare la fine del mondo. E da questa configurazione dipende la dimensione antropomorfa e caotica della messa in scena, del tutto priva delle geometrie apollinee dei carrelli che mantenevano l'ordine nelle esplosioni di violenza invisibili eppure sempre presenti in *Orizzonti di gloria* (*Paths of Glory*, 1957). A emergere prepotentemente ne *Il dottor Stranamore* è il modo in cui la perversione delle regole logiche basate sulla dialettica amico/nemico faccia emergere la pura energia che confluisce nella performance della guerra. Non è possibile in questo film appartenere in modo consapevole a uno schieramento, si aderisce soltanto a delle posizioni momentanee, labili, prive di valore etico o morale[21].

Apice di questa produzione della guerra come incidente umano sono le sequenze all'interno del B52, unico momento in cui viene fatta intervenire della musica extradiegetica[22]. A partire dalla chiamata alla battaglia di Kong, infatti, interviene sistematicamente in colonna sonora il tema strumentale di *When Johnny Comes Marching Home*, solitamente associato alla Guerra di Secessione americana. La musica interviene a sottolineare la retorica patriottica che permea le azioni dei soldati, oltre a commentare sarcasticamente il fatto che questi uomini in particolare non potranno tornare marciando a casa, poiché impegnati in una missione suicida. L'amara ironia del commento viene associata all'enfasi con cui la mdp propone uno sguardo di costante prossimità rispetto ai corpi di questi uomini, connotati con pochi tratti caratteriali: l'accento texano di Kong, assieme al suo cappello da cowboy, si fanno necessariamente portatori di una retorica popolare sulla mascolinità bianca del Sud degli Stati Uniti, che accenna soltanto alle implicazioni razziste attraverso la presenza di un giovane James Earl Jones nell'equipaggio[23].

LA GUERRA MODERNA

Il dottor Stranamore mantiene però nel complesso una dimensione di prossimità empatica elementare rispetto agli uomini chiusi nello spazio dell'aereo, sottolineata fra l'altro dalle soggettive ripetute di cui sono protagonisti Kong e l'incaricato delle comunicazioni. Come la scoperta delle lettere del codice di richiamo da parte di Mandrake verrà sottolineata dallo zoom indietro[24], anche la ricezione dei codici di attacco da parte dell'equipaggio è enfatizzata dal parallelo e ricorrente zoom in avanti, sempre in soggettiva o semi-soggettiva[25], che interrompe bruscamente la calma routine dei soldati. Dopo una sequenza di presentazione della situazione, le sequenze riguardanti il B52 vedranno una sostanziale alternanza fra l'elemento umano, dato attraverso primi piani dell'equipaggio dalla composizione relativamente equilibrata (scarsa angolazione, illuminazione verosimile), e l'aspetto meccanico con cui i soldati sono pienamente integrati. È a tal proposito che Thomas Elsaesser riflette sugli aspetti modernisti del cinema di Kubrick, che elabora uno «sforzo di trovare e tenere una posizione sia interna sia esterna, sia di impegno polemico sia di ironico distacco, di appassionata umanità ma anche di disumanità meccanicistica»[26].
Ad essere al centro di molte inquadrature è infatti la strumentazione dell'aereo[27] (fig. 7), soprattutto misuratori ad aghi e interruttori a leva. Essi sono parte e contribuiscono alla produzione di un discorso militarista basato sulla dialettica fra gli opposti (acceso/spento, guerra/civiltà)[28], ma anche sulla presenza di una tecnologia dal significato esoterico, riservato agli eletti in grado di decifrarlo, e basata dunque su una comunicazione complessa, che contribuisce alle difficoltà di comunicazione fra soggetti umani.
In questo senso, il sistema filmico proposto da Kubrick ne *Il dottor*

Stranamore prevede un'articolata sinergia fra composizione visiva, dinamiche formali, strutture ideologiche, e solo marginalmente traiettorie soggettive e narrative. La messa in forma degli aspetti comunicativi da parte del film infatti riflette sull'impossibilità di una trasmissione lineare, sincrona, condivisa di messaggi attraverso le strutture simboliche: la comunicazione è sempre differita (Miss Scott che riferisce le parole dell'interlocutore telefonico a Turgidson), filtrata attraverso strumenti che impediscono al pubblico di ascoltare il flusso nella sua interezza (il telefono), da interpretare in modo corretto (come i codici militari). Nonostante la permanenza della mdp sui soggetti durante il loro atto di comunicare attraverso piani-sequenza o *long take*, che indica lo sforzo di seguire una conversazione nella sua durata, ogni linearità resta un'impossibilità: gli spettatori sono privati di uno degli interlocutori, oppure le associazioni logiche prodotte non hanno nulla di consequenziale e sono piuttosto il frutto del delirio psicotico di uno dei soggetti.

GEOMETRIE COMPOSITIVE E MONTAGGIO INTELLETTUALE: PER LA REGOLAMENTAZIONE DEI CORPI

La dialettica fra gesto comunicativo e leggibilità del messaggio si riflette in quella fra il contenuto dell'inquadratura e la struttura formale che la configura. Tale dialettica rivela anche come l'organizzazione del potere avvenga secondo processi contingenti e automatici, integrati in un apparato complessivo (statunitense o sovietico che sia) che non è in grado di leggere e interpretare i segni ma soltanto di tenere fede a una loro successione – alla necessità appunto di una struttura retorica e discorsiva predeterminata, che si riflette nella distribuzione geopolitica proposta dal film. Da essa deriva il montaggio alternato fra una serie di ambienti di articolazione del racconto, i quali determinano simbolicamente la collocazione ideologico-culturale dei personaggi posti al loro interno. I corpi dei personaggi non sono soltanto espressione di una performance attoriale, ma sono perfettamente integrati in una serie di dispositivi tecnologici, finalizzati al controllo e alla regolamentazione della vita stessa, in ogni suo aspetto. Gli apparati tecnici divengono parte essenziale di uno spazio pensato come dispositivo di gestione e articolazione del potere, che è innanzitutto potere di vita e di morte sui soggetti umani, com'è facilmente deducibile dall'innesco della Macchina della Fine del Mondo.

Quello messo in scena da Kubrick con la collaborazione di Ken Adam non è infatti uno spazio diegetico, funzionale alle azioni e al racconto, ma quello che Bernardi, a proposito di *Barry Lyndon*, ha definito «spazio iconico». Si tratta cioè di uno spazio «bloccato nell'autorappresentazione, come in un quadro, in cui lo sguardo rifluisce sul suo punto di partenza. Uno spazio che potremmo definire mimetico, o descrittivo, perché privilegia l'atto del mostrare su quello del raccontare»[29]. Aspetto di grande interesse ne *Il dottor Stranamore* è però il modo in cui tale spazio iconico non venga in alcun modo esplorato o costruito sulla profondità labirintica, seguita tramite quei movimenti sinuosi e serpentini della mdp ricorrenti in molti altri film del regista e ritenuti spesso una delle sue marche autoriali. Al contrario, nel film è evidente e quasi ridondante proprio la negazione di qualunque profondità: i singoli ambienti sono simbolicamente costrittivi, chiaramente delimitati da confini architettonici, auto-evidenti – spazi scenici che non hanno alcun collegamento consequenziale fra di loro, se non la simultaneità meccanica determinata retoricamente dal montaggio alternato.

È in tal senso che può essere letto il racconto sulla procedura di elaborazione della scenografia, durante la quale Kubrick intervenne sui progetti di Adam della Sala di Guerra per «creare immagini che si limitassero all'indispensabile»[30]. La scelta fu dunque quella di produrre un bunker triangolare di cemento armato, dal pavimento lucido e le pareti-soffitto incombenti e coperte da mappe luminose, illuminato da un enorme lampadario ovale, perfettamente in parallelo con il tavolo che ospita il Presidente e i suoi accoliti (fig. 8). Lo spazio del bunker, così come l'ufficio di Ripper, vedono spesso un'alternanza fra le riprese in totale con macchina statica, che configurano un quadro chiuso in cui i personaggi parlano più che agire (senza però riuscire a comunicare in modo produttivo), e piani ravvicinati dei personaggi stessi, descritti da Bernardi come «frammenti fortemente sintetici e tipizzanti, immagini

che non si integrano in una sequenza rappresentativa ma che si reggono da sole per forza di pura sineddoche, parti che rappresentano il tutto, ritratti»[31].
Tale alternanza costruisce una tessitura complessa con quella fra i vari spazi del film, riflettendo sull'atto stesso della violenza del montaggio come strumento di produzione del pensiero e del racconto al tempo stesso. Il modo in cui viene messo in scena lo spazio ne *Il dottor Stranamore*, in altre parole, sottolinea la configurazione di un tutto a partire da immagini che sono concentrati di senso, giustapposte secondo una modalità ben poco invisibile: si pensi al cambio di angolazioni e di scala che mantengono la mdp su uno stesso personaggio durante le conversazioni, anziché nascondersi dietro la fluidità del campo/controcampo. Non si tratta di un'idea del piano come "taglio", pezzi di un puzzle da ricomporre in modo fluido. In questo film non c'è una riunificazione immaginaria che «tiene a bada la violenza dell'astrazione», secondo la formulazione che Mary Ann Doane ha proposto nell'ambito della teoria del montaggio spaziale[32]. In particolare, l'uso del formato *widescreen* non è orientato a un'estensione del visibile, quanto piuttosto a «un'accentuazione della pienezza e della presenza dell'immagine e la negazione del suo "esterno", dell'alterità dello spazio fuoricampo»[33]. Il passaggio di scala e di angolazione non viene messo in scena in funzione di una sutura dell'immaginario, di una esplorazione dello spazio come verosimile, quanto piuttosto di una specificazione intellettuale, di una prassi del pensiero. D'altra parte, il modo di produzione dell'immagine da parte di Kubrick è, secondo Paolo Bertetto, «segnato dalla trasformazione dello spazio del visibile, che non rinvia al mondo dei fenomeni, ma a un orizzonte di reduplicazione e rielaborazione dei modelli visivi e dell'oggettualità in relazione all'arte»[34]. Si tratta letteralmente di una rappresentazione di quell'«ansia spaziale della modernità»[35] che è anche "ansia della modernità" *tout court*, necessità di fronteggiare attraverso la produzione artistica e di intrattenimento un mondo deumanizzato e anti-umanistico[36].
Da un lato, abbiamo dunque una configurazione dello spazio finalizzata alla «ricerca della geometria» e alla «creazione di simmetrie nell'immagine filmica», in funzione di una produzione formale ri-

gorosa[37]; dall'altro, la produzione estetica preserva comunque una dimensione architettonica armonica e un'abitabilità figurativa degli spazi[38]. Questa credibilità riguardo alla collocazione dei corpi negli spazi all'interno delle inquadrature è portata avanti attraverso l'uso potente della discontinuità e della violenza del montaggio. La contrapposizione evidente e il conflitto proposto nella scala dei piani e nel cambio di angolazione ne *Il dottor Stranamore* richiama perciò in parte le modalità del montaggio intellettuale teorizzate da Sergej Ejzenštejn. Si tratta di una prospettiva profondamente modernista della produzione visuale, secondo la quale il prodotto di intrattenimento, soprattutto cinematografico, è sempre anche riflessione intellettuale ed ermeneutica. Secondo il teorico, la giustapposizione conflittuale fra inquadrature (e, in senso più ampio, fra sequenze) genera un processo di condensazione immaginaria e dunque di comprensione concettuale di ciò che viene mostrato che va oltre una lettura immediata, contenutistica ed emotiva, dell'immagine[39]. È proprio il rapporto dinamico fra i "blocchi" di senso e il movimento del montaggio che permette di effettuare il salto verso la complessità del concetto di ciò che le immagini rappresentano[40]. È in questa capacità tutta umana di produrre un «discorso esplicito sui modi di produzione del senso», mettendo in gioco il dispositivo nella sua complessità senza mai frenare la specificità di una ricerca estetica e formale, che risiede la modernità della proposta teorica di Ejzenštejn[41]. *Il dottor Stranamore* propone una versione meno radicale di tale processo artistico e ideologico, andando però ugualmente a sollecitare una produzione del pensiero in funzione delle dinamiche complessive che permeano il mondo moderno controllato dalla MAD (Mutual Assured Distruction).
È in tal senso che possono essere interpretate le sequenze in cui il Maggiore Kong legge tutte le procedure per predisporre l'attacco nucleare, che vengono poi eseguite dal suo equipaggio, mentre la mdp esplora le interazioni fra i corpi umani e i macchinari con cui si relazionano. L'alternanza e il montaggio ritmico fra carne e metallo, cuciti attraverso la monotona voce di Slim Pickens a fare da ponte sonoro, rende evidente il modo in cui i corpi sono completamente integrati negli apparati tecnologici e militari, secondo il modello teorizzato dalla biopolitica foucaultiana. L'aereo, come anche

la base militare, divengono dei dispositivi finalizzati alla regolamentazione dell'esistenza umana nella sua globalità; e compito dei soldati è essere parte di questi apparati tecnologici per garantire (come scrive Foucault già a proposito della seconda guerra mondiale) «un certo tipo di organizzazione economica e di organizzazione sociale» orientate alla sicurezza rispetto a un modello di vita e a un rapporto fra governanti e governati regolato dal liberalismo statunitense[42].

I corpi e il desiderio, nel B52, vengono esplicitamente resi parte delle tecnologie di articolazione del potere, soprattutto attraverso la famosa semi-soggettiva di Kong sulla pagina di *Playboy* in cui appare Miss Scott coperta solo dalla rivista «Foreign Affairs», ma anche attraverso l'elenco dei beni contenuti nei kit di sopravvivenza per i membri dell'equipaggio (che comprendono preservativi, rossetto, calze da donna). I soggetti, nel loro essere sessuati, sono presi nel potere, secondo la famosa definizione che ne dà Foucault:

> la molteplicità dei rapporti di forza immanenti al campo in cui si esercitano e costitutivi della loro organizzazione; il gioco che attraverso lotte e scontri incessanti li trasforma, li rafforza, li inverte; gli appoggi che questi rapporti di forza trovano gli uni negli altri, in modo da formare una catena o un sistema, o, al contrario, le differenze, le contraddizioni che li isolano gli uni dagli altri; le strategie infine in cui realizzano i loro effetti, ed il cui disegno generale o la cui cristallizzazione istituzionale prendono corpo negli apparati statali, nella formulazione della legge, nelle egemonie sociali[43].

Il dottor Stranamore propone una configurazione estetica degli spazi e del tempo attraverso il montaggio, costruito, come visto, per opposizioni dialettiche di forme compositive oltre che dei contenuti delle inquadrature, che provvede esattamente all'articolazione di questi "appoggi" e "differenze" fra elementi che producono il potere. I dispositivi tecnologico-militari e politici rappresentati e il dispositivo cinematografico che li mette in scena sono imbricati nel dispiegare l'esercizio del potere sull'esperienza dei soggetti umani che da esso sono regolati.

E, come scrive sempre Foucault, la «situazione atomica» è estrema espressione di tale regolazione dei soggetti, perché «il potere di esporre una popolazione ad una morte generale è l'altra faccia del potere di garantire ad un'altra il suo mantenimento nell'esistenza»[44]; le macchine atomiche coinvolte nella narrazione de *Il dottor Stranamore* dovrebbero essere finalizzate al mantenimento di una «disciplina anatomo-politica del corpo umano» e di una «regolazione biopolitica della popolazione», per la preservazione della vita sulla terra[45]. Tale piano subisce un grave danno attraverso le decisioni di Ripper, che incarnano l'apoteosi e al tempo stesso la rottura dell'equilibrio del regime democratico liberale: l'individuo che si erge a rappresentante di se stesso, rifiutando la rappresentanza politica e comportando però uno squilibrio esponenziale di potere, che innesca così l'apocalisse, politica prima ancora che nucleare.

Il regime del pensiero liberale, in qualità di metodo di pensiero utopico basato sul principio dell'equilibrio globale, mostra però la propria resilienza di fronte alla crisi, grazie agli interventi combinati dei soggetti che sono massima espressione del dispositivo di regolazione del corpo, ovvero il Generale Turgidson e il dottor Stranamore: il primo, come visto, è pienamente in contatto con il proprio organismo e altrettanto pienamente integrato nel regime del liberalismo, mentre il secondo è espressione della pericolosa contiguità di tale regime rispetto alle strategie omicide del nazismo[46], attraverso la doppia natura del proprio corpo – debole e inabile, eppure portatore di un braccio mostruoso che muove guerra all'organismo che lo ospita ma probabilmente gli conferisce anche il potere di camminare nonostante la paralisi. Il dialogo che li vede protagonisti nell'ultima sequenza è dunque finalizzato a preservare gli obiettivi delle pratiche di economia politica, per come sono stati definiti da Foucault: «la crescita simultanea, correlata e opportunamente regolata della popolazione, da un lato, e dei mezzi di sussistenza, dall'altro. L'economia politica si propone appunto di garantire il mantenimento di un certo equilibrio tra gli stati affinché possa avere luogo la concorrenza»[47]. È in tale contesto che Stranamore e Turgidson ipotizzano la preservazione di un campione selezionato di esseri umani, e dunque della vita sulla Terra, purché sia mantenuto anche l'equilibrio fra le superpotenze in relazione alle armi e agli spazi abitativi: «Mr. President,

we must not allow a mineshaft gap!», esclama in merito Turgidson, subito prima che il corpo di Stranamore, grazie alla forza del suo "piano" biopolitico, si irrigidisca nella camminata finale.
Le esplosioni innescate dalla Macchina della Fine del Mondo non sono dunque una interruzione nel tessuto del potere, bensì un suo rafforzamento. A ribadirlo, in modo piuttosto evidente, le parole della canzone che celebrava il desiderio di sopravvivenza dei soldati inglesi nella seconda guerra mondiale, e che in questo caso ribadiscono la persistenza degli apparati del potere, stabilendo una rigida, inesorabile continuità nella storia dell'umanità, con cui il film trova la sua conclusione:

We'll meet again
Don't know where
Don't know when
But I know we'll meet again some sunny day
Keep smiling through
Just like you always do
'Till the blue skies drive the dark clouds far away[48].

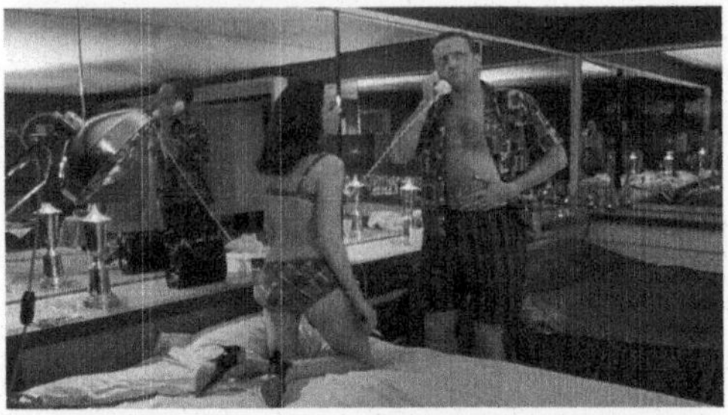

[1.]

[2.]

[3.]

STRANGELOVE
DR
OR:
HOW I
LEARNED
TO STOP
WORRYING
AND
LOVE THE
BOMB

[4.]

[5.]

[6.]

[7.]

[8.]

*2001: Odissea nello spazio**

di *Peter Krämer*

Ampiamente considerato come uno dei migliori[1] e più enigmatici film mai realizzati, *2001: Odissea nello spazio* (*2001: A Space Odyssey*, 1968) è stato più di ogni altro oggetto di scritti, accademici e non[2]. Questi scritti si concentrano esclusivamente sul film, oppure lo trattano in relazione ad altre pellicole realizzate dal co-sceneggiatore, regista e produttore Stanley Kubrick, o al genere fantascientifico, o al periodo storico e più in generale alla cultura dal quale è emerso. Essi tendono inoltre a focalizzarsi sulla storia del film, sui temi e sui numerosi (e potenziali) significati che ne derivano, così come sui mezzi specificamente cinematografici tramite cui storia e temi sono stati presentati[3]. Esistono inoltre studi dettagliati sulla lunga e complessa produzione del film[4].

Allo stesso tempo, gli scritti su *2001* spesso registrano l'enorme impatto che il film ha avuto sugli spettatori; anzi, molte persone si sono sentite in dovere di scriverne proprio a causa del profondo segno che il film ha lasciato su di loro. È senz'altro il mio caso. Vedere *2001* e *Arancia meccanica* (*A Clockwork Orange*, 1971) di Kubrick da adolescente, alla fine degli anni settanta, mi ha spinto a diventare uno studioso di cinema e a dedicare molto tempo alla ricerca su questi due film. Sono stato particolarmente interessato alle reazioni del pubblico (sia i normali spettatori che i critici)[5] quando *2001* uscì per la prima volta, e al successo che questo ebbe sul mercato. Contrariamente alle ripetute affermazioni rin-

* Traduzione dall'inglese di Enrico Carocci e Valeria Mancinelli.

tracciabili nella letteratura su *2001* – secondo cui il film fu inizialmente un flop negli Stati Uniti, sia per i critici che per il pubblico, per diventare un successo solo in seguito, soprattutto grazie ai giovani –, i miei studi su una vasta gamma di fonti primarie (ad esempio la stampa di settore, i dati del botteghino e le lettere inviate a Kubrik) mi hanno portato a concludere che *2001* è stato in effetti, fin dall'inizio, un grande successo commerciale, per un ampio spaccato della popolazione americana e anche per la stampa specializzata, con l'eccezione di pochi critici newyorkesi spesso citati[6].

È una scoperta piuttosto sorprendente, se si considerano le radicali divergenze del film rispetto alle convenzioni della narrazione hollywoodiana. Per darne una spiegazione, considereremo più da vicino le numerose lettere nelle quali gli americani descrivevano, e talvolta spiegavano a Kubrick, le loro esperienze (in gran parte positive) con *2001*[7]. Vale anche la pena di studiare il modo in cui il film è stato presentato al pubblico negli Stati Uniti, nella fase della sua prima uscita, nel 1968, e subito prima[8]. In che modo pubblicità e marketing hanno preparato le persone al film? Quali aspettative hanno sollevato, e in che modo queste aspettative hanno dato forma alla passione degli spettatori per *2001*? Come ha funzionato il film rispetto, e contro, le aspettative del pubblico? In questo saggio svilupperò risposte preliminari a queste domande e nel farlo, spero, offrirò una nuova prospettiva su *2001*.

UN VIAGGIO OLTRE LE STELLE

L'uscita di *2001* nell'aprile del 1968 fu preceduta da oltre tre anni di pubblicità e marketing. Il 23 febbraio 1965 il progetto che doveva diventare *2001* era stato ufficialmente annunciato alla stampa dalla MGM, la major che avrebbe finanziato e distribuito il film. Con il titolo «Stanley Kubrick dirigerà *Un viaggio oltre le stelle* in Cinerama per MGM», il comunicato dello studio ruotava attorno al regista, le cui dichiarazioni sul progetto rappresentavano gran parte del testo[9]. Negli ultimi anni Kubrick aveva realizzato tre film (*Spartacus*, *Lolita* e *Il dottor Stranamore*) che erano stati un successo sia commerciale che di critica, e lui era ampiamente considerato uno dei più importanti registi americani[10].

Il suo ultimo film, una commedia-thriller sullo scoppio della guerra nucleare – distribuito dal gennaio 1964, meno di un anno e mezzo dopo la crisi missilistica cubana dell'ottobre '62 – era considerato un importante contributo al dibattito pubblico sulle armi nucleari ed era ancora in numerosi cinema americani nel febbraio '65, ricevendo anche molta attenzione durante la stagione dei premi nei primi mesi di quell'anno[11]. In effetti, il comunicato della MGM si apriva mettendo in risalto il «successo mondiale» che Kubrick aveva ricevuto per *Il dottor Stranamore* e *Lolita*.

Il lancio del film fu quindi inizialmente basato sul presupposto che la stampa e il pubblico potenziale avessero familiarità con il nome di Kubrick (o almeno con i titoli dei suoi ultimi due film) e sarebbero stati interessati al nuovo progetto del regista – in particolare perché, come *Il dottor Stranamore*, riguardava un argomento molto attuale. Vista la frenesia e il dibattito intorno al tentativo americano di realizzare la visione di John F. Kennedy di un possibile allunaggio entro la fine del decennio, il comunicato stampa della MGM citava Kubrick dicendo che il suo nuovo film avrebbe offerto una descrizione «su base scientifica» dell'esplorazione spaziale all'inizio del XXI secolo; un'esplorazione immaginata come un'esperienza «in grado di cambiare la nostra civiltà», anche in quanto avrebbe riguardato l'incontro con un'intelligenza extra-terrestre. Fin dall'inizio, quindi, la pubblicità del nuovo film di Kubrick prometteva di portare gli spettatori in un viaggio trasformativo verso l'ignoto totale, un viaggio non solo «verso le stelle», ma in un indefinibile e misterioso «oltre».

Al primo comunicato della MGM seguì quella che è stata definita all'epoca come «la più ampia e approfondita campagna pubblicitaria e promozionale nella storia [della MGM]»[12]. Essa includeva un flusso costante di interviste, servizi sui media, pubblicità e trailer, e anche l'uscita di vari prodotti legati al film, da gioielli e giocattoli alla colonna sonora e al romanzo di Arthur C. Clarke *2001: Odissea nello spazio*, che era stato scritto parallelamente alla realizzazione del film e pubblicato pochi mesi dopo la sua uscita[13]. La maggior parte di questo materiale ripeteva e ampliava i punti chiave introdotti nell'annuncio iniziale della MGM, continuando così a mettere in luce vari aspetti dell'esperienza che il film di Kubrick, presto rititolato *2001: Odissea nello spazio*, avrebbe offerto al pubblico.

In questo contesto, è importante notare che il film sarebbe uscito seguendo la cosiddetta *roadshow release*, cioè sarebbe stato inizialmente proiettato in 70mm, in un piccolo numero di cinema negli Stati Uniti, con tutte le caratteristiche di una serata da musical: posti prenotabili, biglietti costosi, una *ouverture* e un intervallo (solo nel '69 uscì nei cinema una versione 35mm del film, senza *ouverture* e intervallo, a prezzi regolari)[14]. La *roadshow* è stata a lungo la modalità standard di lancio per le produzioni più costose e prestigiose di Hollywood; essa offriva al pubblico un evento molto speciale al di fuori della consueta (o inconsueta) abitudine dell'andare al cinema[15]. A differenza dei normali spettacoli cinematografici – che, alla fine degli anni sessanta, erano prevalentemente affollati da un pubblico giovanile – le *roadshow* erano rare occasioni in cui tutta la famiglia andava insieme al cinema. In effetti, una considerevole quantità di pubblicità, annunci e oggetti di merchandising per *2001* risultava (a quanto pare con successo) attrattiva per i bambini e i loro genitori[16], e anche per le donne, che erano tradizionalmente considerate il segmento di pubblico più importante – sebbene la situazione stesse rapidamente cambiando dalla seconda metà degli anni sessanta[17].

2001 si distingueva dalle altre attrazioni *roadshow* perché, come già evidenziato nel primo comunicato della MGM, sarebbe stato presentato «in Cinerama». Nella sua versione originale, che utilizzava tre cineprese e tre proiettori, il Cinerama era il più spettacolare tra i formati panoramici degli anni cinquanta[18]. Tuttavia, dopo il 1962, l'azienda Cinerama interruppe questo processo complicato e costoso, e autorizzò invece le major a utilizzare l'etichetta Cinerama per un piccolo numero di produzioni in 70mm (a pellicola unica), in media due o tre all'anno, che garantivano un'uscita in sale appositamente progettate e caratterizzate da grandi schermi curvi[19]. Così, *2001* fu inizialmente mostrato quasi esclusivamente in sale Cinerama.

Oltre alla promessa di un'esperienza estremamente immersiva, facilitata dagli schermi speciali, l'etichetta Cinerama portò con sé alcune aspettative sulla forma e sul contenuto dei film. I film originali in Cinerama erano documentari tipo *travelogue*, che portavano il pubblico in giro per il mondo, mentre le uscite successive spesso combinavano cambi frequenti di location e paesaggi attraenti con una storia (ad esempio, una gara di corse). Molte di queste successive uscite in Cinerama raccontavano storie epiche di eventi e progressi storici, solitamente in Occidente. Ciò che quasi tutti i film Cinerama avevano in comune era l'enfasi sul movimento, in particolare i dinamici movimenti in avanti della cinepresa, che avevano sugli spettatori un effetto entusiasmante e persino vertiginoso.

Le uscite in Cinerama ebbero un grande successo al botteghino. Quando «Variety», la maggiore rivista di settore dell'epoca, pubblicò nel gennaio del 1968 l'elenco dei maggiori incassi di tutti i tempi, cinque titoli girati in Cinerama finirono nella Top 40[20]. Questi furono i tre *travelogues Cinerama Holiday* (1955, al n. 38), *Le sette meraviglie del mondo* (1956, al n. 36) e *This is Cinerama* (1952, al n. 23); la commedia slapstick (e *travelogue*) *Questo pazzo, pazzo, pazzo, pazzo mondo* (1963, al n. 14); e il western epico *La conquista del West* (1962, al n. 10), che narra la storia dell'espansione verso ovest degli Stati Uniti in una serie di episodi talvolta vagamente connessi tra loro.

Poiché i maggiori successi per il Cinerama rimasero nei cinema per diversi anni, è molto probabile che fossero ancora nella mente degli spettatori quando *2001* fu promosso come un'uscita in Cinerama, incrementando così le aspettative verso un'esperienza audio-visiva travolgente (ottenuta tramite scenari spettacolari e dinamici movimenti di macchina), e probabilmente preparandoli a un film che non si sarebbe concentrato necessariamente sul racconto di una storia convenzionale con mezzi convenzionali. È importante ricordare che *2001*, dal primo comunicato della MGM nel '65 fino ai poster e alle pubblicità del '68, fu descritto più volte come «un dramma epico di avventura ed esplorazione»[21]. La pellicola fu dunque connessa con la natura esplorativa dei *travelogues* in Cinerama, così come con il filone di avventure planetarie ed epopee storiche, tra cui alcune uscite in Cinerama, che avevano dominato i botteghini statunitensi a partire dalla fine degli anni quaranta[22].

La classifica dei maggiori successi al gennaio del 1968 secondo «Variety» includeva, oltre a *La conquista del West,* film sugli imperi egizio e romano (*Cleopatra*, 1963, al n. 8), la rivoluzione russa e la successiva guerra civile (*Il dottor Zivago*, 1965, al n. 5), gli inizi della cristianità (*Ben-Hur*, 1959, al n. 4), la fuga degli Ebrei dall'Egitto (*I dieci comandamenti*, 1957, al n. 3), la guerra civile americana (*Via col vento* che, uscito originariamente nel 1939, fece la maggior parte degli incassi durante le distribuzioni successive a partire dal 1940, al n. 2) e l'ascesa del nazionalsocialismo (*Tutti insieme appassionatamente*, 1965, al n. 1)[23]. La classifica di tutti i tempi comprendeva anche avventure planetarie, che raccontavano storie convenzionali con una forte enfasi sulle attrazioni dei frequenti cambi di set, offrendo così anche il piacere del *travelogue.* Questi film includevano, ad esempio, *Quei temerari sulle macchine volanti* (1965, al n. 29) e *Il giro del mondo in 80 giorni* (1956, al n. 11) così come i due James Bond, *Agente 007 - Missione Goldfinger* (1964, al n. 13) e *Agente 007 - Thunderball (Operazione tuono)* (1965, al n. 9).

È poi importante ricordare come alcuni dei maggiori successi hollywoodiani del dopoguerra avessero a che fare con il mistero profondo e l'impatto dell'intervento divino nella storia dell'umanità: da *Sansone e Dalila* (1949, al n. 42) a *Quo Vadis* (1951, al n. 40) e *La tunica* (1953, al n. 17), passando per *I dieci comandamenti*, *Ben-Hur* e *La Bibbia* (1966, al n. 25: un film in cui, in maniera simile a *La conquista del West*, la storia era raccontata sotto forma di episodi vagamente connessi tra loro). Il pubblico del cinema arrivò dunque ben preparato non solo ai misteri promessi dal marketing di *2001*, ma anche al viaggio che avrebbe intrapreso e le esperienze trasformative del futuro dell'umanità con cui si sarebbe confrontato.

Nei mesi che precedettero e seguirono la prima, che si tenne a Washington D.C. il 2 aprile del '68, *2001* fu onnipresente negli Stati Uniti, con pubblicità e recensioni sulla stampa e nelle trasmissioni radiofoniche e televisive, poster e manifesti, merchandising nei negozi e trailer cinematografici[24]. All'entrata dei cinema che pro-

iettavano *2001*, gli spettatori potevano inoltre acquistare un *souvenir programme* o un opuscolo più dettagliato (acquistabile anche in libreria, edicola o tramite posta)[25]. I disegni usati sui poster e nelle pubblicità, così come le inquadrature scelte per il trailer e i fotogrammi stampati nell'opuscolo, proiettavano lo spettatore nello spazio (spesso vicino a una stazione spaziale nell'orbita della Terra), sulla Luna o dentro una navicella spaziale (fig. 1)[26].
La pubblicità più bizzarra – un volantino di quattro pagine che comprendeva disegni e un lungo testo – invitava i lettori americani a immergersi in uno scenario futuristico. «Meno di un'ora fa», recita il testo, «siete stati spinti a grande velocità dall'aeroporto spaziale Kennedy di New York, per imbarcarvi in un viaggio che vi porterà ai più lontani confini dell'Universo. La vostra prima fermata è la lenta ruota della Stazione Spaziale Uno»[27]. Il testo illustra poi, in maniera estremamente dettagliata e soffermandosi sulle tecnologie future e le loro connessioni con la scienza contemporanea, un viaggio dalla Luna fino a Giove, sottolineando che «anche allora, il vostro viaggio sarà solamente cominciato».
Tutto questo è seguito da una discussione sulla «vita intelligente» nell'universo, e sulla possibilità che «molto prima dell'inizio della storia, la Terra ha probabilmente avuto dei visitatori». La pubblicità si conclude annunciando:

> in un finale che aprirà la vostra mente, vi troverete sfrecciare in immense galassie, passerete attraverso nuvole di gas esplosivi dove interi soli nascono, e in strane regioni dello spazio e del tempo dove agiscono forze incomprensibili all'Uomo. E qui, alla fine del vostro viaggio, incontrerete i poteri che hanno vegliato sulla nascita della nostra specie – e che sin da quel momento hanno atteso che emergessimo dalla nostra culla planetaria.

Mentre è ovviamente impossibile stabilire cosa i singoli spettatori conoscessero già e cosa si aspettassero esattamente da *2001* prima di vederlo, è molto probabile che la pubblicità e il merchandising li abbiano preparati al fatto che il film avrebbe preso come punto di partenza la realtà del mondo in cui vivevano, incluso il miglior sapere scientifico allora disponibile, e che li avrebbe trasportati nel futuro e nello spazio in maniera stimolante sul piano intellettuale ed eccitante su quello sensoriale. Inoltre, il film avrebbe avuto a che fare con momenti trasformativi della storia dell'umanità, mettendo gli spettatori di fronte a grandi misteri legati a poteri extraterrestri dai caratteri divini.

UN'ODISSEA NELLO SPAZIO

Basandosi sul marketing del film, le persone che acquistavano i biglietti per una delle proiezioni di *2001* si sarebbero potute aspettare che, dopo la tipica *ouverture* musicale e i titoli di testa, la storia sarebbe iniziata con delle scene raffiguranti una versione futuristica della vita sulla Terra o, in modo ancora più entusiasmante, con una sequenza spaziale vicino alla Terra, per poi proseguire con una prolungata odissea nello spazio e l'evolversi di una serie di profondi misteri. Gli spettatori si dovettero invece trovare decisamente scossi da una *ouverture* con suoni inquietanti per quasi tre minuti (da *Atmosphères* di György Ligeti) che, anziché somigliare alla classica musica sinfonica del XIX secolo, usata solitamente per l'inizio dei film dell'epoca, sembrava ricordare un'atmosfera non terrestre, di un altro mondo, aliena. Così il pubblico si trovò, sin dall'inizio, in un paesaggio sonoro profondamente misterioso, un'impressione amplificata dal fatto che lo schermo rimaneva nero. In maniera più vicina alle aspettative generate dalla pubblicità e dal titolo del film, la sequenza di titoli di testa – accompagnata da un drammatico brano di musica classica (da *Così parlò Zarathustra* di Richard Strauss) – ha luogo nello spazio, subito dopo i primi secondi con il logo della MGM. Anziché utilizzare la Terra come punto di riferimento, la sequenza posiziona lo spettatore molto più in alto, in un paesaggio lunare, con la Terra che sorge pian piano, e il Sole sopra la Terra, mentre la Luna gradualmente esce di scena, così che lo spettatore si ritrova in uno spazio vuoto e a una distanza considerevole dalla Terra. Una volta stabilito lo scenario spaziale, la combinazione del sorgere del Sole accompagnato da un epico brano musicale che segnala che, in qualche modo, qualcosa di nuovo sta per cominciare, il pubblico deve essersi sentito pronto per un viaggio attraverso il Sistema solare, ricco di avventure trasformative e di misteri.

Anziché imbarcare gli spettatori in un viaggio futuristico, il film li trasporta in quello che sembra essere un paesaggio desertico sulla Terra, introdotto dal titolo «L'alba dell'Uomo». Insieme al titolo, le successive inquadrature di creature che sembrano scimmie (o ominidi) suggeriscono che la storia del film si è mossa in un lontano passato. In nessuno dei materiali di marketing c'è una diretta rappresentazione o un indizio relativo a questa sequenza preistorica (segmento 1) nella storia del film. Come già con l'*ouverture*, il pubblico si deve nuovamente adattare agli inaspettati e disorientanti ambienti e sviluppi; risulta infatti molto difficile fare distinzioni tra i vari ominidi e capire esattamente cosa stia accadendo.

Per circa quindici minuti, il film mostra gli ominidi continuare con la loro vita – vanno in giro, cercano cibo, si prendono cura degli altri, bevono, riposano, dormono –, routine quotidiane intervallate da alcuni eventi drammatici: l'attacco di un leopardo, due scontri con gruppi rivali di ominidi vicino a una pozza, e la comparsa all'alba di una lastra rettangolare nera (o monolito) – chiaramente un manufatto, e non un oggetto naturale – vicino a dove stanno riposando. Nessuna spiegazione viene fornita rispetto all'origine e la natura di questa apparizione, che è accompagnata però da un altro inquietante brano musicale (dal *Requiem* di Ligeti) in grado di rievocare e rafforzare l'atmosfera dell'*ouverture*. Gli spettatori, a questo punto, devono aver capito che *2001* è stato scritto per immergerli, dall'inizio alla fine, in una bolla di mistero, anziché svilupparsi attorno alla promessa pubblicitaria secondo cui avrebbero incontrato il mistero a un certo punto, nel corso di un viaggio spaziale (fig. 2).

Ci sono tuttavia diversi indizi che consentono di dare un minimo di senso ad alcuni aspetti di quello che viene proiettato[28]. Infatti, allo stesso modo in cui l'*ouverture* di Ligeti è seguita da *Così parlò Zarathustra* nella sequenza iniziale, la musica di Ligeti che accompagna l'apparizione del monolito è seguita, nella scena seguente, da una ripetizione del brano di Strauss. Il suo trionfalismo – connesso con l'inquadratura di uno degli ominidi (solitamente chiamato Moon-Watcher)[29] nell'atto di imparare a usare un osso come arma (intervallata con inquadrature del monolite e di un tapiro che cade a terra), e anche con il titolo «L'alba dell'Uomo» – suggerisce come questo oggetto fuori posto simboleggi l'inizio di un processo di apprendimento che darà la possibilità a queste creature, simili a scimmie, di svilupparsi nell'"Uomo" (quest'idea è rafforzata inoltre dalla familiarità degli spettatori con storie religiose sull'intervento divino nel nostro mondo, inclusa la vera e propria creazione dell'"Uomo"). Il contrasto tra le prime scene, che mostrano ominidi che convivono con i tapiri e si confrontano con le altre tribù soltanto attraverso posture agitate e forti urla, e le scene seguenti, che li mostrano mangiare carne e colpire a morte il leader della tribù rivale, mette un forte accento su come la violenza assassina sia un'importante caratteristica di cosa significhi diventare "Uomo" (ancora una volta riprendendo il familiare racconto biblico di Caino e Abele, fig. 3).

Il film segue poi l'osso, che è appena stato usato come arma mentre viene lanciato in aria. Nel momento in cui ricade giù, il montaggio ci proietta nello spazio dove una navicella, che ha una forma simile, viaggia nell'oscurità dell'universo. Come era accaduto con le sequenze dei titoli di testa, questa transizione riporta gli spettatori dove, stando alla pubblicità e al titolo del film, si sarebbero aspettati di essere sin dall'inizio, ovvero nello spazio e nel futuro (più precisamente, a giudicare dal titolo del film, nel ventunesimo secolo). Ora, devono aver pensato con sollievo, il viaggio vicario su una navicella spaziale attraverso il Sistema solare può finalmente cominciare – cosa che effettivamente da questo punto in poi del film accade. Per circa 35 minuti (segmento 2), l'attenzione si sposta sul primo personaggio chiaramente identificabile nel film, il dottor Heywood R. Floyd, che con un'astronave raggiunge prima una stazione spaziale che orbita attorno alla Terra e da lì, con un'altra navicella, si dirige verso la Luna, dove compie un'ulteriore escursione sul suolo lunare.

Seguono almeno sessanta minuti in cui gli astronauti David Bowman e Frank Poole si avventurano in una spedizione molto distante dalla Terra (segmenti 3 e 4, separati dall'intervallo, saturo di suoni minacciosi con il ritorno di *Atmosphères* di Ligeti, ancora una volta su schermo nero) introdotta dal titolo «Missione su Giove: 18 mesi dopo». La storia del film, dopo il titolo «Giove e oltre l'infinito», si conclude nei 23 minuti e mezzo successivi (segmento

5), in cui David Bowman intraprende un sorprendente viaggio verso l'ignoto, una vera e propria odissea che lo riporta – dopo alcuni minuti (stando al tempo filmico) o decadi (a giudicare dal suo invecchiamento) –, trasformato in un feto (lo Star-Child)[30], nello spazio vicino alla Terra (ancora una volta questo sviluppo può essere compreso in termini religiosi, un altro intervento divino che permette a Bowman/"Uomo" di trascendere la propria esistenza corporea e diventare un'entità spirituale nei cieli sopra la Terra (fig. 4). Infine la sequenza dei titoli di coda, di circa quattro minuti, è introdotta dalla scritta «Fine» che conclude il film (tutto il testo è proiettato su un fondo nero), con un walzer (*Sul bel Danubio blu* di Johann Strauss) che prosegue per più di quattro minuti come musica conclusiva, mentre lo schermo resta completamente nero. Ecco una più precisa sintesi della struttura del film[31]:

0:00:00 Ouverture (schermo nero), durata 2:55 minuti
0:02:55 Titoli di testa (nello spazio), 1:40
0:04.35 Segmento 1: «L'alba dell'Uomo» sulla Terra preistorica, 15:14
0:19:49 Segmento 2: Viaggio lunare all'inizio del XXI secolo, 34:47
0:54:36 Segmento 3: «Missione su Giove: 18 mesi dopo», 32:50
1:27:16 «Intervallo» (bianco su nero), 0:27
1:27:43
L'intervallo effettivo dura all'incirca quindici minuti.
1:27:43 Musica di intermezzo (schermo nero), 2:17
1:30:00 Segmento 4: prosegue «Missione su Giove: 18 mesi dopo», 26:57
1:56:57 Segmento 5: «Giove e oltre l'infinito», 23:26
2:20:23 Titoli di coda, con «Fine» (bianco su nero), 3:52
2:24:15 Musica conclusiva (schermo nero), 4:23
2:28:38

Una volta arrivati alla fine della proiezione gli spettatori possono riconsiderare il viaggio appena intrapreso: partiti dalla Terra (milioni di anni fa, quando gli ominidi impararono a usare attrezzi che si sarebbero poi trasformati in navicelle spaziali), viaggiando verso e sulla Luna (all'inizio del XXI secolo) per poi dirigersi verso Giove

(raggiunto diciotto mesi più tardi), e da lì nell'ignoto e ancora (non si sa esattamente quando) di nuovo sulla Terra, hanno giustamente concluso la propria odissea con un ritorno a casa.
Probabilmente per il pubblico fu facile accettare i drastici passaggi spazio-temporali, e anche il cambio dei protagonisti nelle differenti fasi del film, perché simili passaggi e cambiamenti avevano caratterizzato anche epopee precedenti come *La conquista del West* e *La Bibbia* così come i *travelogues* in Cinerama; e anche perché alcuni dei materiali promozionali (come il volantino discusso sopra) lo aveva preparato, con una sintesi dettagliata del viaggio che avrebbe intrapreso. Allo stesso tempo, i materiali di marketing e la popolarità delle epopee bibliche nei vent'anni che precedettero l'uscita di *2001* (e, più in generale, gli insoliti alti livelli di religiosità nella società americana) avevano suggerito diversi modi per comprendere i poteri divini dei monoliti, che all'inizio sembravano aver dato vita all'"Uomo" in un passato distante e poi, in un certo momento del futuro, avevano elevato la razza umana a un più alto livello di esistenza.
Quest'ultima trasformazione, così come l'alba dell'intelligenza negli ominidi sono precedute dalla musica di Ligeti e accompagnate dal *Così parlò Zarathustra*; un parallelo che incoraggia gli spettatori a mettere a confronto gli effetti degli interventi dei monoliti. Come notato sopra, il primo intervento guida gli ominidi, che sono inizialmente presentati come vegetariani non violenti, a imparare a utilizzare attrezzi, nello specifico un osso fallico come arma, così che l'"Uomo" possa essere definito dalle "proprie" azioni assassine contro gli animali e i membri della sua stessa specie. Per contrasto, l'intervento finale trasforma Bowman-"Uomo" in un etereo, asessuato Star-Child che ha abbandonato ogni tipo di strumento. Questo contrasto presenta nuovamente forti riferimenti biblici, rievocando il Vecchio e il Nuovo Testamento, la caduta e la redenzione, l'esistenza terrena e ultraterrena.
Che gli spettatori avessero visto il film sotto una prospettiva religiosa o meno, furono comunque portati a interpretare positivamente il finale, che combinava l'inizio di una nuova vita con il ritorno a casa. Inoltre, in contrasto con l'inquietante musica di Ligeti nell'apertura, era un familiare e gioioso walzer ad accompagnare

i titoli di coda proseguendo fino alla fine della proiezione, mentre gli spettatori probabilmente uscivano dalla sala.

UN FILM EPICO DI AVVENTURA ED ESPLORAZIONE

La promozione e il titolo del film, così come le precedenti esperienze cinematografiche, prepararono molto bene il pubblico americano per l'odissea discontinua e le risonanze metafisiche di *2001*. Ma che dire della promessa pubblicitaria di presentare un «racconto»? Mentre, come notato sopra, i segmenti 2-5 di *2001* portano gli spettatori nella tanto attesa "odissea nello spazio", non lo fanno nella forma di una storia raccontata in modo convenzionale. Nella narrativa più popolare, e nel cosiddetto cinema hollywoodiano classico, gli eventi si susseguono in modo che quelli che precedono possono essere interpretati come le cause di quelli che seguono, e questi ultimi come gli effetti di quelli che li precedono. Per di più, la catena causale degli eventi ruota solitamente attorno alle azioni (o all'*agency*) di un particolare personaggio, in modo che queste azioni risultino a loro volta motivate dagli obiettivi esplicitamente stabiliti dal personaggio. Vi sono ostacoli, spesso associati agli obiettivi e alle azioni avversarie di un antagonista, che ritardano o impediscono il raggiungimento degli obiettivi del protagonista. Ci si può aspettare che la conclusione della storia risolva questo conflitto drammatico, rivelando se gli obiettivi del personaggio principale saranno stati infine realizzati o meno.

All'inizio del segmento 2, il pubblico potrebbe aver già sviluppato dei dubbi sul fatto che *2001* segua questo modello, proprio a causa della non convenzionalità della prima parte. A malapena i protagonisti sono chiaramente identificati, e sicuramente non sono ben definiti (sebbene sia stabilita l'esistenza di due gruppi avversari di ominidi); per quanto riguarda gli ominidi, gli obiettivi basilari – ad esempio la sopravvivenza – sono impliciti, ma non sono mai dichiarati esplicitamente. La catena causale di eventi è molto debole, si susseguono brevi scene senza evidenti connessioni causali, fino al momento in cui l'apparizione del mo-

nolito sembra portare dei cambiamenti nei comportamenti degli ominidi. L'*agency* viene quindi associata a un manufatto più che a un personaggio, il che a sua volta fa emergere interrogativi su chi siano i creatori dell'oggetto e quali possano essere i loro obiettivi (laddove, come accennato in precedenza, le ipotesi religiose potrebbero suggerire delle spiegazioni).
La brusca transizione dal segmento 1 al 2, dall'osso preistorico all'astronave a cavallo del XXI secolo, non fornisce risposte alle domande poste fin lì, riavviando invece il processo del racconto (anche se, avendo tempo a sufficienza, gli spettatori potrebbero essere in grado di costruire un nesso tra le intenzioni implicite dei creatori del monolite, l'«alba» dell'uso intelligente, e violento, degli strumenti, e le future conquiste tecnologiche dell'«uomo» nello spazio). Stavolta viene offerto allo spettatore un protagonista umano, un vero e proprio personaggio, il cui obiettivo è rapidamente individuato: deve recarsi sulla base americana della Luna ed è esattamente quello che fa, senza l'interferenza di un antagonista o di altri ostacoli (il segmento 2, anziché dedicarsi a un conflitto, è incentrato, come del resto la gran parte del film, sulla descrizione di attività quotidiane in situazioni molto insolite: dormire, mangiare, bere, camminare, parlare ecc.). Benché sotto molti aspetti questo corrisponda al tipo di storia più lineare, passa molto tempo prima che sia spiegato *perché* Heywood R. Floyd si rechi sulla base americana; infatti, la risposta completa è fornita solo alla fine del segmento 2, nel confronto con il monolito scoperto sulla Luna (scoperta che stabilisce anche un legame più forte tra i segmenti 1 e 2). A questo punto il secondo segmento del film, come il primo, giunge a un finale improvviso, accompagnato stavolta da un suono penetrante.
Fin dal titolo il terzo segmento, «Missione Giove: 18 mesi dopo», definisce un obiettivo per l'azione che seguirà (ovvero arrivare a Giove) collegandola anche temporalmente a quanto è accaduto prima (da quel momento, infatti, sono passati diciotto mesi). Il film segue ciò che succede a Bowman e Poole, al loro computer di bordo HAL e ad altri tre passeggeri umani ibernati. A differenza del segmento 2, il terzo rivela un antagonismo latente tra i personaggi, in quanto Bowman e Poole discutono sulla possibili-

tà di disconnettere HAL, che è soggetto a errori e che alla fine del segmento si renderà conto delle intenzioni dei compagni. Il segmento 4 mette in risalto questo antagonismo con una serie di azioni omicide: una verso l'inizio (HAL uccide Poole), altre a metà (HAL uccide i passeggeri nel sonno criogenico), e un'ultima nel finale, quando Bowman "uccide" HAL, richiamando la conclusione del segmento 1 (Moon-Watcher che uccide il leader della tribù avversaria degli ominidi).

Se nel loro complesso i segmenti 3 e 4 si avvicinano a un modello classico di racconto drammatico, sono nuovamente presenti sconnessioni causali e spiegazioni mancanti. Almeno inizialmente, infatti, non c'è nessun chiaro nesso causale tra i due segmenti, proprio come non c'era tra i primi due. Il comportamento di HAL (gli errori che "lui" compie e il "suo" rifiuto di riconoscerli, portandolo allo scontro con gli astronauti) rimane in gran parte inspiegato, proprio come l'*agency* del monolito nel segmento 1 (sebbene ci siano diversi indizi per ipotizzare possibili ragioni). La spiegazione del *perché* Bowman e Poole stiano viaggiando verso Giove, proprio come quella del viaggio di Floyd sulla Luna, è tenuta nascosta fino alla fine del segmento 4. A quel punto Bowman ascolta il messaggio registrato da Floyd sulla scoperta del monolito lunare e del segnale che ha inviato su Giove (rappresentato dal suono penetrante che chiudeva il segmento 2). È l'obiettivo di comprendere il significato di questo segnale a stabilire uno scopo per le azioni di Bowman nel segmento 5.

Il titolo di quest'ultimo, «Giove e oltre l'infinito», indica già che Bowman raggiungerà Giove, e suggerisce che questa spedizione lo porterà in un incomprensibile «oltre» (probabilmente da intendere come uno spazio metafisico). Il segmento mostra Bowman che lascia la grande astronave per una piccola capsula, presumibilmente per avvicinarsi al monolito che si sposta nello spazio intorno a Giove. Quello che solitamente viene definito come «Star Gate»[32] si apre di fronte a lui, che sembra attraversarlo finché la capsula finisce in una sala elegantemente arredata, dove un altro incontro con il monolito lo trasforma nel feto che viene riportato nello spazio intorno alla Terra. Mentre questa sequenza di eventi è attivata da Bowman (nel momento in cui entra nella capsula) l'*agency* dipende ampiamente dai monoliti, come nel primo segmento. Questi sembrano essere i responsabili del suo trasporto e della sua trasformazione, cosa che ancora una volta ci fa interrogare su chi li abbia creati e quali siano le loro intenzioni (con risposte che, ancora una volta, si possono potenzialmente trovare in idee religiose). Similmente, non è chiaro in quale tipo di feto si sia esattamente trasformato Bowman (forse, come notato sopra, in un'entità spirituale) e quali possano essere le intenzioni del feto. Il film non fornisce risposte dirette per nessuna di queste domande.

Diventa quindi ovvio che *2001* non funziona molto bene se inteso esclusivamente nei termini di un racconto drammatico convenzionale: nel film l'*agency* umana (come quella degli ominidi protoumani e del probabilmente post-umano Star-Child) è limitata, mentre l'*agency* non-umana (quella di HAL, così come quella dei monoliti e dei loro creatori) è decisiva. Tutte le spiegazioni relative a ogni forma di *agency* sono differite nel tempo oppure omesse del tutto, e il finale della storia rimane sostanzialmente inconcludente. Ma questo non dev'essere stato un grosso problema per gli spettatori poiché essi erano già stati preparati dal marketing del film a intraprendere un viaggio spettacolare nel quale avrebbero affrontato profondi misteri (probabilmente soprannaturali), e ad assistere a momenti decisivi nello sviluppo dell'umanità, per poi tornare a casa sani e salvi. Anche senza una narrazione convenzionale, il film è in grado di garantire tutto questo; e anzi, proprio la mancanza di una narrazione convenzionale ha contribuito alla creazione di un pervasivo senso di mistero.

Per quanto riguarda i momenti decisivi, il film segnala molto chiaramente la loro presenza con il titolo di una delle prime parti («L'alba dell'Uomo») e con l'immaginario presentato alla fine dell'ultima (lo Star-Child). Sebbene nessuna spiegazione sia fornita per queste trasformazioni, il loro accadere è fuori discussione e il loro impatto sugli spettatori è amplificato dalla loro natura misteriosa (con tutta una serie di risonanze religiose). In questa prospettiva c'è anche qualcosa di molto adeguato rispetto al finale della storia, che mostra lo Star-Child tornare alla Madre Terra – la stessa entità che (con un piccolo aiuto dal monolito) un tempo originò la nascita dell'"Uomo". Il pubblico era abituato alla rappresentazione di eventi chiave della storia grazie alle popolarissime epopee cinematografiche che precedettero *2001*, ed è probabile che si sia spinto a pensare che l'inizio e la fine del film potessero rappresentare le origini e la possibile fine della storia dell'umanità.

Per quanto riguarda tutto ciò che il film mostra tra i due eventi, il marketing aveva suggerito agli spettatori la possibilità di considerare *2001* non solo come un racconto drammatico, ma anche e forse principalmente come un *travelogue*, che li avrebbe portati in una serie di luoghi con paesaggi spettacolari, e che avrebbe fatto sperimentare loro un forte, elettrizzante senso di movimento. I *travelogues* in Cinerama e i film narrativi di avventure intorno al globo hanno funzionato come familiari punti di riferimento. Per questo non dovette esserci alcuna forte aspettativa sullo sviluppo di una serie di eventi strettamente causali, né su un avvicinamento ai protagonisti e ai loro obiettivi, né tantomeno su un conflitto drammatico con una risoluzione narrativa. Al contrario, la visione e il movimento potevano essere assaporati in sé, un episodio autonomo dopo l'altro.

In *2001* i momenti clou legati al *travelogue* includono un paesaggio africano, il movimento coreografato di una navicella spaziale in orbita intorno alla Terra e quello di un'altra che atterra sulla Luna (entrambe accompagnate dal walzer *Sul bel Danubio blu*), un viaggio sul suolo lunare, brevi spedizioni in capsule spaziali verso e vicino Giove e le sue numerose lune, nonché il sostenuto, dinamico movimento in avanti della sequenza dello Star Gate. È importante ricordare che molti di questi momenti salienti sono presentati con lo sfondo nero dello spazio, come l'*ouverture*, i titoli iniziali e di coda, l'intervallo e il finale musicale. In effetti, per gran parte del film, gli spettatori devono confrontarsi con un'oscurità nella quale lettere luminose e oggetti occupano solo una piccola parte dello schermo. Assistere a una proiezione di *2001* significa innanzitutto confrontarsi con i misteri associati allo schermo, scuro e rettangolare, mentre i più profondi enigmi emergono grazie al potere trasformativo del monolito, nero e rettangolare, che appare su quello schermo. Quando, negli ultimi istanti del film, lo Star-Child – che è il risultato del lavoro trasformativo dei monoliti – si volta per fissare la cinepresa, e dunque lo spettatore che guarda lo schermo, questo rispecchiamento suggerisce uno straordinario parallelo tra l'impatto del misterioso monolito nero su Moon-Watcher e David Bowman nel racconto, e sul potenziale impatto di questo misterioso e oscuro film sul pubblico. Che *2001* sia esso stesso una sorta di monolito (fig. 5), progettato per trasformare lo spettatore?

CONCLUSIONE

Nel luglio 1968 una giovane donna dell'Ohio dichiarò, in una lettera a Stanley Kubrick: «Il tuo film – almeno per me – ha avuto lo stesso effetto dei monoliti rappresentati nel film sulla razza umana»[33]. Descrisse *2001* come «una mano che arriva dal destino per aiutarci a migliorare». Riferì anche che i suoi genitori avevano «apprezzato il realismo, la tecnologia, ma che si erano lamentati di non riuscire a trovare una *storia*» (enfasi nell'originale). Al contrario, sembra che la giovane donna non si preoccupasse dell'assenza di una narrazione convenzionale, essendo stata in grado di concentrarsi sul tema dominante della trasformazione che, a suo avviso, si applicava sia a ciò che accadeva sullo schermo, sia a ciò che era accaduto a lei in sala. Altre persone scrissero a Kubrick identificando «nascita» e «rinascita» come i veri soggetti del film, e affermando che questi avevano rispecchiato le loro esperienze personali con *2001*[34]. Molti si dichiararono profondamente trasformati dal film, portando addirittura qualcuno a chiedere: «Quante volte devo nascere per rendermi conto di cosa sono?»[35].
Coloro che scrivevano a Kubrick riconoscevano spesso le proprie difficoltà nel dare un senso a vari aspetti del film (particolari sequenze di eventi, alcuni immaginari ecc.), ma la maggior parte fu in grado di affrontare questa sfida sviluppando proprie interpretazioni, in alcuni casi piuttosto elaborate, o riconoscendo che alcune cose semplicemente non possono essere spiegate, e anzi non ne hanno bisogno. Nel fare questo, si riferivano ad altri film così come a una serie di strutture concettuali (psicoanalisi, studio dei miti,

teologia, filosofia, scienza ecc.). Così un uomo riassunse le risposte delle persone che aveva sentito: «Vanno da "Non c'era una storia. Il tutto era una serie di scene discontinue, proprio come i primi spettacoli dei Cinerama" a "Era sul Secondo Avvento. Non hai visto la croce formata dalla serie di pianeti e quella cosa nera?»[36]. In alcune lettere furono menzionate idee cristiane e di altre religioni, oppure idee metafisiche. Un uomo riferì di una discussione con amici che dette luogo a quattro distinte interpretazioni del film, la quarta delle quali etichettata come la «teoria della rinascita»: «Nella morte torni sulla terra come un'altra creatura vivente»[37]. E un prete notò: «l'impressione che ho portato con me quando ho lasciato la sala è che la vita inizia con l'infinito (Dio) e finisce allo stesso modo»[38].

A giudicare dalle lettere che gli americani scrissero a Kubrick dopo aver visto *2001*, la maggioranza degli spettatori non solo apprezzò il film, ma ne fu anche profondamente toccata e intellettualmente stimolata, ricavando un senso di speranza per il proprio futuro e per quello dell'intera umanità. Queste, direi, sono state le basi del sorprendente successo al botteghino del film negli Stati Uniti.

Ciò che ho tentato di mostrare in questo saggio è che il pubblico non arrivò affatto impreparato all'incontro con le discontinuità e i misteri di *2001*. Le loro precedenti esperienze con i *travelogues* in Cinerama e le avventure planetarie li avevano familiarizzati con film che minimizzavano (o abbandonavano) le convenzioni della narrazione hollywoodiana per enfatizzare mutevoli scenari e movimenti spettacolari, mentre le epopee storiche (comprese quelle bibliche) li avevano preparati a confrontarsi con film che trattavano di importanti punti di svolta nella storia umana e con domande fondamentali sulle origini e il destino dell'umanità, nonché sulla sua relazione con poteri superiori nell'universo. L'ampia campagna di marketing per *2001* stabilì collegamenti impliciti ed espliciti con i *travelogues*, con le avventure e le epopee, offrendo ai potenziali spettatori un'anteprima esaustiva delle attrazioni del film (con le notevoli eccezioni dell'*ouverture* di Ligeti e del primo segmento preistorico). Così facendo il marketing minimizzò il conflitto narrativo convenzionale, puntando invece sul viaggio nello spazio – fondato scientificamente e allestito in maniera avvincente – che gli spettatori avrebbero intrapreso incontrando una quantità di misteri. Considerato retrospettivamente, *2001* somiglia più a un film d'avanguardia che a un grande blockbuster hollywoodiano; ma nel '68, durante la *roadshow release*, molti spettatori americani ben preparati si appassionarono al film, ottenendo sia divertimento che spunti di riflessione.

[1.]

[2.]

[3.]

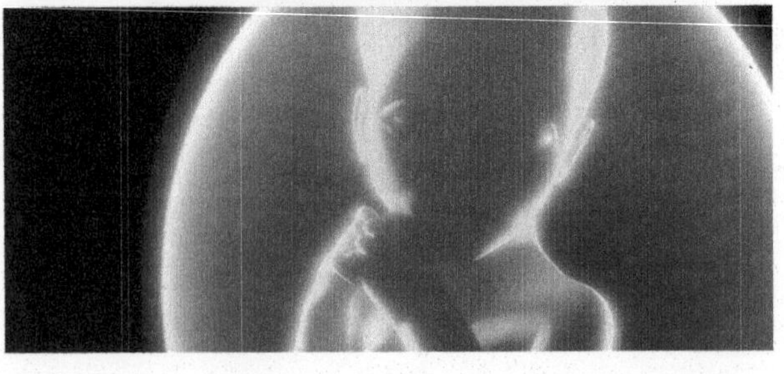

[4.]

Arancia meccanica

di *Paolo Bertetto*

UN ROMANZO E DUE FILM

L'immagine filmica non è in sé rappresentativa: è semmai un'immagine simulativa e differenziale, che acquista la forma di una configurazione inscrivendosi nel visibile diffuso[1]. La *rappresentazione* è legata generalmente all'idea di riproduzione dell'oggetto, del mondo "come è", ed è quindi frequentemente connessa alla riflessione sul concetto di mimesi. La *configurazione* di un oggetto in immagine, invece, ha sempre una forte componente di interpretazione e quindi di soggettività, di particolarità e di differenzialità. La rappresentazione è solo uno dei modi della *mise en scène*, non la struttura essenziale del testo filmico. Il concetto di configurazione risulta invece più persuasivo, perché pone l'accento sul modo di strutturazione di un testo e sulle forme della oggettivazione degli eventi o, se si preferisce, dell'immaginario; e risulta quindi più comprensivo e ampio. Insieme l'idea di configurazione sottolinea la relazione del testo con la figurazione e quindi con l'immagine, che è un orizzonte visivo "formato", cioè "configurato", senza peraltro indicare una direzione formativa particolare.
L'immagine filmica è dunque somigliante, ma non vera; è una copia differenziale, poiché non è uguale al presunto modello fenomenico, né al profilmico, ma non è neppure del tutto diversa. Nella tradizione del cinema realista la somiglianza dell'immagine al profilmico è più forte. Nel cinema visionario e artificiale invece, come attesta il caso di *Arancia meccanica* (*A Clockwork Orange*, 1971)[2] di Stanley Kubrick, la composizione dell'inquadratura mostra subito il carattere fittizio e costruito dell'immagine.

Arancia meccanica è un romanzo e due film. Sia il romanzo di Anthony Burgess (1962) che i due film, quello di Andy Warhol (*Vinyl*, 1965) e quello di Kubrick, sono concepiti come differenti e convergenti progetti di presentazione dell'ultraviolenza come alterità forte, eterogeneità assoluta, che i film e il romanzo possono proporre solo attraverso l'invenzione di nuovi modi di raccontare e di produrre immagini. Il romanzo e i film vogliono infatti restituire la singolarità eccedente dell'ultraviolenza come qualcosa che non può rientrare nei canoni riconosciuti della rappresentazione, ma deve essere reso come forza, come *dynamis* verbale, visivo-cinetica, come potenza dirompente che emerge dalle cose, ed è rielaborata attraverso il lavoro espressivo. L'ultraviolenza si pone oltre l'ordine del rappresentabile, come un'alterità eccedente che deve sfondare i limiti della rappresentazione per trovare un'altra intensità.

Scrive Lyotard che «la posizione dell'arte è una smentita alla posizione del discorso. [...] L'arte è posta nell'alterità in quanto plasticità e desiderio [...]. L'arte vuole la figura, la bellezza è figurale, non legata, ritmica»[3]. Lyotard oppone l'occhio al *logos*, l'arte al discorso e sviluppa una ricerca sull'inconscio, il desiderio, la figura, la parola e l'arte. La presenza del figurale ha un carattere dinamico, non è struttura, ma forza, non è concetto, ma flusso connesso al desiderio, non è parola, ma fantasma correlato all'inconscio. Il figurale ha un carattere produttivo e distruttivo al tempo stesso, e si presenta come forza dirompente, disgregazione attiva, ma anche come produzione di figure anomale; è estraneo ai modi della rappresentazione, quindi all'imitazione, alla riproduzione, e per estensione alle strutture del realismo.

I modi di produzione della forza particolare della figuralità sono diversi in Warhol e Kubrick. Warhol, sulla base di una sceneggiatura di Tavel, modifica radicalmente il plot, riduce il romanzo a una suggestione tematica vibrante, trasformandolo nel pretesto di una doppia seduta sadomasochistica. Warhol lavora su una dilatazione estrema del tempo della ripresa che è definita dall'ampiezza del caricatore della macchina da presa Auricon. La sua operazione è insieme un Bazin involontario (piano-sequenza + profondità di campo) e una negazione del principio rappresentativo e cinematografico baziniano. Warhol mostra che dentro un ipotetico modello

rappresentativo c'è l'altro, quello che la rappresentazione non può contenere, quello che sfugge alla rappresentazione, l'irrappresentabile. Le operazioni di ripresa e di non-montaggio di Warhol sembrano sottrarre linguisticità, cioè articolazione formalizzante, al film ed evidenziare ulteriormente la non mediatezza dei materiali visivi, che paiono costituire una sorta di surplus, di eccesso, di irriducibile, di cui la macchina da presa può anche appropriarsi, ma che resta al di là del simbolico e del cinematografico, come un residuo forte del desiderio che il lavoro narrativo non può assorbire o cancellare. La riduzione minimalistica della tecnica cinematografica e l'eliminazione quasi completa del montaggio, la realizzazione di soli due piani, con all'inizio un piano più ravvicinato e poi un carrello indietro e una ripresa in continuità, segnano un progetto filmico in cui la tecnica della messa in scena è ricondotta ai minimi termini per mostrare solo il "presentato" nel suo carattere di figuralità radicale, di potenzialità di simulacro.
Completamente diverso è invece il lavoro di messa in scena del figurale in Kubrick. Qui il film costruisce intensità e campi di energia visivo-dinamica dentro la sofisticazione estrema della messa in scena. Kubrick punta a una produzione del figurale mista, complessa, in cui le istanze, procedure e pertinenze diverse confluiscono in un vettore visivo-dinamico del tutto particolare. La messa in scena di Kubrick non è meno debitrice dell'occhio del lavoro di Warhol, ma attiva l'occhio e il suo ruolo in maniera diversa. Nell'universo di *Arancia meccanica* nulla è banalmente rappresentativo, tutto è intensivo. Ma il figurale dell'ultraviolenza ha anche un'altra valenza: è segno e moltiplicazione dell'artificiale, oggettivazione che inscrive la contemporaneità in un orizzonte epocale.

L'ULTRA-VIOLENZA E L'ARTIFICIO

Il progetto di Kubrick punta a un'intensificazione forte e profonda del testo e a una reinvenzione radicale del visibile. Elabora la sceneggiatura operando sostanzialmente una subordinazione del tessuto narrativo alle macrooperazioni di configurazione visiva e visivo-cinetica. Anche Kubrick, come Warhol prima di lui, si pone il problema di non ridurre la radicalità dell'ultraviolenza, ma di farla emergere dentro l'orizzonte del film. In particolare Kubrick intende produrre la forza singolare dell'ultraviolenza dentro il film come forza scatenata dalle immagini, dentro le immagini. Ma come restituire l'ultraviolenza in modo adeguato nelle immagini? Come configurarla senza indebolirne la forza dirompente?

La violenza è subito mostrata nelle prime sequenze come esercizio di irrazionalità pura o volontà di sopraffazione e di potenza. La sequenza dell'aggressione all'*homeless*, il successivo segmento del tentativo di stupro di gruppo dei Billy boys e poi della lotta dei Billy boys con i *droogs* di Alex, la violenza e lo stupro nella casa di campagna dello scrittore e più avanti la sequenza dell'omicidio della donna nella clinica per dimagrire, sono tutti episodi narrativi dominati dall'esercizio gratuito e sadico dell'aggressione e della violenza. Ma i modi di oggettivazione dell'aggressione sono diversi e propongono lo shock determinato dall'evento violento in forme e con finalità differenti.

Nell'aggressione all'*homeless*, ad esempio, la produzione di sensazione è affidata più alla gratuità insensata del gesto che all'esibizione degli effetti cruenti della violenza. La stilizzazione delle immagini sottrae crudeltà all'azione, lasciando lo shock alla rivelazione mentale della gratuità assurda del gesto. La sequenza si apre col dettaglio di una mano di un anziano che tiene una bottiglia e di un'altra bottiglia a terra. Poi la mdp arretra lentamente con un movimento rettilineo lungo un asse obliquo rispetto all'oggetto della ripresa. Il carrello rivela un locale sotterraneo immerso nella penombra della notte e l'orizzonte visivo si allarga sino a far entrare in campo quattro lunghe ombre di persone che avanzano verso il vecchio a terra. La seconda inquadratura è effettuata da un punto di vista diverso, quasi opposto, e mostra il sotterraneo visualizzandone lo spazio fino all'entrata e, sullo sfondo, al cielo notturno di un blu metallico. L'angolazione di ripresa è molto diversa, senza giungere al limite dello scavalcamento di campo, e mostra l'avanzare delle quattro ombre verso il barbone, mentre la voce over commemorativa[4] del protagonista enuncia intenzioni aggressive verso il vecchio ubriaco (fig.1).

La figurazione dell'immagine e l'oggettivazione dei *droogs* sono

realizzate attraverso le loro ombre, che sostituiscono sino alla fine della seconda inquadratura i corpi dei personaggi. Si tratta di una configurazione dell'immagine che riprende palesemente il modello del cinema espressionista, che ha esempi estremamente significativi ne *Il gabinetto del dottor Caligari* (*Das Cabinet des Dr. Caligari*, 1920), in *Nosferatu, il vampiro* (*Nosferatu, eine Symphonie des Grauens*, 1922) e in *Ombre ammonitrici* (*Schatten - Eine nächtliche Halluzination*, 1923). Poi Kubrick si avvicina con un raccordo sull'asse, mostrando ancora il campo visivo in controluce e sviluppa ulteriormente la sequenza, usando liberamente la mdp ora per inquadrare obliquamente dall'alto l'ubriaco a terra, ora per mostrare in controluce un particolare del volto di Alex, e infine per proporre la violenza gratuita dei *droogs*.
La figurazione del visibile è quindi realizzata sulla base della citazione e della ripetizione del modello espressionista di strutturazione delle immagini e si presenta quindi come un'immagine ipersemiotizzata che rinvia non a un presunto mondo esterno, ma ad altre immagini già semiotizzate e quindi a uno stile preciso di configurazione. In questa sequenza domina una ripresa dei modi del cinema espressionista: in questo caso come in altri nel film, la costruzione della sequenza è organizzata sulla base dei modelli di altre arti, di altri movimenti, di altre configurazioni del visibile, e non implica mai una relazione compositiva con un oggetto esterno, ma con altri testi, altre semiosi. Come scrive Barthes, «quello che si chiama reale (nelle teorie del testo realista) non è mai altro che un codice di rappresentazione (di significazione)». E il lavoro compositivo «consiste non nel copiare il reale, ma nel copiare una copia (dipinta) del reale»[5]. Kubrick afferma quindi palesemente, fin dall'inizio, il carattere intertestuale e iper-semiotizzato del film, il suo essere una scrittura visivo-dinamica che guarda ad altre configurazioni semiotiche e non al mondo esterno.
Kubrick insomma, accanto agli aspetti relativi alla violenza, presenta una sistematica trasformazione del visibile e della vita sociale in spettacolo, in artificialità, in configurazione ipersemiotizzata. Kubrick produce modi intensivi di visualizzazione del mondo come estensione dello spettacolo, del design contemporaneo e dell'artisticità, e sposta la produzione di sensazioni e di intensità

anche nell'orizzonte della messa in scena e della composizione del visibile.
In altre sequenze Kubrick, con lo scenografo Barry e gli arredatori Haag e Shields, costruisce gli spazi come una configurazione visiva caratterizzata dall'inscrizione di oggetti, di quadri, di elementi grafici e iconici che rinviano palesemente al gusto della pop art e, in misura minore, all'optical art. Le strutture visive sono costruite sui modelli dell'arte contemporanea e delineano un universo in cui tutti gli elementi sono ripensati e ridisegnati in rapporto all'iconografia pop o optical, con riferimenti ad artisti diversi, da Jones a Wesselmann da Lichtenstein a Ramos. Questo modo di produzione dell'immagine è segnato quindi dalla trasformazione dello spazio del visibile, che non rinvia al mondo dei fenomeni, ma a un orizzonte di reduplicazione e rielaborazione dei modelli visivi e dell'oggettualità in relazione all'arte contemporanea.
La prima inquadratura del film mescola abilmente componenti diverse per produrre una intensità singolare. Un lungo carrello indietro da un PP di Alex sino a un totale di un settore del Korova Milk Bar svela una immagine assolutamente particolare, che non è uno spazio ispirato a criteri rappresentativi, ma il luogo del doppio e del simulacro. Lo spazio è costruito, infatti, attraverso l'accumulazione e la disposizione simmetrica in doppia serie di alcune sculture-manichini di donne nude che fungono da tavolini (fig. 2). Le sculture di donne – ispirate ai lavori di Allen Jones – presentano una duplice tipologia: alcune sono donne nude appoggiate sulle gambe e sulle braccia con il volto e il petto verso l'alto; altre propongono altre donne nude collocate ancora simmetricamente e inginocchiate con il seno in avanti e le braccia dietro. Ai tavolini sono seduti alcuni clienti, che tuttavia risultano dominati dalla presenza invadente delle sculture. Sullo sfondo, al centro dell'inquadratura, Alex appare comodamente seduto con i tre *droogs* accanto, intenti a bere latte con mescalina per prepararsi all'esercizio dell'ultraviolenza. Alex e i *droogs* indossano pantaloni e camicie bianche, scarpe nere alte e una bombetta: una divisa fatta di abiti comuni, ma destinata a diventare una cifra riconoscibile.
Gli elementi che compongono l'inquadratura sono palesemente segnati da un carattere di artificialità evidente e sottolineata. La

presenza molteplice e moltiplicata delle sculture di donne nude gioca insieme con l'erotismo e con la sua riduzione a plastica, ad artificio, con l'umano e con la sua duplicazione fittizia di vetroresina. Questa duplicità dell'eros e della sua estensione plastica, dell'umano e del suo raddoppiamento, delinea un universo visibile segnato dall'intensità e dall'eccesso, in cui nulla è naturale e tutto appare come un doppio senza originale, un oggetto artificiale che ha perso la naturalità cui rinviava. Questa duplicazione dell'umano, che nega l'umano senza negare l'antropomorfico, costituisce non solo una figura di particolare forza visiva, ma una figuralità intensiva che insieme rafforza l'immagine e potenzia il senso, dà la contemporaneità come segno del simulacro e impone la forza del simulacro con un'evidenza che solo l'immagine figurale può produrre.

Il graduale movimento indietro della mdp, poi, rivela uno spazio iperqualificato dall'intervento scenografico. Questo spazio presenta una connotazione langhiana in quanto appare dislocato davanti allo sguardo secondo un rigoroso principio simmetrico, che ricorda la composizione formale della prima parte de *I Nibelunghi: Sigfrido* (*Die Nibelungen: Siegfried*, 1924), e ancora di *Metropolis* (*Id.*, 1927). La composizione dell'immagine in Kubrick riflette infatti non solo un'estrema cura, ma una vera e propria intenzione di formalizzazione radicale e assoluta del visibile, che si avvicina al rigore di Lang, e che è segnata dalle due opzioni fondamentali della stilizzazione dell'autore viennese: la ricerca della geometria e della simmetria nell'immagine filmica.

La struttura simmetrica della disposizione degli oggetti d'arredo, la delineazione rigorosa dello spazio, la linearità del movimento della mdp, la presenza di un numero pari di personaggi vestiti tutti di bianco e nello stesso modo, danno all'immagine kubrickiana insieme un carattere di formalizzazione assoluta, un'evidenza di assoluta artificialità e una struttura di effetto pittorico, che nega radicalmente il rapporto con la presunta naturalità dell'immagine.

IL TEATRO ABBANDONATO

La sequenza del mancato stupro di gruppo dei Billy boys e del successivo scontro con i *droogs* nel teatro abbandonato mostra due differenti percorsi. Il tentativo di stupro è mostrato da Kubrick in modo distaccato e quasi distratto, come elemento di un percorso che ha altrove il proprio centro. La violenza nei confronti della donna è illustrata da Kubrick attraverso quattro inquadrature che contribuiscono a oggettivare l'evento, rendendolo in qualche misura come un puro accadimento, sottratto a qualsiasi giudizio morale. La messa in scena, ancora una volta, realizza una forte stilizzazione dell'evento, contribuendo a definirne la configurazione visiva attraverso procedure filmiche esattamente programmate. Innanzitutto le quattro inquadrature sono coordinate grazie a raccordi sull'asse che imprimono alla visione una misura e un ordine estremamente preciso. Insieme, Kubrick delinea le immagini secondo un principio di corrispondenze e alternanze, per cui la prima e la terza inquadratura offrono un'immagine più lontana dell'azione, mentre la seconda e la quarta inquadratura, più vicine alle figure sul palcoscenico, sono caratterizzate rispettivamente da un *recadrage* a destra e da uno a sinistra. Queste procedure di stilizzazione segnano una messa in scena di gusto classicistico, in cui l'orizzonte visivo è percepito dentro una struttura estremamente ordinata.

La quinta inquadratura invece introduce nell'orizzonte visivo una svolta radicale. La mdp è infatti invertita, rovesciata su se stessa e inquadra esattamente lo spazio di 180° opposto allo spazio precedente del palcoscenico. L'inversione della mdp allarga a 360° l'orizzonte di pertinenza della ripresa e costruisce lo spazio come una totalità che la mdp può mostrare senza limitazioni. L'uso di queste procedure differenziate realizza una ibridazione stilistica della messa in scena che conferma ulteriormente la programmazione dei modi della regia kubrickiana, ma ne sottolinea anche la varietà e la plurivocità.

Lo sviluppo della sequenza introduce ulteriori variazioni di registro e di stile, poiché, dopo i primi piani in campo e controcampo di Alex e di Billie che si fronteggiano, Kubrick coordina una serie di inquadrature brevi, dinamiche e diversificate, che illustrano le modalità dello scontro tra i *droogs* e i Billy boys. Il totale dello spazio della lotta, che introduce gli scontri, infatti, è seguito da una serie di inquadrature, rapide, e intensive, che sono realizzate e montate secondo un ritmo visivo-dinamico assolutamente particolare, costruito sulla base di un altro modello ritmico puro che è la musica. Kubrick usa infatti l'*ouverture* de *La gazza ladra* di Rossini come tema musicale della scena di violenza, costruendo tutto il visibile della seconda parte della sequenza sull'andamento ritmico-intensivo del brano orchestrale. Si tratta di un segmento di grande intensità in cui il dinamismo accelerato delle immagini è integralmente ideato, costruito e montato sullo straordinario crescendo della musica. Il movimento dei personaggi che si scontrano lottano, si colpiscono, cadono, infatti, disegna una visualità ritmica, un dinamismo dei corpi che trasferisce nel visibile dinamico l'invisibile del ritmo musicale. Come nella prima sequenza la pop art e nella seconda la scrittura filmica espressionista costituiscono il modello della configurazione del visibile, così nella sequenza del teatro abbandonato è il ritmo musicale a costituire il modello della composizione: ancora una volta un modello estetico preesistente guida la messa in scena di Kubrick, che si manifesta quindi ancora come citazione, ripresa, rielaborazione di un altro modello artistico. Questo carattere riflessivo e metalinguistico della regia kubrickiana costruisce di fatto un universo visivo che non ha rapporti con il mondo esterno, ma con gli orizzonti autonomi delle arti.

LA SIMULAZIONE VISIVA DELLA MORTE

È soprattutto nella sequenza della clinica per dimagrire che lo stile di Kubrick rivela definitivamente il rigore e la plurivocità strutturali. La sequenza è articolata in tre parti che riflettono logiche compositive differenti e perfettamente integrate. Il primo segmento di dialogo a distanza tra la signora della clinica, Miss Weathers, e Alex si effettua attraverso la porta, senza che i due entrino in contatto visivo. Kubrick organizza il segmento secondo due diverse e precise logiche di figurazione. Le inquadrature degli interni e

della donna sono tutte organizzate secondo un ordine compositivo rigoroso, che privilegia le componenti formali, rettilinee, geometriche e talvolta anche simmetriche, secondo una logica visiva che, ancora una volta, non può non ricordare Lang. Agli interni sono dedicate le inquadrature 1, 2, 3, 5, 7, 9, nonché la 10 che si conclude con l'apparizione di Alex. Il semitotale di apertura rivela uno spazio fortemente geometrizzato (fig. 3), anche grazie alla collocazione prossemica della donna, impegnata a far ginnastica esattamente al centro dell'inquadratura. Il piano successivo mostra l'entrata, le scale e la porta sullo sfondo ed è ancora costruito secondo una disposizione simmetrica delle componenti, valorizzata dal taglio frontale della ripresa. Un nitido raccordo rettilineo sull'asse collega poi la terza inquadratura, in cui la donna in piano americano compare accanto al portone di casa. Le geometrie e i raccordi sull'asse caratterizzano dunque nell'orizzonte dell'ordine e della razionalità dello spazio il segmento dedicato agli interni.
Le inquadrature degli esterni (4, 6, 8, 10), disposte in montaggio alternato, presentano invece un'organizzazione visiva del tutto diversa e sono inquadrature di taglio eterogeneo, tutte caratterizzate da movimenti di macchina. Mentre l'interno è dominato dall'ordine e dalla staticità, l'esterno è segnato dalla mobilità intenzionale e metodica. Due panoramiche laterali a seguire i *droogs*, un carrello in avanti e poi una panoramica verticale per mostrare l'arrampicata di Alex imprimono caratteri assolutamente opposti all'esterno notturno, che diventa l'orizzonte dell'azione, dell'*enjeu*, contro l'immobilità dell'interno.
Lo scontro tra Miss Weathers e Alex nella grande sala con moquette azzurra, quadri e sculture pop, è poi articolato in una fase preparatoria con campi e controcampi di forte angolazione laterale dei due personaggi, e con quattro inquadrature della donna sullo sfondo, ottenute con un'angolazione particolare che mostra accanto alla mdp una scultura fallica. Il ricorso ripetuto all'immagine fallica introduce nella violenza esercitata una dimensione sessuale, che le dinamiche comportamentali non confermano. Sembra che Kubrick voglia inscrivere nel visibile una componente figurale correlata all'inconscio e al carattere sessuale dell'aggressività. La scultura, di grandi dimensioni, è realizzata in plastica di Oldenburg. Alle pare-

ti tre quadri riprendono lo stile di artisti pop come Wesselmann o Ramos, con qualche influsso di Warhol, almeno nell'uso del colore oro. Dopo uno scambio verbale aggressivo, la donna si precipita contro Alex, brandendo come una clava una statuetta di Beethoven, e cerca con grande coraggio di colpirlo ripetutamente.

La lotta tra i due è sistematicamente ripresa con una macchina a mano estremamente mobile che sviluppa un movimento circolare sempre più avvolgente, segnato dall'instabilità e dal dinamismo "sporco" e assolutamente particolare di una ripresa a spalla. L'effetto visivo è quello di una spirale incerta e irregolare, delineata attraverso la mobilità caotica della mdp, che enfatizza ulteriormente il disordine della lotta tra l'uomo e la donna. Dall'inizio dello scontro alle immagini da fumetto pop dell'uccisione della donna, Kubrick monta quindici brevi inquadrature dinamiche, di cui nove circolari, e cinque con i due a terra, frammentando la visione e fornendo al tempo stesso angolazioni diverse e tutte irregolari: i piani ravvicinati della donna all'assalto di Alex si mescolano con i piani di Alex che si difende con la grande scultura fallo, sino al corpo a corpo sul pavimento, in un susseguirsi caotico di immagini dinamiche e instabili che danno la tensione della lotta. Poi Alex colpisce violentemente la donna sul volto con la grossa scultura. L'inquadratura dal basso di Alex che sta per colpire (fig. 4) non è in movimento, ma è così breve e integrata alla mobilità generale da dare l'impressione di un dinamismo ulteriore.

La conclusione tragica dello scontro, con la morte della donna, non è oggettivata drammaticamente, ma viene realizzata attraverso un'inscrizione nel visibile di un insieme di immagini della bocca della donna, spalancata in un urlo, realizzate nello stile di un fumetto pop, con esplicita citazione di Lichtenstein. Kubrick usa immagini pittoriche più o meno ravvicinate della bocca, montate con grandissima rapidità, con l'intento di creare un effetto di dinamismo fittizio della bocca disegnata. È la stessa tecnica che usa Ejzenštejn in *Ottobre* (*Oktjabr'*, 1927) per mostrare una mitragliatrice che spara, montando inquadrature della medesima in due posizioni diverse. L'effetto garantisce un'intensificazione dell'immagine e una dinamizzazione artificiale che si aggiunge efficacemente all'artificiale del disegno pop.

La resa visiva della morte della donna con l'immagine pop di una bocca aperta in un urlo implica evidentemente un duplice movimento significante. Da un lato costituisce una palese riduzione della morte a mero evento finzionale, con un'automatica sottrazione di negatività alla violenza. Dall'altro riporta ulteriormente il visibile nell'orizzonte del falso, dell'iper-segno, scegliendo un'immagine pop estremamente caratterizzata come il simulacro del fumetto di Lichtenstein, per oggettivare visivamente l'apice tragico del film. Insieme, e ancora una volta, Kubrick fa del riferimento alla stilizzazione di un altro linguaggio e movimento artistico la chiave di formalizzazione delle immagini di una sequenza del film.

LO SGUARDO FASCINATIVO

La sequenza dell'uccisione della donna della clinica per dimagrire ci consente di discutere almeno un altro elemento significativo. La messa in scena dell'aggressione produce una configurazione emozionale del tutto particolare, in cui la tensione della scena di violenza gratuita contro una donna inerme è ammorbidita da differenti elementi disidentificativi. Innanzitutto la donna, destinata ad essere vittima, è narrata da Kubrick anche attraverso alcuni aspetti leggermente antipatici. Poi nello scontro con Alex la donna assume un atteggiamento aggressivo e volitivo, anche se è lei l'oggetto della violenza e la vittima designata.

Alex è arricchito invece da un'attitudine ironica che non gli aliena certo le simpatie dello spettatore. L'ostilità morale contro il protagonista si mescola con la simpatia provocata dalla sua ironia e con il distanziamento legato alle procedure di stile e alle citazioni. È un insieme di determinazioni emozionali che attestano ancora una volta la pluralità delle sensazioni che la macchina cinema produce e che delineano di fatto uno spettatore diviso, cioè alternativamente partecipe e distaccato.

Questa duplice dinamica di identificazione e distanziamento rispetto al personaggio di Alex è evidente fin dall'inizio del film. La prima inquadratura rivela subito il dettaglio di due occhi, enfatizzati e dominanti sullo schermo, quasi come quelli della prima parte de *Il dottor Mabuse* (*Dr. Mabuse, der Spieler*, 1922). I due occhi del film di Kubrick sono lentamente e progressivamente contestualizzati nel volto e nel corpo del protagonista, Alex, e poi all'interno dello spazio del Korova Milk Bar, grazie a un movimento di macchina all'indietro rettilineo e graduale, dalla particolare forza di suggestione. All'opposto, nel film di Lang, gli occhi di Mabuse sono decontestualizzati e fissati minacciosamente sullo schermo nero, come un vettore forte di fascinazione e di ipnosi, scagliate non solo contro il procuratore von Wenck, ma soprattutto verso lo spettatore. Gli sguardi in macchina di *Arancia meccanica* come del *Mabuse* sono non solo una palese interpellazione dello spettatore, ma anche un'esibizione del meccanismo comunicativo e fascinatorio del cinema, un'oggettivazione del suo carattere di macchina produttiva, di forza seduttiva. Da un lato il carattere ipnotico della macchina cinema è più apertamente evocato nel *Mabuse*, dove lo sguardo minaccioso del protagonista, travestito da anziano giocatore di carte, è mostrato in quanto tale, come puro esercizio ipnotico all'interno di uno schermo nero, in cui ogni altro elemento è cancellato. Ma dall'altro lo sguardo di Mabuse è pur sempre uno sguardo diegetico che è anche rivolto a von Wenck. Invece lo sguardo di Alex è uno sguardo che non vede nulla: non percepisce nulla e non è rivolto a nessun personaggio. È insieme uno sguardo fascinativo, rivolto allo spettatore, funzionale all'intenzione di legare fortemente lo spettatore alla macchina enunciativa del film, e uno sguardo affermativo, che attesta la presenza forte del protagonista all'interno del film, con i suoi caratteri e le sue qualità assolutamente anomale.

Gli occhi di Alex ricordano ancora una volta un modello langhiano. Sono occhi disomogenei, in quanto l'occhio destro, che appare a sinistra dello schermo, è fortemente truccato, mentre l'altro occhio non è manipolato. La diversa alterazione degli occhi non può non rammentare lo sguardo della falsa Maria (della *Maschinen-Mensch* Maria) di *Metropolis*, che presenta un differente tipo di trucco agli occhi: l'occhio sinistro è molto più truccato di quello destro. D'altronde Brigitte Helm, interprete di Maria, ripete il medesimo trucco disomogeneo in *Alraune la figlia del male* (*Alraune*, 1930) di Richard Oswald. Ma mentre gli occhi di Brigitte Helm attestano il carattere demoniaco del personaggio sia in *Metropolis* che in *Alraune*, in *Arancia meccanica* la contrapposizione di un occhio manipolato e di uno naturale innanzitutto afferma le componenti anomale e iperaggressive di Alex, ma insieme sembra evocare il contrasto natura/cultura, pulsionalità/simbolico, che certo attraversa tutto il film. Insieme l'immagine di Alex, nella sua alterazione dei profili naturali e nell'intensificazione ipertrofica dei tratti caratterizzanti, tende a dare l'impressione di una maschera e ad assumerne quindi i caratteri e la funzione simbolizzante. Lo sguardo fascinatorio di Alex invita lo spettatore a identificarsi, mentre la trasformazione del suo viso in maschera favorisce a volte il distanziamento.

UN MONDO DIVENTATO FAVOLA

Per Kubrick il mondo di *Arancia meccanica* ha perduto e respinto ogni elemento di naturalità a favore di una totale riscrittura del visibile. La forza della messa in scena kubrickiana consiste anche nella sua opzione a favore della figurazione di un mondo fatto di segni che rinviano ad altri segni, di immagini che rinviano ad altre immagini, in un circuito compositivo in cui tutto appare come risemiotizzato, ripreso, citato. In *Arancia meccanica* nulla appare come natura e tutto è invece iper-semiotizzazione, citazionismo sistematico, artefatto che evoca altri artefatti, segno di segno, immagine dell'immagine. Questa radicale stilizzazione artificiale è anche al tempo stesso stilizzazione *dell'*artificiale e quindi attesta l'artificiale come determinazione qualificante non solo della messa in scena, ma di tutto il visibile oggettivato nel film. Il mondo artificiale è il mondo del presente-futuro della civiltà metropolitana, è l'affermazione della contemporaneità come fine della natura e avvento del mondo della totalizzazione dei segni.

In questa affermazione dell'iper-semiotizzato si realizza quindi una trasformazione radicale che investe insieme il mondo figurato e filmicamente oggettivato e il modo di semiotizzare e di figurare della messa in scena cinematografica. Sotto molti aspetti Kubrick sembra portare a compimento quel radicale superamento della realtà esterna, del mondo oggettivo, che Nietzsche aveva teorizzato nei suoi scritti e che la cultura del Novecento ha poi ripreso e rielaborato, dall'ontologia debole al pensiero della differenza alla filosofia dei simulacri. Nei testi sulla *volontà di potenza* Nietzsche è radicale: «Abbiamo tolto di mezzo il mondo vero: quale mondo ci è rimasto? Forse quello apparente? Ma no! Col mondo vero abbiamo eliminato anche quello apparente». E ancora, con deliberata affermatività: «È di cardinale importanza che si abolisca il mondo del vero [...]. Guerra a tutti i presupposti in base ai quali si è creata la finzione di un mondo vero»[6].

Sembra che per Nietzsche lo sviluppo storico segni l'avvento epocale della favola, cioè della narrazione generalizzata al posto della presenza della cosa in sé. Ma questa intuizione anticipa in fondo la diffusione sistematica delle infinite forme di narrazione attraverso media estremamente diversi che caratterizza il Novecento. E il cinema è sicuramente uno dei vettori più forti di questa trasformazione del visibile. Qualcosa che rende davvero il mondo un racconto, anzi una favola immaginaria.

In maniera simile Kubrick realizza una frattura violenta e potente nei confronti della tradizione cinematografica e in particolare dell'ingenuità della presunta ontologia dell'immagine filmica, per affermare al contrario il mondo come segno di segno, come doppio di un modello inesistente: come simulacro. Kubrick afferma l'iper-semiotizzazione come modo di composizione nell'epoca della perdita della realtà, e la rielaborazione totale del visibile come forma della messa in scena al di là del cinema classico e del cinema moderno.

[1.]

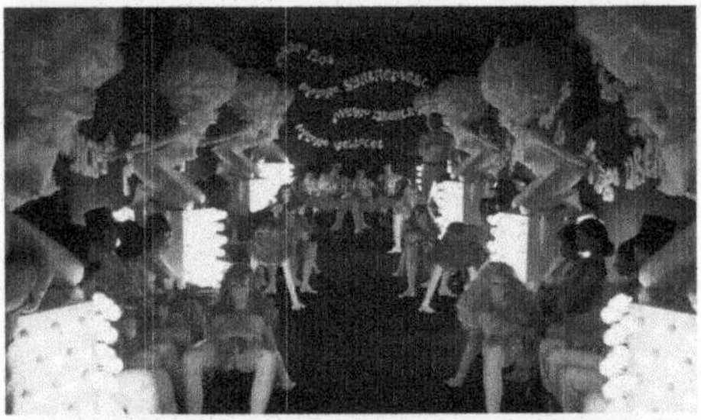

[2.]

[3.]

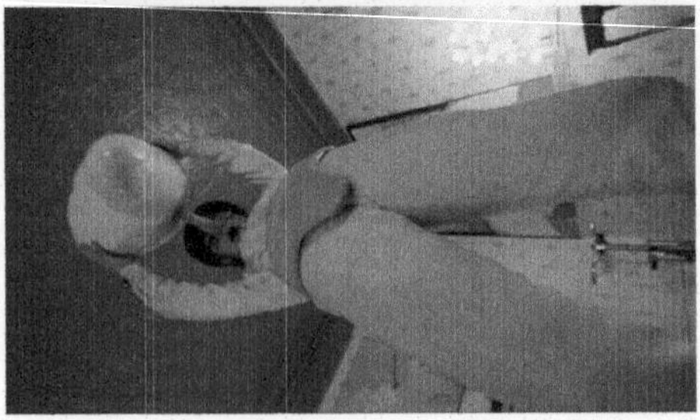

[4.]

Barry Lyndon

di *Michele Guerra*

> Si immagini un occhio non limitato da artificiali leggi prospettiche, un occhio non pregiudicato da logiche compositive, un occhio che non risponda al nome di una qualsiasi cosa ma debba conoscere ogni oggetto incontrato nella vita attraverso un'avventura percettiva[1].
>
> STAN BRAKHAGE, *Metafore della visione*

I.

Il cinema di Stanley Kubrick è attraversato da temi estremamente coesi, che affiorano in opere estremamente diverse. La varietà dei generi, il lavoro sui personaggi, la modularità dei registri e l'irrefrenabile paura e desiderio di dire con un film, da un certo momento in poi, la parola ultima su *quel tipo* di film (*2001: Odissea nello spazio* (*2001: A Space Odyssey*, 1968) sulla fantascienza, *Barry Lyndon* (*Id.*, 1975) sul *period movie*, *Shining* (*The Shining*, 1980) sull'horror, *Full Metal Jacket* (*Id.*, 1987) sul film di guerra, *Eyes Wide Shut* (*Id.*, 1999) sul melodramma) danno corpo a una filmografia che non cessa mai di essere riconoscibile e compatta in virtù della nettezza delle scelte di stile e del ritornare di temi dialettici che fungono da cardini delle tante porte kubrickiane. Molta letteratura ha negli anni identificato le questioni più ricorrenti, come quelle relative alle forme di potere e di violenza di fronte all'implacabilità del Tempo e della Storia, o le ricerche più fini sul dialogo tra l'animato e l'inanimato, l'occhio e il cervello (il *mythos* e il *logos*), l'ordine e il disordine, che ancora oggi costituiscono il centro dell'osservatorio particolarissimo che Kubrick si è scelto per raccontare, fuori dal contingente della visibilità corrente, la nostra contemporaneità.

Eppure, ciò che più di ogni altra cosa rende unica l'opera di questo cineasta (il più difficile in assoluto da mettere in relazione con altri suoi colleghi) sembra essere la riflessione su ciò che ci è dato vedere e su come sappiamo vedere; una riflessione sulle leggi e le tecniche della visione, su ciò che resiste a quelle leggi e a quelle tecniche e che, manifestandosi, le mette in crisi. Kubrick, il regista della logica compositiva, ha cercato per tutta la vita di costruire un cinema tecnicamente perfetto al fine di dimostrarne l'artificiosità e di ritrovare la pulsione diseducata e illogica (o anti-tecnica), che cova sotto ciò che vediamo e ci invita all'«avventura percettiva» di cui scrive Stan Brakhage – un cineasta, non a caso, che Kubrick ammirava sinceramente.

L'attenzione di Kubrick per il lato oscuro del visibile, la sua lotta per il superamento del "visto", che pure nei suoi film è sempre evidente, mai ottuso, è stata negli anni interpretata in modo particolarmente felice dagli studiosi italiani che si sono occupati di questo autore. Non che Michel Ciment, Alexander Walker, Norman Kagan, giusto per citarne alcuni, abbiano ignorato questo aspetto della filmografia kubrickiana, ma non ne hanno fatto il nucleo della filosofia del cinema di questo maestro, come invece ha fatto Sandro Bernardi in una intera monografia[2], come ha fatto Ruggero Eugeni lavorando su trasparenza e opacità[3], o Omar Calabrese identificando proprio nel lavorio sul visibile i mondi possibili e intermedi in cui si realizza il progetto di Kubrick[4], o ancora Vito Zagarrio che proprio sul «sur-guardare» di questo cinema ha voluto focalizzare la sua attenzione[5].

Mi pare si possa dire che se i tanti contributi italiani dedicati a Kubrick hanno lasciato un segno (ed è un vero peccato che siano stati poco tradotti e dunque fatichino ad entrare in un più ampio, e sempre vivo, dibattito su questo autore), esso stia proprio in questa apertura sul visibile come perno del sistema di pensiero kubrickiano. Come scriveva Bernardi, e come in fondo si legge nell'esergo di Brakhage,

il cinema apparirebbe allora come un viaggio che parte dagli schemi concettuali, come sempre, necessariamente, ma che si spinge fino ai confini del vedere, verso una visibilità indefinita, aperta sull'ignoto, che può essere solo intravista: vagheggiata e temuta, essa rimane nondimeno la fonte, il motore di tutte le altre immagini definite[6].

Ogni qualvolta si studiano le opere dei grandi, non c'è in gioco soltanto il funzionamento di un *medium*, o l'effettiva qualità di un'opera, c'è molto di più: una lezione di sguardo che ci fa capire, attraverso la costruzione di un oggetto, l'ingranaggio del nostro vedere, la nostra posizione rispetto al mondo e le strategie del suo impossibile addomesticamento. L'interesse che il cinema di Kubrick ha suscitato in filosofi, antropologi, linguisti, fisici, neuroscienziati è la prova dell'elaborazione di una teoria dell'atto di visione che pertiene a ognuna di queste discipline e che tuttavia non è possibile studiare se non rimanendo saldamente ancorati al cinema in quanto forma espressiva.
Ora, immaginiamo di interrogare un certo numero di kubrickiani su quali siano le opere in cui Kubrick si è spinto ai confini del vedere, le opere in cui l'indefinibilità del visibile si è quasi intravista, le opere in cui la si è vagheggiata o temuta e in cui essa si è fatta motore del nostro "ri-vedere", del nostro correggere la visione. Probabilmente ci sentiremmo rispondere, in gran maggioranza, *2001: Odissea nello spazio*; qualcuno, certo, vi aggiungerebbe *Shining* (perché la luccicanza è in fondo questa esperienza), i più coraggiosi si porterebbero verso *Full Metal Jacket* (dittico su concetto e percetto visti attraverso un marine con gli occhiali), mentre il titolo stesso di *Eyes Wide Shut*, nonché ciò che accade in quel film, potrebbe indurre a ritrovare nell'ultimo lavoro questa estrema dichiarazione di poetica. Non credo che *Barry Lyndon* entrerebbe in questa classifica, *Barry Lyndon* in cui ogni cosa è illuminata, ogni cosa è superficie su cui scorrere smaccatamente. A mio modo di vedere, non c'è film più manifesto di *Barry Lyndon* per spiegare quello che vorrei definire "il pensiero del visibile" in Stanley Kubrick, dove pensiero sta per produzione concettuale, ma anche per assillo, preoccupazione. Del resto lo scriveva già Enrico Ghezzi che «pochissimi si accorsero che *Barry Lyndon* prolungava direttamente il *trip* visivo e la sperimentalità di *2001*»[7].

2.

Nel suo libro *L'invention de la liberté*, Jean Starobinski scrive qualcosa di perfettamente applicabile all'idea di Settecento che ha Kubrick, e di molto calzante anche rispetto alle scelte visive di *Barry Lyndon*: «les parcs de Watteau, les boudoirs de Boucher, le carnaval de Guardi apparaissent comme les images d'un paradis déjà blessé à mort par une *faute* inséparable de ses plaisirs»[8]. I pittori che Starobinski cita come ritrattisti di una società ferita a morte sono tra quelli cui Kubrick per anni ha guardato per costruire la visibilità di *Barry Lyndon*, cui si possono aggiungere almeno Fragonard, Chardin, La Tour, Gainsborough, Hogarth, Reynolds, Zoffany, Constable, i quali hanno spinto Walker a definire il film una particolare visita a una galleria virtuale in cui è proibito avvicinarsi troppo ai quadri[9]. Una lettura analitica e stilistica di *Barry Lyndon* non può prescindere dalla pittura settecentesca come referente privilegiato, al punto tale da far sembrare il film una sorta di moderno esperimento di *re-enactment* di una cultura a partire dai documenti visivi che ci ha lasciato. Kubrick ricalca *ad litteram* molti dei pittori appena citati, ma li ricalca esattamente nella prospettiva indicata da Starobinski e dall'impostazione del suo studio, se pensiamo che Lady Lyndon chiude il film firmando un documento datato 1789 e vergando l'iniziale "H" del suo nome (Honoria) esattamente come William Hogarth vergava l'"H" del suo cognome[10]. Starobinski rinveniva in quella pittura raffinata e ricca (gli ambienti), ironica e spocchiosa (i personaggi), sublime e trascendente (i paesaggi), un "errore", una "mancanza", il segno di una ferita che avrebbe molto a breve cominciato a sanguinare, un colpo già inferto in quelle forme, una nuova idea di libertà che avrebbe travolto quelle scene e che già in qualche modo esisteva nelle pieghe di un racconto raggelato, nella preveggenza di un'apparente e invece grave leggerezza. Kubrick, a sua volta, utilizza quelle fonti non tanto, come voleva Baudrillard proprio all'indomani dell'uscita di *Barry Lyndon*[11], per dichiarare la Storia il grande referente perduto del nostro pensare, quanto per portare in luce l'"errore", la "mancanza" e il vuoto dell'immagine, anche in questo caso «inseparabile dal suo piacere», dal piacere che ci procura nella sua incompletez-

za. Com'è ferito a morte il paradiso descritto da Starobinski, ugualmente è ferita l'immagine di Kubrick (chi lo direbbe, a prima vista?), in un film che fa del ferimento e infine dell'amputazione uno dei suoi motivi dominanti.
Sono due i film che hanno richiesto a Kubrick anni di lavoro sulle fonti iconografiche. Il primo era stato *Napoleon*, il progetto grandioso e mai realizzato, che, secondo un senso dell'ironia pienamente kubrickiano, avrebbe dovuto seguire *2001: Odissea nello spazio*; il secondo *Barry Lyndon*, che finì per riutilizzare parte di quelle ricerche e addirittura alcuni costumi e oggetti di scena e scenografie già fatti preparare o pensati per il film sull'Imperatore, al punto che le vicende di Redmond Barry finirono con il rappresentare, in piccola parte, quasi un risarcimento al titanismo scatenato di quel kolossal mancato (perfino l'idea delle scene riprese davvero a lume di candela è già presente nelle note di sceneggiatura di *Napoleon*)[12]. Kubrick, com'è noto, era tormentato dal desiderio della perfezione, ma non è possibile pensare che la maniacalità e l'ossessione del ricorso alla fonte pittorica inseguisse semplicemente il mito dell'esattezza storico-filologica o un estetismo orientato verso il recupero di una certa idea mitica di passato storico (Kubrick, per intenderci, non ha un approccio viscontiano alla tradizione storico-artistica). Nell'un caso come nell'altro, in *Napoleon* come in *Barry Lyndon*, la ricostruzione visiva del linguaggio di un'epoca avrebbe dovuto accompagnarsi alla ricerca di un "non detto", di un "non visto", di un "nascosto in campo", per dirla in termini cinematografici, che rivelandosi avrebbe vanificato i sogni di Bonaparte e quelli di Barry, ma soprattutto fatto saltare il banco dell'autosufficienza della rappresentazione. Kubrick usa la pittura per forzarla, per andare oltre le limitazioni dell'occhio e del tipo di sguardo costruito da quella cultura visuale. Così, in *Barry Lyndon*, l'uso dello zoom, come vedremo, o dell'improvvisa irruzione della macchina a mano (si pensi all'incontro di pugilato, al litigio tra Barry e Bullingdon, al tentato suicidio di Lady Lyndon), o ancora il semplice controcampo (il "tradimento" della cultura aristocratica del ritratto), servono a creare il conflitto tra due pratiche, tra due modi di vedere, con l'obiettivo, dentro quel conflitto, di fare emergere l'avventura percettiva, la voragine del visibile, lo scacco

della ragione del mondo di Barry e degli artisti che quel mondo hanno rappresentato. Colpire alle spalle il secolo dei Lumi attraverso la destrutturazione cinematografica delle sue immagini. Ritenere il cinema un *medium* capace di perturbare la storia delle immagini fino a rivelarne, nella forma oltre che nei contenuti, la funzione di potere. Kubrick pensa e crea un cinema che sia bacino di confluenza per una lunga cultura delle immagini come forma di potere sociale, che si sostanzia in logiche di composizione e "tecniche dell'osservatore". Proprio nelle ultime righe del suo studio kubrickiano, Bernardi insiste sull'aspirazione di quel cinema a «recuperare dentro se stesso tutte le forme e tutti i dati figurativi del passato»[13], e una volta di più la storia di Redmond Barry e la sua messa in forma si ergono a paradigma di questa aspirazione.
Quando Ralf Fischer scrive che «the main focus of the film is not on creating a psychograph of an epoch and its people, but on how images can make a statement about the reality of an era»[14] non sbaglia, o meglio non sbaglierebbe se specificasse che l'era cui si fa infine riferimento non è il XVIII secolo, ma la nostra, un'epoca che radicalizza ed esaspera la sfrontata visibilità settecentesca. Lo «statement», il punto, sta tutto nel voler spiegare che l'occhio umano è sempre più soggetto e limitato da logiche compositive, che vanno esibite, risolte e smontate: Kubrick, vale la pena ricordarlo, è stato senza ombra di dubbio il più sperimentale e coraggioso dei registi formatisi nella classicità e ancor di più il solo capace di tradurre l'opacità nella trasparenza, di essere sempre chiaro e mai difficile pur costruendo macchine dall'infinito portato concettuale. *Barry Lyndon* è il film che, mentre sembra restituire la superficie dell'immagine e scorrervi sopra con il falso movimento dello zoom, mai usato da nessun altro in una forma così filosofica, rivela invece lo squarcio, la tela strappata (non è un caso che più di dieci anni prima, in *Lolita* (*Id.*, 1962), Kubrick facesse uccidere Quilty dietro il ritratto, distrutto dagli spari, di Lady Hamilton di Reynolds), la parte di immagine mancante. *Barry Lyndon* è il film che attraversando i quadri, guardandovi attraverso grazie al potere del cinema, «perfora» la Storia, per usare una felice definizione di Ghezzi[15]. L'arte non è l'accompagnamento, né la restituzione di un processo storico, è piuttosto la forma della sua incrinatura, la "faglia", come

direbbe Walter Benjamin, e dentro quella faglia precipita il significato reale di ciò che vediamo oltre la superficie. Quando Bernardi, prendendo ad esempio *2001: Odissea nello spazio*, scrive che la visione, sempre così piacevole nel cinema di Kubrick, implica «una *desquamazione* delle immagini nella loro profonda complessità interiore, negli *strati di senso* che sono nascosti sotto la loro superficie liscia»[16], sembra stia piuttosto parlando di *Barry Lyndon*. Perforare, desquamare, negare la superficie mentre la storia e la Storia scorrono. Questo è il Settecento di Stanley Kubrick.

3.

In una delle molte interviste che Kubrick rilasciò nel corso degli anni al suo critico più acuto, Michel Ciment, il regista newyorkese confida di diffidare da sempre delle «vicende contemporanee». A suo dire esse offrono «possibilità visive» inferiori a quelle offerte, ad esempio, dal film storico o dal film di fantascienza[17]. Com'è facile notare, Kubrick non parla di potenziale narrativo, parla di opportunità legate alla visibilità e mette sullo stesso piano il film storico e il film di fantascienza (ispirando così la lettura ghezziana e inducendo molta critica a vedere in *Barry Lyndon*, con un gusto del paradosso quasi godardiano, un film di fantascienza ambientato nel Settecento). Quel che Kubrick intende, e che perseguirà anche quando tratterà «vicende contemporanee», è che ha bisogno di trovare una profondità visiva e narrativa che gli viene dalla radicalizzazione di un'idea di immagine che ha a che fare con il mito, o comunque con un Tempo sospeso, filtrato dal simbolo, non appiattito sul riferimento reale. Di nuovo, *Barry Lyndon* si presenta come il film della sospensione e ricapitola i tanti riferimenti sparsi sul Settecento nelle opere che lo hanno preceduto, dai Watteau e i Boucher che ritroviamo nel dialogo tra Mireau e Broulard in *Orizzonti di gloria* (*Paths of Glory*, 1957) al già citato caso di *Lolita*, dalla stanza settecentesca di *2001: Odissea nello spazio* a certi costumi di Alex DeLarge in *Arancia meccanica* (*A Clockwork Orange*, 1971), fino a quelli dei convenuti a Somerton in *Eyes Wide Shut*[18]. La fascinazione di Kubrick per il secolo dei Lumi diventa dunque il doppio capovolto della sua ossessione per il mito: la ragione e la convenienza sono modalità di sospensione e velleitaria rifondazione del Tempo, che trovano nella pittura la loro forma simbolica e ora, nel cinema, la denuncia della loro precarietà. Perché il cinema può integrare il fuori campo nel campo, può offrire il controcampo, può creare una dialettica tra l'iconico e il diegetico che crea tensione tra le insondabili profondità del primo e la ragionevolezza del secondo. È da questo punto di vista che lo zoom diventa in *Barry Lyndon*, lo strumento per l'analisi critica di un secolo e della modernità, la tecnica per scardinare altre tecniche, l'avventura percettiva che caratterizza il cinema di Kubrick.

Come mi è capitato di notare altrove, per lo meno da dopo *2001* in avanti, ogni film di Kubrick si costruisce su soluzioni tecniche e visive che ne costituiscono l'esito formale e filosofico: il grandangolo (*Arancia meccanica*), lo zoom (*Barry Lyndon*), la steadycam (*Shining*), il rapporto tra il carrello e la macchina a mano (*Full Metal Jacket*), l'infrazione della continuità classica (*Eyes Wide Shut*) marcano le singole opere, come se il loro autore volesse dirci che dietro quella tecnica si rivela l'idea e siamo chiamati a forzare la visione per vederla da dentro, o da dietro. Mi pare si possa dire che proprio il caso di *Barry Lyndon*, per compattezza e coesione stilistica, rappresenti il passo più radicale verso questa scelta d'autore.

Ora, lo zoom, come tutti sappiamo, è un falso movimento, un carrello ottico che non presuppone il movimentare la macchina da presa, se non in casi estremamente avanguardistici come nel noto effetto vertigine costruito da un altro grande sperimentatore quale Alfred Hitchcock nel film *La donna che visse due volte* (*Vertigo*, 1958). Lo zoom si caratterizza per un cambiamento focale che avvicina o allontana oggetti e persone, e rappresenta una soluzione poco amata dai registi cinematografici, abbastanza facilmente evitabile e dunque utilizzata quasi sempre *pour cause*.

A seguito di alcuni lavori sperimentali, abbiamo dimostrato che la risonanza motoria prodotta nello spettatore dal falso movimento dello zoom è sensibilmente più bassa rispetto a quella che, in eguale condizione, produce un tradizionale carrello o la steadycam. Anche laddove il nostro occhio può trarci in inganno (non tutti riconoscono al primo colpo la differenza tra un movimento di zoom,

di carrello o di steadycam), il nostro cervello, al di qua di ogni elaborazione cognitiva, sa simulare la qualità del movimento. Detto altrimenti, mentre la nostra corteccia motoria risuona con i movimenti di carrello e ancor più di steadycam (che è in sostanza una forma biologica del movimento, per la sua stretta connessione al movimento corporeo dell'operatore), riconoscendo l'effettivo movimento che la macchina da presa compie nello spazio, non reagisce allo stesso modo con lo zoom, riconoscendo, per così dire, l'inganno[19]. Molto più interessante del fatto che lo zoom era spesso usato nei documentari d'arte e dunque avrebbe reso *Barry Lyndon* simile a un saggio audiovisivo sulla pittura settecentesca, mi pare essere il fatto che un film costruito narrativamente sul movimento (Barry aspira a una decisa scalata sociale, viaggia per tutto il film e con lui si spostano varie figure di comprimari) si trovi contraddetto dalla falsità tecnica del movimento, dalla simulazione del movimento, come a vanificare da ogni punto di vista gli spostamenti e gli avanzamenti del protagonista. In *Barry Lyndon*, pertanto, tutto sembra muoversi, ma tutto è fermo, bloccato come nei quadri che lo ispirano; solo la macchina da presa può creare l'impressione di un movimento e decidere se rivelare o meno il "segreto" del film, esattamente come accadrà, qualche anno dopo, nel finale di *Shining*. Lo zoom, nel mettere in discussione il *punctum* effettivo del piano cinematografico, rimescola continuamente gli strati di senso e le gerarchie narrative e visive, sia quando viene operato all'indietro, cioè da un punto che si vorrebbe significativo fino a sperderlo nell'insignificanza, che quando viene operato in avanti, cioè quando isola artificiosamente qualcosa di significativo che senza questa tecnica sarebbe rimasto nell'insignificanza.
In un film in cui è spesso la distanza ironica del narratore, tipica di una certa tradizione della *literature of roguery* cui anche il romanzo di partenza di William Thackeray guarda, ad anticipare, raggelare e scandire, insieme alla superba scelta delle musiche, il ritmo delle immagini, la tecnica cinematografica privilegiata in *Barry Lyndon* gioca fondamentalmente a mischiare le carte tra ciò che pertiene l'ambito dell'iconico e ciò che pertiene l'ambito del diegetico. Kubrick tiene in equilibrio la ragione della narrazione (gli aspetti diegetici) con la sua continua messa in scacco da parte della visibilità

che eccede quella ragione (gli aspetti iconici). In taluni casi è l'iconico a travolgere il diegetico, come accade quando viene operato un profondo zoom all'indietro e «la storia raccontata è perduta, si è fatta sottile, ridotta a un particolare nella grande estensione del visibile»[20]; in altri casi è il diegetico a fungere da imbuto per l'iconico, precipitando lo spettatore, con il medesimo procedimento tecnico stavolta operato in avanti, verso il senso e la direzione della vicenda narrata. Se in quest'ultimo caso è la "storia" ad avere la meglio e lo zoom ci cala entro una temporalità umana e contingente, nel primo caso è la "Storia" a risultare più forte e lo zoom ci sottrae a ogni possibile contingenza ingenerando un sentimento perturbante rispetto ai destini dei personaggi. Un unico procedimento stilistico a reggere due diverse architetture di pensiero e due filosofie della visione.

4.

Il falso movimento dello zoom deve dunque portare, sia che venga operato all'indietro che in avanti, alla perdita di condivisione di ogni possibile agentività tra il piano cinematografico, il personaggio e lo spettatore. Risulta evidente che non è l'azione del personaggio ad articolare il piano che lo contiene, tant'è che lo zoom si sostituisce al montaggio e nega quelle forme di raccordo fondamentalmente basate su intenzioni e atti dei personaggi. Questo distacco dall'azione raffredda anche l'agentività dello spettatore, che si sente in una posizione non solo di debolezza, ma di oggettiva difficoltà a prevedere cosa svelerà l'occhio della macchina da presa, e si tratterà, in ogni modo, di qualcosa che rimane fuori dalla sua portata e dalle normali possibilità del suo sguardo, qualcosa che non vedrebbe senza quella logica compositiva che così viene a fare bella mostra di sé. *Barry Lyndon* è allora anche un film che ci lascia guardare la debolezza del nostro sguardo e ce la fa, in fondo, accettare come una condanna che è giusto sia il cinema a pronunciare.
Potremmo estrarre da *Barry Lyndon* innumerevoli esempi di questo tipo di procedimento, ma ve ne sono due che hanno a che fare con un tema decisivo nel film qual è quello amoroso, che porterà

sempre, nel corso del film, a mettere in gioco la vita umana come contropartita alla follia del suo gioco. Il primo esempio viene a seguire la delusione che Redmond patisce per l'impossibilità di amare la cugina Nora: è il caso di un amore giovanile e disinteressato che si scontra con un sistema di regole, di messe in scena e falsità che culminano nel duello truccato tra Redmond e il Capitano Quin. Il secondo esempio rappresenta invece l'incontro con l'amore interessato, Lady Lyndon, un incontro che questa volta non deve subire delusioni, aggirando un sistema di regole, di messe in scena e falsità che verranno travolte dalla indimenticabile sequenza (priva di zoom) della partita a carte tra Redmond e Lady Lyndon. Se la delusione è tradotta con lo zoom all'indietro, il calcolo è reso con lo zoom in avanti.
La delusione di Redmond nei confronti di Nora, sulle struggenti note di *Women of Ireland* che avevano scandito anche i loro primi scambi amorosi, porta Kubrick alla prima rivelazione dello zoom che guiderà l'impianto visivo del film. Redmond sta tagliando un tronco; scarica così la sua amarezza, a colpi di accetta. In campo medio abbiamo il personaggio in figura intera, il ceppo al centro a sostenere il tronco e un gruppo di galline a costituire una scena di genere sulla sinistra (fig. 1). Si tratta di una sorta di *establishing shot* stretto, non un campo totale come di solito accade: lo spettatore ha abbastanza informazioni per proiettare sull'azione di Barry il giusto stato d'animo, per scaricare con lui quella tensione e per venire ricondotto, soprattutto, alla reale condizione di vita del giovane sventurato. È in quel momento che Kubrick opera lo zoom all'indietro e quando Redmond è già quasi in campo lunghissimo irrompe la voce off del narratore, che rafforza il pensiero dello zoom: «Barry aveva deciso di non rivedere mai più Nora, ma tali decisioni, anche se possono essere fermamente mantenute per un'intera settimana, vengono abbandonate in pochi istanti di nera disperazione». A questo punto lo zoom si arresta e il paesaggio invisibile all'inizio è ora tutto in campo, fino alla cima delle montagne (fig. 2). In buona sostanza, in coda a questa sequenza fatta di un'unica inquadratura, ci ritroviamo uno strano totale a chiusura del discorso e non ad apertura come di solito avviene: Barry è rimasto al centro dell'inquadratura, piccolissimo, ma il senso del suo gesto,

la forza del suo proposito sono trapassati nell'insignificanza, travolti dall'effetto quadro, dalla natura che incombe tutta intorno a lui e che, semplicemente, non era fino a quel momento stata mostrata perché eccessiva rispetto ai desideri minuti dell'individuo. Redmond non controllerà mai le sue scelte, penserà di farlo, ma ci sarà sempre un'apertura all'indietro, un campo totale al momento sbagliato, un destino beffardo in forma di narratore che lo escluderà da ogni reale possibilità di essere agente della sua fortuna. L'attacco diegetico («Barry aveva deciso...») è smentito dall'allargamento dell'iconico («ma tali decisioni...»): eccesso e riconoscimento, che Francesco Casetti identifica come polarità decisive dell'esperienza cinematografica, sono il cuore di questo procedimento[21]. Abbiamo bisogno di restringere i confini e i poteri dell'iconico per riconoscerci nel diegetico, ma abbiamo altresì bisogno di allargarli per non rinchiuderci nell'autosufficienza dell'immagine e del pensiero che ispira. L'ironia di Kubrick è così tagliente, che l'inquadratura successiva (seconda breve sequenza di fila composta da una sola inquadratura con medesimo procedimento) parte sulle mani di Nora e del Capitano Quin (fig. 3) e si allarga man mano che il Capitano e la giovane si scambiano la più fasulla e retorica delle dichiarazioni d'amore (fig. 4). Esattamente com'era accaduto poco prima per il povero Redmond, di nuovo lo spettatore è portato dallo zoom all'indietro a valutare l'insignificanza di quelle parole e di quel rapporto e a pensare che *Barry Lyndon* stia cominciando a dimostrarsi un film sulla vacuità delle nostre intenzioni, resa in una coerentissima forma visiva, che peraltro gioca in modo molto fine con sentimenti pittorici diversi che oscillano di continuo tra il pittoresco della scena di genere e il sublime del paesaggio che finisce per travolgerla e cambiarle il segno.
Veniamo invece all'uso dello zoom in avanti, che nel film funziona in alcuni casi come falsa soggettiva (è il caso, ad esempio, di Barry scoperto da Lady Lyndon e dal piccolo Bullingdon con una delle sue amanti), in altri come processo di ocularizzazione direttamente a sostegno della voce off del narratore. Barry sta per incontrare Lady Lyndon e la sequenza, composta in tutto di quattro inquadrature (di cui la seconda di strepitosa complessità), si apre con il campo totale del castello in cui si andrà a svolgere la scena, nel più

tradizionale dei modi e degli *establishing shots*. Il *Trio, op. 100* di Schubert scandisce magistralmente il ritmo e il sentimento della sequenza, secondo quell'immagine del «sospiro che tradisce un'angoscia profonda» che si deve alla poetica analisi di Robert Schumann. La seconda inquadratura è costruita su due movimenti di carrello che ci guidano entro uno splendido giardino. Il primo, a precedere, ci conduce su una terrazza che domina il giardino, dove il movimento si trasforma in laterale e ci mostra, come fissati in una quadreria, alcuni gentiluomini seduti a dei tavolini. Tra essi Barry con lo Chevalier de Balibari. Giunto al loro tavolo, il movimento di carrello si arresta (fig. 5). Dandoci la nuca, Barry e lo Chevalier fissano un punto nel giardino e, dal mezzo delle loro teste, parte un profondo zoom in avanti che va ad isolare un gruppo di quattro persone: Lady Lyndon, Sir Charles Lyndon, malato e paralizzato su una seggiola a ruote, il loro figlioletto Lord Bullingdon, e il precettore di quest'ultimo, l'ambiguo reverendo Runt (fig. 6). Ci accorgiamo solo ora di Lady Lyndon e della sua famiglia, ma se provassimo a rivedere la sequenza, noteremmo che sono tutti già presenti in campo fin dall'inizio e vi restano per tutta la durata dell'inquadratura, camminando fino a portarsi a favore di zoom. Sono semplicemente in campo lunghissimo e dunque fuori dalla portata di un'avventura percettiva che lo spettatore non è abituato a fare. In altre parole, la significanza della famiglia di Sir Charles Lyndon cresce per volere del narratore, che guida lo zoom e restringe il fuoco sull'intenzione di Barry di fare di Lady Lyndon sua moglie. Se l'allargamento di campo, come abbiamo visto, simboleggiava l'inanità dell'intenzione, il restringimento ne simboleggia la determinazione, indipendentemente dalle conseguenze. Lady Lyndon ci è offerta dallo zoom, ma il narratore si premura di dirci che è lo sguardo di Barry a posarsi su di lei: «E così, come capita spesso, questi pensieri presero corpo nell'attimo in cui il suo sguardo si posò su una signora che da allora in poi avrebbe avuto un ruolo importante nel dramma della sua vita». I pensieri prendono corpo attraverso lo sguardo, anche quando esso è parziale, come quello di Barry, come il nostro che non ha mai visto, nelle molte volte che abbiamo assistito a una proiezione di *Barry Lyndon*, Lady Lyndon *prima* che arri-

vasse a favore di zoom. Eppure era lì, in campo: ecco l'errore, ecco la mancanza che "ferisce" l'immagine.
Non è dunque un caso che Kubrick scelga di uscire dalla logica dello zoom e faccia della terza inquadratura di questa sequenza un primo piano intenso di Barry (fig. 7), sul cui sguardo, coerentemente, raccordare di nuovo la famiglia Lyndon (fig. 8), a significare il dominio del nostro scalatore sociale sui membri inermi di quel gruppo e decidendo di far seguire a questa sequenza quella indimenticabile della partita a carte, la famosa scena a lume di candela, dove l'effetto dipinto è stravolto dalla dialettica del campo/controcampo e dal dominio terreno e imprudente dello sguardo di Barry.

5.

Alla sua uscita *Barry Lyndon* apparve alla critica estremamente calligrafico, estenuantemente lungo e tutto sommato noioso. Per un autore che veniva da *Arancia meccanica* sembrava quasi il rifiuto di certa adrenalina cinematografica, e pochissimi colsero gli aspetti rivoluzionari e sperimentali di quest'opera, che crebbe con gli anni, portando alcuni dei maggiori ammiratori di Kubrick, come ad esempio Martin Scorsese, a ritenerla il migliore dei suoi film.
Nella monografia che Maria Pramaggiore ha dedicato a *Barry Lyndon*, l'autrice riporta la nostra attenzione sulla satira che la rivista «Mad» riservò al film, ribattezzandolo *Borey Lyndon*. In una vignetta in cui vediamo ammassate caricature dei personaggi del film, leggiamo questo dialogo:

«How come Borey has suddenly become such a HEEL?»
«Don't knock it! At least he's found some character to play!»
«Why doesn't the Countess say something? She hasn't spoken THREE WORDS in the entire picture!»
«Maybe she doesn't know it's a "Talking Picture"!»
«It certainly isn't a "MOVING Picture"»[22].

Il fatto che non si avverta che *Barry Lyndon* "si muove", al di là della facile ironia, avrebbe fatto la gioia di Kubrick e in parte anche quella dei neuroscienziati che hanno studiato le forme di incorporazione degli effetti di avvicinamento e allontanamento creati dall'uso dello zoom. La «desquamazione» dell'immagine ha bisogno del suo Tempo, e *Barry Lyndon* oggi ci appare come una lezione di metodo irrinunciabile.

[1.]

[2.]

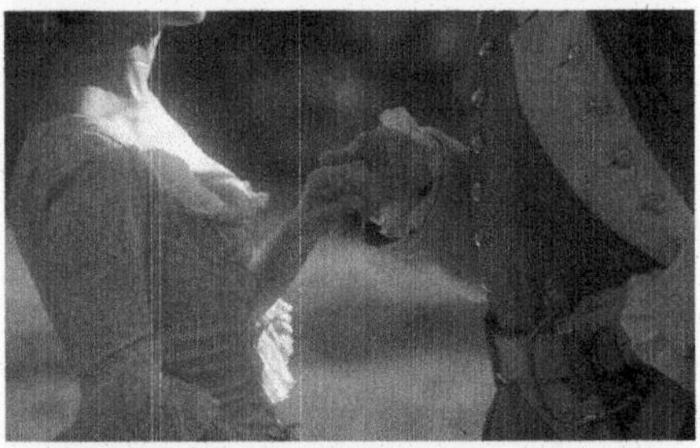

[3.]

[4.]

[5.]

[6.]

[7.]

[8.]

Full Metal Jacket

di *Vito Zagarrio*

«Quello che vorrei fare davvero è far esplodere la struttura narrativa del film. Qualcosa che faccia tremare la terra». Così dichiara Kubrick a «Newsweek» in occasione dell'uscita di *Full Metal Jacket* (*Id.*, 1987). E Jack Kroll, il giornalista che raccoglie l'intervista, definisce il film «L'Odissea nel Vietnam»[1]. Si tratta dunque di un testo importante, di un progetto titanico[2].

Quando si parla di *Full Metal Jacket* si può usare davvero la nozione desueta di "capolavoro". In un momento in cui la critica tende a tornare a studiare l'"opera" a fronte di un universo teorico guidato da parole d'ordine orientate a creare una «zona fluida e opaca»[3], un testo come quello di Kubrick appare un luogo centrale per un pensiero sul significato del testo filmico[4]. Un film che non "invecchia" e che ogni volta che lo si analizza offre nuovi spunti di riflessione.

Ri-vedendo *Full Metal Jacket*, appunto, propongo alcuni percorsi di indagine, per una *detective story* che risulta ogni volta appassionante:

1) il rapporto con la letteratura e l'adattamento dal testo iniziale
2) la struttura della sceneggiatura
3) la lettura junghiana
4) il rapporto con la Storia
5) il rapporto col genere
6) la messa in scena.

In questa indagine "poliziesca", metterò in relazione *Full Metal Jacket* con due film che ritengo altrettanto densi di significati e reciprocamente aperti a ulteriori investigazioni, *American Sniper* (*Id.*, 2014) e *Apocalypse Now* (*Id.*, 1979).

Full Metal Jacket è tratto dal romanzo *Nato per uccidere* (*The Short-Timers*, 1979), un testo parzialmente autobiografico di Gustav Hasford, un ex marine che racconta la sua esperienza di guerra nel Vietnam. C'è anche un sequel di *Nato per uccidere*, che si chiama *The Phantom Blooper* (1990) e che avrebbe dovuto fare parte di una trilogia, mai realizzata a causa della morte di Hasford.

La prima considerazione da fare è che l'adattamento dal romanzo di Hasford conferma l'imprescindibile rapporto di Kubrick con la letteratura. Se si scorre la filmografia di Kubrick, si vede come la letteratura abbia un peso indiscutibile sulla sua produzione. Dal '56 in poi, tutti i film del grande regista sono ispirati da uno spunto letterario: è come se Kubrick avesse bisogno di sentirsi ancorato a un testo di partenza, da "tradire" però e da manipolare a sua immagine e somiglianza.

Su questo testo il regista costruisce delle "opere" autonome, parte per apologhi filosofici o ideologici, per irridenti satire politiche o per esercizi sul piano dell'immaginario. Forse il solo *Barry Lyndon* (*Id.*, 1975) consente un'analisi classica dei rapporti fra testo letterario a monte e testo filmico a valle: lo fa infatti Guido Fink, che mette in gioco il film anche in rapporto alla pittura, lo fa Sarah Kozloff, che punta soprattutto sulle differenze nella voce fuori campo tra romanzo e film[5]. *Lolita* (*Id.*, 1962) rispetta in parte il suo testo madre. Ma altri film superano di gran lunga e fanno dimenticare la fonte d'origine: è il caso, sicuramente, dell'adattamento di *Nato per uccidere*.

Kubrick fa un'operazione che oggi suona simile a quella che ha fatto in tempi più recenti Clint Eastwood con *American Sniper*. Anche in quel caso, Eastwood pesca da un testo letterario dal titolo omonimo (2012), una vera e propria autobiografia, di un marine veterano della guerra in Iraq, Chris Kyle, un famoso cecchino americano, appunto, sopravvissuto alla guerra ma paradossalmente finito ammazzato da un soldato cui stava facendo una sorta di "rieducazione" in patria. Si tratta di un "diario" patriottico, gonfio di retorica reazionaria, che però nelle mani di Eastwood diventa qualcosa di diverso, un inno al genere *war movie*

che può essere persino riletto in senso opposto alle intenzioni del veterano patriota.
Il volume di partenza da cui Eastwood "adatta" il suo film, dicevo, è una autobiografia, quella di Chris Kyle, il "cecchino più letale" della storia americana[6]. «La storia vera che ha ispirato il film», recita uno slogan in copertina, a sottolineare l'aderenza del film alla vita reale dell'avvincente personaggio, ma a rivelare in qualche modo anche la presenza di una "Storia vera", che urge alle spalle del cinema[7].
Eastwood sceglie di raccontare la Storia attraverso questa autobiografia-diario di un "guerriero"; uno che non ha dubbi, che divide il mondo tra buoni e cattivi: «Il male, il male selvaggio e spregevole. Ecco il nostro nemico in Iraq. Ecco perché molte persone, io per primo, chiamavano il nemico "selvaggi"». Gli iracheni (che da un altro punto di vista potremmo definire "partigiani") diventano dei "selvaggi", come gli "indiani" dei western o i "charlies" del Vietnam (tra l'altro il plotone di Kyle che viene spedito in Iraq si chiama all'inizio proprio Charlie). «Mi piacerebbe averne uccisi di più, e non per potermene vantare, ma perché credo che il mondo sia un posto migliore senza selvaggi che spengono le vite americane». Si tratta dunque di un libro che potremmo definire "reazionario": «Se dovessi elencare le mie priorità, sarebbero nell'ordine Dio, Patria e Famiglia». «Io sono un *Seal* sino al midollo»; «Non mento né esagero quando dico che era divertente. Essere un *Seal*, per me, è stato la realizzazione di una vita [...]. È questione di essere uomini. È una storia di amore e odio [...]. Vivere come un cowboy, insomma»[8].
Chris Kyle incarna tutti gli stereotipi della Destra americana: la fiducia nella Patria, l'amore per Dio e Famiglia, la considerazione della Guerra come risolutiva, l'odio per il nemico cattivo, la mancanza di qualsiasi dubbio sul punto di vista degli altri. Eastwood pare, almeno in superficie, sposare appieno le tesi e la prospettiva del libro. L'adattamento del testo al film è abbastanza "fedele". Fedele è la ricostruzione della vita di Kyle, dalla sua formazione come cacciatore (anche qui un inevitabile riferimento filmico a *Il cacciatore* (*The Deer Hunter*, 1978) di Cimino) e come cowboy accanto al padre all'ingresso nei *Seals*, dalle missioni in Iraq alla descrizione delle uccisioni sino alla morte, puntualmente descritta usando anche dei "veri" materiali di repertorio. Il film si conclude, infatti, con

il viaggio del feretro lungo le autostrade, omaggiato da file di americani in lutto per l'Eroe. Dunque un film, in quanto fedele, "reazionario" come il punto di vista di partenza del romanzo? A prima vista sì. Eastwood è un regista che, pur proclamandosi politicamente conservatore (è stato sindaco di Carmel), ha fatto dei film che hanno messo il dito sulle piaghe dell'America contemporanea (vedi *Gran Torino*, (*Id.* 2008)). La mia impressione, però, è che il film trasformi il materiale dell'autobiografia in cinema allo stato puro. Un cinema che nel nuovo millennio è influenzato dal videogame, dagli effetti speciali, da un effetto di realismo che nasconde un iperrealismo di fondo. *American Sniper* è un grande film di genere: il *war movie* che oggi si può declinare nel suo sottogenere di "Iraq movie" e che non può non legarsi alla già stabilita tradizione del "Vietnam movie" (troppi sono gli echi interni tra la rappresentazione delle due guerre americane contemporanee). Eastwood fa muovere i "selvaggi" di cui parla Kyle come *zombies*, figure di un enorme videogame che ben rappresenta l'immaginario contemporaneo. Sagome che cadono sempre al primo colpo in maniera irrealistica, livelli di difficoltà del gioco che crescono di volta in volta. Ma *American Sniper* è anche un film che può contenere la critica a quel sistema bellico, perché descrive le imprese di Kyle e dei *Seals* in maniera distaccata, quasi fosse un reporter di guerra, non enfatizzando mai l'emozione, e impedendo in qualche modo l'identificazione col protagonista. E resta comunque, al di là del punto di vista ideologico, una testimonianza agghiacciante per i posteri. Quello funzionale di Eastwood pare l'Iraq "vero" (la storia vera che ha ispirato il film...), ed emerge alla fine un senso di angoscia per una guerra inutile.

L'operazione di *Full Metal Jacket* è simile. Ma nel romanzo di Hasford ci sono già elementi di critica alla "guerra americana" che non esistevano nell'autobiografia di Kyle. Troviamo tutti i presupposti della denuncia della "follia collettiva" su cui insisterà Kubrick: la deriva psichica di Palla di Lardo, la maturazione di Joker che passa attraverso l'"eutanasia" della cecchina vietnamita, i soldati che cantano *La marcia di Topolino* ecc. Nel sequel di *Nato per uccidere*, si parla addirittura di un comandante fantasma americano che si è schierato con i vietcong, e si racconta di Joker che, dopo essere tornato in patria, decide di recarsi di nuovo in Vietnam per

stare dalla parte dei "charlies": due *statements* certamente anti-yankees, che non possono non fare tornare in mente la scheggia impazzita del colonnello Kurtz in *Apocalypse Now*, e il ritorno masochista dei veterani in Vietnam ne *Il cacciatore*. Come se Hasford, che nel '79 ha scritto il suo romanzo mentre Coppola gira *Apocalypse Now*, nel '90 costruisse una summa degli stereotipi prodotti nel frattempo sulla guerra del Vietnam.
Rileggendo *Nato per uccidere* (il cui titolo originale si riferisce ai soldati di leva statunitensi, ma potrebbe essere letto anche come "nonni" o come "prossimi al congedo"), si notano le forti somiglianze con il film di Kubrick.
Il romanzo è diviso in tre grandi parti. La prima è una cronaca del periodo di addestramento del soldato James Davis (Joker) nel relativo reparto di formazione dei marines, dove il sergente istruttore Gerheim forma il carattere dei suoi uomini, col dichiarato intento di farne dei micidiali killer innamorati del proprio fucile. In questo contesto, Joker ha modo di manifestare la propria amicizia ai soldati Cowboy e Pyle: la totale inettitudine e debolezza di carattere portano l'ingenuo ragazzone al collasso nervoso e, in un'esplosione finale di pazzia, all'omicidio di Gerheim, seguito dal suicidio, col fedele fucile puntato contro se stesso. Joker sconvolto abbandona la scena e torna in branda; e, in maniera agghiacciante, stringe il suo fucile ripetendo, insieme agli altri, la cantilena «Questo è il mio fucile...».
Nella seconda parte si descrive l'apprendistato di Joker come corrispondente di guerra, a Huế, dove incontra Rafter Man, aspirante fotografo di guerra, e – durante la visione del controverso film *Berretti verdi* (*The Green Berets*, 1968) di e con John Wayne – ritrova il suo vecchio amico Cowboy, combattente in prima linea, divenuto vice-comandante di squadra. A Huế, Joker assiste all'uccisione di un bufalo acquatico – vitale per le famiglie contadine locali –, travolto da un carro armato condotto da militari disinvolti. In seguito, durante un combattimento, Joker resta colpito dallo spostamento d'aria causato da un lanciarazzi, che gli provoca uno stordimento e che gli dà il pretesto per narrare una digressione consistente in un sogno psichedelico. Dopo aver ripreso conoscenza, Joker comprende che il comandante di squadra, Crazy Earl, è ca-

duto in azione, sembra dopo essere impazzito e aver tentato di espugnare una postazione di mitragliatrice dei vietcong. Successivamente, Joker e Rafter Man affrontano uno *sniper* che ha ucciso T.H.E. Rock e l'intera squadra. Lo scontro si conclude con la prima "vittima accertata" di Rafter Man e il lieve ferimento di Cowboy. Il capitolo ha un tragico epilogo, con Rafter Man travolto e ucciso dallo stesso carro armato che aveva ucciso il bufalo.
Nella terza parte, Joker viene radiato dall'unità giornalistica – oramai stufo di scrivere testimonianze di guerra puntualmente censurate – e degradato a soldato di fanteria. Ma durante una missione a Khe Shanh assieme alla squadra di Cowboy, si trova nella giungla alle prese con un nuovo cecchino, che ferisce a più riprese Alice, Doc Jay e New Guy. Il comandante di compagnia esce di senno e farfuglia alla ricetrasmittente. Cowboy, ora al comando, decide di far ritirare la squadra piuttosto che sacrificare altre vite nel tentativo di salvare i feriti. Ma Animal Mother – mitragliere, stupratore di adolescenti vietnamite, coscritto in alternativa a una condanna per furto d'auto – accusa Cowboy di codardia, e questi dunque è costretto a precipitarsi sui tre feriti oramai moribondi e a finirli con un colpo alla testa. Ma viene ferito anche lui gravemente, e vorrebbe uccidersi, quando il cecchino gli strappa la pistola di mano e gli impedisce di farla finita. A quel punto tocca a Joker, che capisce quel che deve fare con il suo migliore amico e gli pianta una pallottola in testa.
La prima sezione del libro è riprodotta assai fedelmente nel film. Vi sono solo differenze marginali: ad esempio, nel romanzo il tartassato *private* Pyle, oramai stimato dal sergente per le sue doti di tiratore («dovrebbero farlo generale»), non solo parla al suo M14, ma è convinto che esso sia sua moglie Cherline. L'uccisione del suo superiore diviene un delitto passionale per gelosia. Gli altri due capitoli si fondono nella seconda parte del film. Alcuni episodi importanti del romanzo non sono riportati nell'adattamento cinematografico: Joker e la sua squadra al cinema, la strage dei topi al campo, la crisi di cannibalismo di Rafter Man, che si mangia brandelli di un suo compagno dilaniato da una bomba, nonché l'origine del suo soprannome: il romanzo insiste sul fatto che il nomignolo gli veniva dal fatto che per vedere bene una scena di spogliarel-

lo in un locale, il ragazzo si era arrampicato su delle travi (*rafter*), ed era poi precipitato dall'alto[9]. Mancano gli incontri con il carro armato fatale, che resta come presenza iconica ma non travolge nessuno, anzi protegge i soldati.

Nel film Joker viene redarguito dal Colonnello Poge perché indossa la famosa spilla pacifista. Nel libro l'incontro avviene durante uno stato di stordimento, nel quale il superiore appare sotto forma di vampiro, e lo segnala poi alla Commissione disciplinare. Nel romanzo, Joker non solo giustizia la ragazza vietcong, ma dona una buona morte anche a Cowboy, trasformandosi in un giusto – ma al tempo stesso spietato – "giustiziere". Rafter Man muore, e invece sopravvive nel film; ma sia nel romanzo che nel film esulta per la sua prima vittima accertata. Hartman nel romanzo si chiama Gerheim, Palla di Lardo (nella traduzione italiana) si chiama Leonard Pratt invece di Leonard Lawrence; ma sia nel romanzo che nel film il nomignolo del ragazzone è Pyle (Gomer Pyle nel film), che è un – per gli italiani abbastanza incomprensibile – riferimento a un personaggio televisivo di una *situation comedy* degli anni sessanta (*The Andy Griffith Show*, 1960-1968), interpretato da Jim Nabors nella parte di una recluta stupida che recita nello stile di Stan Laurel (e il *Gomer Pyle* diventerà uno *spin-off* autonomo negli anni successivi, sino al '69)[10]. C'è già, anche, la parodia di John Wayne di cui è specialista Joker (giustificata nel libro dal fatto che i marines vedono *Berretti verdi*).

In generale, come si vede, l'adattamento di Kubrick è abbastanza "fedele". Il romanzo di Hasford ha tutto il materiale di base, tutti gli elementi che permettono a Kubrick di partire per un progetto visionario. Tra l'altro, a differenza di *American Sniper*, totalmente allineato sul patriottismo americano nella guerra in Iraq, *Nato per uccidere* contiene già forti elementi di critica contro il Vietnam. A questo si aggiunga l'innesto di Herr, autore di un altro pamphlet antibellico (lo vedremo fra un attimo).

Quel che conta, dunque, non è il "tradimento" del romanzo, ma la sua interpretazione in termini di messa in scena; quel che conta è il modo in cui il regista si appropria di queste *found stories*, di questa "letteratura del reale" per farne "cinema del non-reale", cinema – un po' come Eastwood – allo stato puro. Kubrick non ha bisogno di inserire l'episodio del delirio di Joker, perché tutto il film è un delirio, una visione psichedelica. Il cinema stesso è sogno, emozione allo stato puro, un "campo di battaglia", come dice Fuller a Ferdinand in *Il bandito delle 11* (*Pierrot le Fou*, 1965) di Godard: «Il cinema è come un campo di battaglia: amore, odio, azione, violenza, morte. In una parola: emozione». Mi pare una definizione che si adatta benissimo ai campi di battaglia di *Full Metal Jacket* e al campo di battaglia-emozione che è tutto il cinema di Kubrick.

LA STRUTTURA E LA SCENEGGIATURA

Vediamo ora come è strutturata la sceneggiatura. Intanto c'è da dire che lo script è firmato da Kubrick, insieme allo stesso Hasford e – dicevo – a una *new entry*: Michael Herr. Perché Herr? Chi è Herr? È un giornalista e sceneggiatore statunitense, scomparso il 23 giugno 2016, che è stato corrispondente al fronte durante la guerra del Vietnam e autore di *Dispacci* (*Dispatches*, 1977), un libro che è stato definito come «il miglior libro sulla guerra del Vietnam» dalla «New York Times Book Review».

E dove ritroviamo il suo nome? Tra gli sceneggiatori di *Apocalypse Now*, insieme a Francis Ford Coppola e John Milius. *Tout se tient.* Dunque la presenza di Herr costituisce un ponte tra *Apocalypse Now* e *Full Metal Jacket*, permette di mettere in relazione i due film e i due autori (come faremo tra un attimo), e indica un indizio importante: che Kubrick usi volutamente, quasi dieci anni dopo, un "reduce" dall'operazione di Coppola, cui non si può non fare riferimento come *crossing point* di tutti i film sul Vietnam.

Evidentemente, sia Coppola che Kubrick ritengono *Dispacci* di Herr un importantissimo repertorio di informazioni e di ispirazioni; e il testo di Herr aggiunge nuove riflessioni possibili alla relazione di Kubrick con la letteratura. Non solo Hasford, dunque, ma anche Herr: *Nato per uccidere* più *Dispacci*.

Pubblicato per la prima volta nel '77, *Dispacci* è considerato uno dei testi più potenti sugli orrori del conflitto vietnamita e in generale sulla violenza della guerra; è il doloroso reportage di un giornalista che tra il 1967 e il 1969 trascorre un anno e mezzo in

Vietnam, come corrispondente di guerra, al seguito delle truppe americane. Attraverso le stesse parole dei soldati con cui ha condiviso pericoli e fatiche quotidiane, Herr registra e racconta l'allucinante sequenza di crudeltà di cui furono responsabili, e a loro modo vittime, i giovani americani arruolati nei marines, brutalmente scaraventati da una realtà rassicurante nel groviglio di una giungla misteriosa e nel pieno della follia bellica.
(Una curiosità utile alla nostra piccola "indagine poliziesca": nell'edizione italiana del 2008, introdotta da Roberto Saviano[11], appare la foto di un marine con una cartucciera a tracolla e con al collo il simbolo della pace. Come Joker in *Full Metal Jacket*. Il cerchio si chiude ancora).
Veniamo alla struttura del film, che appare diversa da quella del romanzo di partenza, classicamente tripartito, ma anche dalla sceneggiatura "classica" americana, quella analizzata da Vogler o da Robert McKee[12]: la sceneggiatura in tre atti, basata sulle regole della tragedia greca.
Invece il film di Kubrick è più episodico, basato su dei "quadri" centrati su un personaggio o un avvenimento. Non si assiste al classico "viaggio dell'eroe", in questo caso Joker, che si trasforma attraverso la sua avventura narrativa. Joker è più un "collante" che cuce la matassa del racconto. Anche la sua *voice over* è molto diversa da quella di *Barry Lyndon*, emerge a tratti, senza costituire un vero filo narrativo. Appare una struttura disarmonica, come è disarmonica la realtà che racconta.
Possiamo identificare tra gli otto e i dieci "episodi", quasi sempre introdotti da un rock and roll o comunque da una colonna sonora importante:

I. il prologo: la fine della laicità; il taglio dei capelli dei ragazzi "borghesi" che diventano militari, aspiranti marines uniformati nel look;
II. la formazione: il lungo segmento di cui sono protagonisti Joker ma, soprattutto, come fosse la guest star di un episodio seriale, Palla di Lardo. Siamo a 43'39" del film;
III. l'attesa: le riunioni sulla corrispondenza di guerra, Da Nang. Qui è compreso il primo scontro a fuoco, con l'attacco dei vietcong durante la festività (56'25");
IV. il fronte: Joker e Rafter Man cercano il plotone, incontrano Cowboy e

vengono introdotti gli altri commilitoni, tra cui la new entry Animal Mother. In questo segmento, la fossa comune e l'incontro col generale che fa notare a Joker l'incongruenza tra l'elmetto che porta in testa e il distintivo della pace che porta all'occhiello (1h 07'50");
v. prima linea: la prima battaglia, con il primo assalto dietro al carro armato (1h 13'03");
vi. il metalinguaggio: i soldati vengono ripresi dalla troupe cine-televisiva, poi le interviste di fronte al cinema. In questo segmento, le riflessioni – episodio nell'episodio, una sorta di vi bis – di fronte ai cadaveri dei soldati uccisi (1h 22'11");
vii. la mina giocattolo: il segmento, pur a sé stante, potrebbe fare parte dell'atmosfera dell'ottavo episodio (1h 24'50");
viii. il cecchino (1h 46'32");
ix epilogo: i soldati che cantano *La marcia di Topolino.*

Si tratta dunque di 8/10 segmenti, a seconda di come si vogliano sezionare, con dei climax principali interni: la morte di Hartman e di Palla di Lardo, la morte della ragazza-cecchino.
È vero che si potrebbe, con una forzatura, riportare la sceneggiatura desunta alla struttura classica in tre atti. In questa caso la tripartizione potrebbe essere questa:

a. Prologo (il taglio rituale dei capelli); presentazione dei personaggi, introduzione del protagoniasta Joker, formazione sino alla morte di Palla di lardo (43' 39").
b. Attraverso la specializzazione di Joker, cronista di guerra, e del fotografo Rafter Man si racconta l'attesa del fronte a Da Nang e l'arrivo in prima linea, sino alla conta dei primi morti (1h 22'11").
c. La battaglia vera e propria, sino alla morte della cecchina vietcong e la "maturazione" di Joker (1h 46'32"). Epilogo, con i soldati che cantano la *La marcia di Topolino.*

Ma la narrazione appare più complessa e meno "classica" di così. *Full Metal Jacket* funziona come i sogni, in maniera meno logica. Funziona per improvvise accelerazioni, "brucia" dei personaggi prematuramente, come la morte di Palla di Lardo che ricorda quella di Pina, protagonista di *Roma città aperta* (1945), già alla metà del film. «Quello che vorrei fare è far esplodere la struttura narrativa del film», diceva, come abbiamo visto, il regista.

UNA LETTURA PSICANALITICA

Se il film è un sogno, è forse utile una lettura psicanalitica. Applicare un metodo psicanalitico a Kubrick può essere banale: basti pensare all'incubo di *Shining* (*The Shining*, 1980), al "doppio sogno" di *Eyes Wide Shut* (*Id.*, 1999), al viaggio psicanalitico di *2001: 2001: Odissea nello spazio* (*2001: A Space Odyssey*, 1968), all'inconscio "politico" di *Arancia meccanica* (*A Clockwork Orange*, 1971). Già il primo film, per molto tempo invisibile, *Paura e desiderio* (*Fear and Desire*, 1953), è un faticoso viaggio psicanalitico col pretesto del *war movie*.

Ma in *Full Metal Jacket* la chiave psicanalitica è dichiarata: quando Joker e Rafter Man visitano la fossa comune, un colonnello (Poge) apostrofa Joker, chiedendogli perché porti il distintivo della pace. Per sottolineare la duplicità dell'essere umano – risponde Joker-Modine –, e fa esplicito riferimento a Jung.

È una battuta che non esiste nel testo di Hasford, e non può non essere un indizio importante che Kubrick dà allo spettatore. Anche in questo caso non scopro una novità: ne ha parlato ad esempio lo scrittore David L. Edelman[13], in un articolo dedicato al dualismo junghiano in *Full Metal Jacket*. Ma sorprende la chiarezza con cui Kubrick mette lo spettatore sulle tracce della sua pista teorica: «Volevi fare umorismo malsano?», chiede in tono aggressivo il colonnello. «Volevo solo riferirmi al dualismo dell'essere umano», replica Joker. «Cosa?», domanda stupito e arrabbiato il colonnello. «L'ambiguità dell'uomo, una teoria junghiana», fa il soldato. «Ma tu da che parte stai?», incalza il colonnello, che invita a «connettere il cervello al culo, altrimenti sono cazzi enormi».

Dunque Kubrick punta, molto di più di Hasford, sulla doppiezza, sull'ambiguità dell'essere umano – sull'"ombra", direbbe Jung. Per questo Hartman è alla fine meno "cattivo" di quello che può sembrare, e così Animal. Conflittuale è la cecchina vietcong, sadica *sniper* ma anche fragile ragazza in preghiera, eroina dal suo punto di vista e al tempo stesso impietoso e subdolo strumento di guerra. Contraddittorio è Joker, con la sua compassione per Palla di Lardo e la sua *pietas* nei confronti della guerrigliera vietcong, ma anche con la fierezza del soldato che alla fine diventa un "duro" che può cantare la demenziale Marcia di Topolino.

Kubrick e Jung sono due "alchimisti" delle emozioni (entrambi nati nello stesso giorno, il 26 luglio) che portano lo spettatore/paziente dentro un sogno/incubo cui sta a noi tentare di dare una interpretazione.
Questo percorso psicanalitico avviene durante il "viaggio" dentro la guerra. Un Vietnam che nel romanzo di Hasford era ambientato nella giungla, e qui diventa invece la location di una guerra urbana. È un Vietnam ricostruito nei sobborghi di Londra – come la New York di *Eyes Wide Shut* –, ed è dunque un Vietnam metonimico, che assomiglia a un videogame, o meglio a un videoclip (c'è un famoso videomusicale di Boy George che potrebbe ricordarlo) dall'ambientazione postmoderna[14]. È interessante leggere il diario "dietro le quinte" di Emilio D'Alessandro, factotum e assistente di Kubrick, che ricostruisce la lavorazione di *Full Metal Jacket* e soprattutto la scelta delle location[15]: l'area industriale di Beckton, con una zona in demolizione che permette a Kubrick di riprodurre "in casa" alcune vere ambientazioni della battaglia di Huế, e soprattutto di sbizzarrirsi facendo distruggere veramente da fuochi e mitragliate un'area destinata alla dismissione; e poi gli interni di un magazzino in disuso a Brimsdown, quartiere industrale di Enfield, oltre che la vera base militare di Bassingbourn, a Royston. In queste anomale location, "lontano dal Vietnam" appunto, lo spettatore viene invitato a un *travel* (anzi un "travelling", come vedremo fra poco) dentro i simboli dell'inconscio: le macerie, le distruzioni, i continui "attraversamenti" di pareti cadenti, di buchi, di archi, di tunnel. Kubrick crea una serie di "labirinti" (quelli della camerata e dei gabinetti a Parris Island e quelli degli edifici distrutti durante la battaglia di Huế), che Brunetta ha gioco facile nell'accostare a quelli di Borges[16]. Giustamente, sia Brunetta che Marcello Walter Bruno nel suo saggio dedicato a *Full Metal Jacket* citano Deleuze: «Se si considera l'opera di Kubrick si vede a che punto è il cervello a essere messo in scena. Gli atteggiamenti del corpo giungono alla massima violenza, ma dipendono dal cervello»[17]. Nella forbice individuata da Deleuze tra cinema del corpo e cinema del cervello, Kubrick si situa senz'altro su quest'ultimo versante: «Il cervello è il vero campo di battaglia, il vero Vietnam, presupposto e posta in gioco della guerra»[18].
Oggi, però, non sono più sicuro che quell'intuizione di Deleuze sia

ancora valida: al cervello risponde anche il corpo, e le emozioni di fronte al cinema di Kubrick vengono anche dalla visceralità del corpo e della carne[19]. Penso ad *Arancia meccanica* (la violenza di Alex), a *Eyes Wide Shut* (il richiamo finale allo "scopare"), a *2001: Odissea nello spazio* (la presa di consapevolezza del proprio corpo da parte delle scimmie); penso all'esplosione dei corpi nel capitolo della *sniper* nel film che stiamo analizzando.
Quello di *Full Metal Jacket* è un viaggio dentro le viscere della psiche – ma anche del corpo – che fa inevitabilmente da *pendant* a quello sul fiume Lung di *Apocalypse Now*, film altrettanto psicanalitico. Due film sulla complessità dell'uomo (Jung) e della narrazione (il Northop Frye citato a chiare lettere da Coppola). Due film capisaldi del rapporto Cinema-Storia e del Vietnam-movie.

LA STORIA E IL GENERE

Come nel caso della letteratura, Kubrick pesca sempre nei generi, quelli "classici" e più riconoscibili, e quelli più ibridati e meno facilmente tangibili. Nel caso di *Full Metal Jacket* tanto importante è il riferimento ai generi che Kubrick ne può fare la parodia: quando il ragazzo vietnamita ruba la macchina fotografica, sfida i due amici marines con delle mosse di kung fu alla Bruce Lee. Mosse irrealistiche e meta-filmiche cui Joker risponde a tono, con altrettanto comici gesti di arti marziali.
Il principale genere in gioco, nel film, è il *war movie*, ma in particolare quel sottogenere che è diventato dagli anni settanta in poi il "Vietnam movie". Un sottogenere se non un genere a sé, che porta fortemente alla ribalta il rapporto tra il Cinema e la Storia.
Lavorando su Coppola, ho avuto modo a suo tempo di applicare ad *Apocalypse Now* alcune osservazioni di Jean Baudrillard:

> In un periodo storico violento e attuale – scriveva Baudrillard alla fine degli anni settanta[20] – (diciamo quello tra le due guerre e la Guerra Fredda) il mito irrompe nel cinema come contenuto immaginario [...]. Il mito, scacciato dal reale dalla violenza della storia, trova rifugio nel cinema. Oggi, nel cinema irrompe la storia, seguendo lo stesso scenario.

La Storia, così, dopo avere introdotto con forza i miti che la percorrevano nel mondo contemporaneo, è stata esorcizzata, "scacciata dalla nostra vita", ridotta a sua volta in mito. «Questa storia esorcizzata da una società in via di congelamento lento o brutale festeggia sugli schermi la sua grandiosa resurrezione»; essa è «il nostro referente perduto, vale a dire il nostro mito. E come tale prende il posto dei miti sullo schermo». La Storia è uno *scenario rétro*, è un "cadavere" che si può mettere in scena, un "fossile" che può essere rappresentato e "simulato". «La storia fa così il suo ingresso trionfale nel cinema a titolo postumo (il termine storico ha subito la stessa sorte: un momento, un movimento, congresso, una linea "storici" assumono per ciò stesso il significato di "fossili")». Questa sua riapparizione non ha un valore di presa di coscienza, ma di nostalgia di un referente perduto. Dunque, «sarebbe un'illusione rallegrarsi di questa presa di coscienza della storia da parte del cinema»[21].

Il ragionamento di Baudrillard funzionava perfettamente con i film sul Vietnam (*Apocalypse Now* in particolare, dove il "cadavere" evocato dal filosofo pareva incarnarsi in quello di Kurtz macellato simbolicamente da Willard)[22], ma pare funzionare anche oggi, di fronte ai film sull'Iraq e sull'Afghanistan, o di fronte ai video pubblicitari e alle decapitazioni dell'Isis. La Storia non ha più bisogno di sedimentazioni, di distanza critica, irrompe subito nell'immaginario collettivo. Le osservazioni di Baudrillard possono valere anche per il sopracitato *American Sniper*, o per *Redacted* (*Id.*, 2007) di De Palma, dove la guerra irachena diventa un pretesto per un discorso metalinguistico sul cinema stesso nell'epoca del digitale e della comunicazione globale.

Baudrillard funziona benissimo nel caso di *Full Metal Jacket*, che ambisce a diventare *il* film sul Vietnam, ma anche sulle sue possibili declinazioni metaforiche attuali, quando il Vietnam è stato sostituito dall'Iraq e dall'Afghanistan[23].

Il Vietnam, infatti, è un grande serbatoio di *plots* e *tópoi* del cinema, è studiabile come "genere"[24]. A volte è il retroterra personale di un protagonista, il pretesto narrativo di partenza per avventurarsi nelle varianti del genere. A volte è il protagonista, il grande scenario storico, il grande territorio della frontiera geografica e

mentale che assurge a Mito e archetipo dell'immaginario di massa. Sono molti i volumi, più o meno scientifici, che disegnano una mappa del Vietnam al cinema: *Vietnam at the Movies*[25], una prospettiva dall'interno (l'autore è un ex tenente colonnello dell'esercito Usa), o libri più attendibili che hanno fatto un serio bilancio del peso e della presenza del Vietnam nel cinema e nei media in generale: *From Hanoi to Hollywood*, *Inventing Vietnam*, *The Vietnam War and American Culture*[26], cui si aggiungono vari saggi di storia e di letteratura[27], volumi e saggi tutti usciti nei primi anni novanta, come se l'America fosse uscita improvvisamente e tutta insieme dal lutto, come se avesse finalmente digerito l'esperienza traumatica e ne potesse parlare in modo distaccato.
Il Vietnam è diventato questo enorme contenitore di trame e di personaggi per il cinema, da un lato per la metabolizzazione, l'implosione e riassunzione nell'Immaginario iconico della Storia che la società e la cultura postmoderne hanno favorito; dall'altro per il consueto, ma più raffinato e articolato – in senso postmoderno – riappropriarsi della propria storia, che la cultura americana fa sul terreno, appunto, dei "generi".
Full Metal Jacket si inserisce in questo ampio ventaglio di tipologie di film sul Vietnam, ma lo fa in modo atipico, e al tempo stesso si impone nell'immaginario contemporaneo come *il* film sul Vietnam. Sintesi di visionarismo e di claustrofobia, di geometrie della ritualità e di esplosione postmoderna di frammenti, dove si mescolano mezzo caldo (il cinema) e mezzo freddo (la televisione), *war film* e *news*, iperrealismo e surrealismo. Di fronte alla impossibilità di restituire una verità attendibile (la realtà del Vietnam supera senz'altro la migliore fantasia), molto meglio ribaltare le convenzioni iconiche, inventare, al posto della giungla, un Vietnam "urbano", come fa Kubrick nel suo film, un Vietnam che assomiglia a un videoclip, o a un *cartoon* di Disney. In questo senso, Coppola e Kubrick convergono: il Vietnam di *Apocalypse Now* e quello di *Full Metal Jacket* assomigliano a una, sia pur tragica, Disneyland. E se non fosse chiaro, Kubrick ce lo conferma nella scena finale del film, quando fa cantare alle truppe l'inno di Topolino.

LA MESSA IN SCENA E LA RETORICA DELLO SGUARDO

I cinque grandi ambiti metodologici che ho messo in gioco (il rapporto col romanzo, la struttura narrativa, la lettura psicanalitica, il rapporto con la Storia e quello col Genere) hanno vita e senso se si entra nel merito dello stile di Kubrick, della sua abilità registica, della sua capacità di messa in scena. Ed è su questa che devo concludere la mia "indagine".

Gli elementi della regia kubrickiana su cui vorrei concentrare l'attenzione sono il carrello/steadycam, il *long take*, il rapporto tra corpo attoriale e location, e soprattutto lo sguardo in macchina/soggettiva. Tutti questi elementi della regia possono essere riassunti all'insegna di una *self-reflexivity*, per dirla con Stam[28], che sta nel linguaggio filmico di Kubrick, nell'impianto produttivo del suo cinema, nel suo stesso modo di produzione; il discorso sul cinema sta nella stessa autoconsapevolezza della messa in scena, nel livello alto di esplicitazione dell'apparato, nei movimenti della mdp[29]. In *Full Metal Jacket* il carrello e la steadycam sono ovviamente due tra le cifre stilistiche più importanti, accoppiate all'uso del grandangolo che espande lo sguardo, sulle camerate dei marines o sulle rovine urbane.

In carrello, con una serie di piani sequenza rotti, ricorrentemente, dal ritorno al campo/controcampo, è descritta l'educazione (e l'incubazione della follia) dei marines istruiti da Hartman. In steadycam, ma il movimento è sempre un po' sporco, e ha il sapore della macchina a mano, è descritto l'attacco al cecchino nell'episodio finale. L'angolazione della mdp è sempre dal basso, un punto di vista forte che dà all'inquadratura un sapore epico, un'angolazione di regia che rimanda a Welles, a una autorialità fortemente rivendicata.

Se la panoramica è la "suspence" e il dolly è il "respiro" del cinema – dice Bernardo Bertolucci sul set di *Novecento* (1976) al fratello Giuseppe che gira il *making of* del film, *ABCinema* (1975) – il carrello è la storia, il movimento delle cose, l'incedere degli avvenimenti e dei destini delle idee. L'intuizione di Bertolucci vale anche per Kubrick: il carrello e la steadycam pedinano il personaggio e lo inseguono nel suo contestualizzarsi nella storia. Penso soprattutto al lungo carrello che segue l'incerto avanzare dei soldati, ormai fuori dalla trincea, verso il "formicaio" in *Orizzonti di gloria* (*Paths of Glory*, 1957).

Il movimento di macchina che più si impone in *Full Metal Jacket*, dunque, è il carrello, anzi preferirei usare la parola *travelling*, proprio per sottolineare l'idea di "viaggio", di accompagno continuo dei personaggi che vengono "accarezzati" dal movimento della mdp che si muove in parallelo. A volte il *travelling* è effettuato tecnicamente con un *camera car*, a volte si tratta di una *steady*, ma l'effetto estetico è simile. In carrello vengono seguiti i movimenti dei soldati, preferibilmente da destra a sinistra: ad esempio quando atterra l'elicottero a Da Nang, oppure durante le marce delle reclute. In carrello la mdp segue e precede Hartman lungo i corridoi della camerata. Non si tratta sempre di piani sequenza, ma sono comunque *long takes* che permettono all'attore di tirare fuori tutta la sua *vis* recitativa.

Un carrello trasversale da sinistra a destra ritrae il plotone in marcia sino a concentrare l'attenzione su Palla di Lardo. In carrello (con una piccola correzione in zoom) e in *long take* si scopre la fossa dei cadaveri nella scena in cui il colonnello rimprovera Joker per il suo distintivo. Un carrello descrive la base di Da Nang, attraverso l'arrivo di un elicottero e un lento movimento descrittivo da destra a sinistra (appare un arco con la scritta «US Marine Corps Da Nang»). Carrelli a raccontare Joker e Rafterman alla base di Da Nang, poi al loro arrivo sul fronte, quando cercano Cowboy. Un carrello descrive la base all'indomani dell'attacco vietcong. Quando Joker ritrova Cowboy, un lento ma insistito movimento in avanti permette alla mdp quasi di penetrare dentro una struttura circolare in pietra, che può essere vista quasi come un obiettivo fotografico (fig. 1)[30].

In carrello, soprattutto, e in *long take* viene raccontata la lunga sequenza in cui la troupe cinematografica riprende i marines accucciati sotto un fosso (ne parleremo tra un attimo a proposito del metalinguaggio), mentre la battaglia continua sullo sfondo.

Il carrello è a volte un camera car, lento come nel lungo colloquio tra Joker, Rafterman e l'ufficiale cui chiedono notizia di Cowboy all'inizio del terzo episodio (questo in piano sequenza); o rapidissimo quando i marines corrono veloci fuori dalle camerate per l'attacco vietcong durante il Têt; ancora nelle varie volte in cui i marines, ripresi frontalmente, corrono durante l'addestramento, al ritmo delle demenziali cantilene di Hartman; e, per contrasto, quando Joker sostiene Palla di Lardo stremato dalla fatica, continuando a correre lungo una strada che diventa come una via verso il Golgota.

In carrello/*camera car* è tutta la sequenza finale in cui i marines cantano *La marcia di Topolino* (tre inquadrature con movimento sinistra-destra, e poi due volte destra-sinistra).

Ma spesso è una steadycam – quella *steady* che Kubrick ha reso celebre in *Shining* – a muoversi: in *steady* viene seguita, ad esempio, la prostituta in apertura del secondo episodio a Da Nang (potrebbe però anche essere un lento *camera car* attraverso la strada). Il migliore esempio è quello della prima battaglia al fronte, dove la *steady* diventa funzionale al piano sequenza. In *long take* la mdp va avanti, in sincrono con i marines che avanzano brevemente e poi si fermano, superati dal compagno che li segue. Ogni soldato viene da dietro la mdp, la supera, avanza di qualche metro, poi si accuccia, e parte un altro soldato; mentre la *steady* continua ad avanzare come se fosse la soggettiva di uno spettatore invisibile, morbosamente voyeur di quella situazione di sangue. Una sorta di danza/videogame, con la mdp che detta i tempi dell'azione della pattuglia.

Stessa cosa avviene nell'episodio dello scoppio della mina antiuomo, e anche in quel caso la *steady* stabilisce il ritmo dell'azione. Nell'episodio finale la *steady* è spesso mista al carrello (che rimane, ieratico e inesorabile negli interni), e insieme le due tecniche sono cruciali nel raccontare tutto l'episodio del cecchino: steadycam in *long take* quando il gruppo capitanato ora da Animal Mother si appresta a fare irruzione dentro l'edificio in cui si nasconde il cecchino; carrello quando Joker avanza lentamente in cerca del nemico, mentre un fastidioso suono diegetico sembra ricordare quello ossessivo delle pale del mulino nell'incipit di *C'era una volta il West* (1968).

C'è anche lo zoom (un "carrello ottico", in fondo), che non viene usato in modo sistematico come in *Barry Lyndon* (anche qui troviamo uno zoom "descrittivo", quello ad allargare dai bersagli del tiro a segno durante l'esercitazione di tiro), ma quando viene scelto

dalla regia si esibisce in maniera emozionante. Ad esempio, dopo la punizione collettiva contro Palla di Lardo, quando inizia il suo viaggio nella follia, c'è un drammatico zoom sino al suo PP (fig. 2) durante il discorso di Hartman in esterni.
Lo zoom esplode soprattutto nell'episodio della guerrigliera, accoppiato alla soggettiva del cecchino. Questo POV dà un accento particolare a tutto il film ed è uno dei momenti di più alta retorica filmica di *Full Metal Jacket*: per la prima volta nel film lo spettatore si identifica con lo sguardo del "nemico". Quegli occhi che spiano i marines e indirizzano le sadiche pallottole che infieriscono sui loro corpi. Sono tre gli zoom in quel celebre segmento del film: il primo è una falsa soggettiva, preparata da un piccolo movimento di dolly[31] che sembra il POV del cecchino; ma poi entra, di quinta, il fucile in agguato, e lì parte un veloce zoom a chiudere sul primo marine (Eightballs) che viene colpito. Il secondo zoom, speculare, è sul secondo marine che viene ferito. Il terzo è, sempre dal punto di vista dello *sniper*, su Cowboy intra-visto da dentro un buco nell'edificio dietro cui tenta di ripararsi. L'anti-*American Sniper* infierisce impietoso.
Il pensiero ritorna a Jung: chi è il "cattivo"? dove sta il "male"[32]? Certo è che la soggettiva del cecchino è inquietante, perché fa compiere alla messa in scena e all'emozione un ribaltamento di 360°. Il voyeurismo kubrickiano – quello che sarà definitivamente fissato dalla testimonianza finale di *Eyes Wide Shut* – viene declinato con questo "spiare" la realtà da parte del cecchino. Un *female gaze*, tra l'altro, un voyeurismo al femminile inedito e sorprendente.
E lo sguardo della guerrigliera finisce verso e contro la mdp. Dalla soggettiva allo sguardo in macchina, la donna-cecchino diventa protagonista di una retorica dello sguardo, almeno in quel segmento del film. Ma è una retorica che pervade tutto il film.
Il primo sguardo in macchina è di Hartman, nella camerata delle reclute, quando tira un pugno allo stomaco a Joker e lo guarda minaccioso dall'alto in basso (fig. 3), rivolgendosi anche allo spettatore. Drammatici sguardi in macchina saranno anche i due PP di Joker e di Palla di Lardo quando Hartman assegna loro le compagnie dove sono destinati dopo l'addestramento (Palla di Lardo ha ormai assunto lo sguardo strabico e folle – *over-looking* – che con-

serverà sino all'omicidio-suicidio). Guarda in macchina Animal Mother dopo la morte di Cowboy, quando invita la pattuglia a "fargliela pagare" («Let's go to some pay back»).
Ma c'è soprattutto un'inquadratura su cui ho avuto modo di riflettere già molti anni fa, e su cui non posso non ritornare. Si tratta di un'inquadratura in cui i cadaveri di due soldati sono stesi per terra, ripresi in *plongée*. La mdp gira in tondo, attorno ai corpi, inquadrando dal basso, dal punto di vista dei morti, gli altri marines; e compie un macabro giro che poi si ferma, recuperando la narrazione e un montaggio più classico; ma sempre con gli occhi dei soldati puntati contro di loro, i cadaveri, e indirettamente contro di noi, il pubblico. Anche in questo caso, si tratta della soggettiva di un cadavere, una scelta di angolazione e di punto di vista che dà a tutto il film il sapore di un'opera sulla morte (fig. 4).
L'idea non è nuova, basti pensare al finale di *Io ti salverò* (*Spellbound*, 1945) di Hitchcock, con la famosa soggettiva in cui il dottor Murchison punta prima la pistola contro Ingrid Bergman che l'ha scoperto, e poi la ritorce contro se stesso, suicidandosi. La pistola, cioè, fa fuoco contro lo spettatore, come nel caso dell'arcinoto sparo in macchina del cowboy nell'ultima inquadratura di *The Great Train Robbery* (1903). In quel lontano film di Porter, per la prima volta emerge quella che io ho avuto modo di chiamare la «soggettiva del cadavere»[33]: il punto di vista di un personaggio fuori campo che nella diegesi è votato alla morte, collegato in questo caso, tipicamente, allo sguardo in macchina, a quella forma retorica che Francesco Casetti definisce «interpellazione»[34]. De Bernardinis mi fa l'onore di citare la mia idea della "soggettiva del cadavere" nel suo bel saggio su *Full Metal Jacket*; e porta l'analisi alla sua estrema conseguenza: la "porta girevole" di cui parlo analizzando soggettiva e sguardo in macchina è la porta della morte. Una metafora, quella della porta, che De Bernardinis usa per attraversare tutto il cinema di Kubrick, insieme agli altri due *tópoi* della "stanza da bagno" e del "corridoio": «La porta del Tempo e dello Spazio, in *Full Metal Jacket*, è la morte. Tutto *Full Metal Jacket* è filmato dal punto di vista della morte»[35]. E dunque siamo dentro la fotografia. Morte e metalinguaggio si sposano, come ha bene intuito – lo vedremo fra un attimo – Maurizio Grande.

In *Apocalypse Now* – film sempre più da accostare a *Full Metal Jacket* – c'è una inquadratura molto simile a quella che ho citato all'inizio del film di Kubrick: Chief, il capo del battello in cui sta viaggiando la squadra del capitano Willard, tocca il cadavere di Clean, il ragazzo nero ucciso in un'imboscata che poco prima ballava a poppa sulla musica dei Rolling Stones. Chief tocca Clean guardando in macchina, angolata dal basso, dal punto di vista del morto; con occhi orrificati, ritrae la mano insanguinata dal cadavere, ma siccome guarda in macchina sembra tirarla fuori, dopo averla affondata, dal pubblico. Lo spettatore, dunque, si identifica con quel cadavere, col suo punto di vista.
In Kubrick questa forma retorica è fortemente presente: ad esempio, quando Joker e Cowboy si ritrovano dopo il corso, uno dei marine chiama un "fotografo" e, guardando in macchina, scopre beffardo un suo "amico", un vietcong morto. E il "fotografo" scatta la foto guardando a sua volta in macchina, e puntando la macchina fotografica verso il cadavere del vietcong. Da parte sua, il sergente della compagnia sorride con gioia infantile guardando in macchina, dopo aver beccato con una scarica di mitragliatrice un paio di vietcong, come in un videogame. Morirà, infatti, "giocando" con un pupazzo, che si rivelerà invece essere una mina.
Lo sguardo di Kubrick è sempre una riflessione sulla morte. Prendiamo *Orizzonti di gloria*, che permette di fare vari esempi: nella straordinaria sequenza in cui il colonnello Dax passa in rassegna i soldati prima dell'assalto al "formicaio", si può osservare come il suo sguardo interagisca con quello dei soldati che stanno per uscire dalla trincea e andare verso il macello. Si tratta di alcuni lunghi piani sequenza, ripresi col carrello che passa in mezzo al camminamento della trincea, alternativamente in avanti e in soggettiva del colonnello e in oggettiva indietro, a precederlo. I soldati, che prima rispondono timidamente a Dax guardando in macchina, poi sempre più cupamente evitano il suo sguardo. Il carrello in soggettiva di Dax si addentra sempre più in una nebbia che fa entrare lo spettatore in un'atmosfera da incubo e infernale. I soldati sono già all'inferno. Non possono più guardare perché sono "già morti", nota Pierre Sorlin[36], sono degli *zombies*, dei cadaveri ancora (per poco) vivi. Dax, afferma Sorlin, è l'angelo della morte, e arriva a

questa ipotesi analizzando proprio la messa in scena di Kubrick: l'alternanza di soggettiva-oggettiva e di carrelli avanti-indietro che ho già messo in risalto[37].

L'idea della morte, come scriveva Maurizio Grande, è anche la metafora sottesa da qualsiasi riferimento autoreferenziale. Dunque, è inevitabile mettere in gioco anche gli elementi di *self-reflexivity* che emergono fortemente da *Full Metal Jacket*: sin dall'inizio Joker fa la parodia di John Wayne e ne paga le conseguenze. Una delle sequenze fondanti del film è il lungo carrello che riprende i soldati intervistati dalla troupe televisiva (una steadycam che riprende la macchina a mano del profilmico), e subito dopo arriva la lunga teoria di sguardi in macchina dei marines, che agganciano lo spettatore in una sorta di "porta girevole" – è la nota metafora usata da Nick Browne[38]–, ma anche lo costringono a un meccanismo estraniante. Joker risponde all'intervista cui sono sottoposti tutti i suoi compagni guardando – come nelle news – in macchina, ma in chiara soggettiva della troupe (l'asta del microfono fuoriesce dalla parte inferiore del fotogramma, e nel controcampo la troupe guarda a sua volta in macchina). Come se non bastasse, dietro Joker campeggia una sala cinematografica dismessa.

Simile uso del metalinguaggio aveva fatto Coppola in *Apocalypse Now*, quando la troupe riprende una teoria di cadaveri e il regista – interpretato autoironicamente dallo stesso Coppola – urla: «Continua a girare!». Anche il personaggio di Dennis Hopper andava in quella direzione; non a caso in *Apocalypse Now* un fotografo un po' matto ha preso il posto del giullare, dell'"arlecchino" presente nel racconto di Conrad. In Kubrick il fotografo è invece, come sappiamo, Rafterman, e la macchina fotografica è compagna del suo fucile: la vediamo, enfatizzata dal grandangolo, nella già citata sequenza del cerchio sui cadaveri.

In *Full Metal Jacket* troviamo un'allucinazione dello sguardo, che o è miope (Cowboy, Joker, quanti marines occhialuti...), o è portato all'estremo limite appunto dagli occhi folli di Vincent D'Onofrio, *private* Pyle. Joker guarda e fotografa la realtà che lo circonda. Ma Joker-Modine, alla fine, sarà costretto a sparare alla cecchina vietcong. *To shoot* vuol dire anche sparare. Anche in *Orizzonti di gloria* c'erano dei fotografi ad assistere all'esecuzione. L'ambasciatore so-

vietico viene scoperto a fotografare i segreti dello stato maggiore, ne *Il dottor Stranamore* (*Dr. Strangelove or: How I Learned to Stop Worrying and Love the Bomb, 1964*). E Quilty ha la macchina fotografica appesa al collo e cerca di far fare film "d'arte" alla sua Lolita.
Il cinema di Kubrick è, insomma, un cinema altamente "riflessivo". Sia perché riflette sulla Storia, sui generi, sulla letteratura, sul metalinguaggio, con un segno stilistico sempre originale e innovativo; sia perché riflette su se stesso, è autoreferenziale, e fa riflettere perché propone sempre un'indagine sul terreno del metalinguaggio. È un cinema che sperimenta sempre, utilizzando i codici di Hollywood per poi trasgredirli inevitabilmente; un cinema che coniuga America ed Europa, spettacolo e *authorship*. Kubrick rappresenta e sintetizza, con le sue scelte di vita e di produzione, i valori della cultura europea, fondata sull'autorialità invece che sulla vendibilità, sull'arte invece che sulla merce; ma al tempo stesso è un formidabile alchimista di generi e di modelli. Ancora una duplicità junghiana (l'"ombra"). Che è poi la duplicità e la complessità del Cinema: le ombre della caverna platonica, le ombre (cinesi) delle immagini in movimento nei loro nuovi possibili *devices*.

[1.]

[2.]

[3.]

[4.]

Eyes Wide Shut

di *Ruggero Eugeni*

L'ultimo film di Stanley Kubrick ha conosciuto un destino particolarmente movimentato: dopo una prima ondata di critiche largamente negative, il film è stato via via rivalutato (soprattutto da studiosi accademici). Oggi un'enorme quantità di analisi dettagliate indagano ogni più minuto aspetto del film, intrecciandosi all'esame dei materiali di archivio; non solo: molti studi affrontano a posteriori gli interventi critici della prima ora, e cercano di spiegare le ragioni dell'iniziale delusione[1].

Probabilmente questo dispiegamento di attività interpretative intorno a *Eyes Wide Shut* (*Id.*, 1999) non è casuale. Il film vive infatti di un contrasto tra l'apparente semplicità della trama[2] e una proliferazione di sottotesti, rimandi e allusioni che rendono qualunque lettura scivolosa e precaria, rilanciando costantemente e quasi ossessivamente il gioco delle esegesi. *Eyes Wide Shut* è insomma un testo che nasce per essere analizzato: una sorta di *monumento all'attività della interpretazione*. Come funziona questo grande dispositivo interpretativo? E perché Kubrick costruisce nella sua ultima opera un testo che esibisce in forma tanto evidente i meccanismi dell'interpretazione e del piacere febbrile, inesausto che ne deriva? Queste due domande guideranno la nostra analisi.

MASCHERE

Eyes Wide Shut si regge su quattro principi compositivi. Anzitutto, esso gioca sulla esibizione generalizzata di uno *scollamento tra l'essere e l'apparire*. Il tratto saliente della coppia di Bill e Alice è la dualità tra aspetto diurno e aspetto notturno, l'apparente normalità di una relazione felice e l'effettivo gorgo di desideri, gelosie, ossessioni che essa nasconde. D'altra parte, a ben vedere, la coppia appare come frammento e specchio del più ampio sistema sociale in cui è inserita: anche la società nel suo complesso vive sul filo che separa due dimensioni, una diurna l'altra notturna, una scena e un fuoriscena. La festa di Ziegler che apre il film all'insegna di una luce chiara, piena e diffusa viene duplicata nell'orgia notturna a Somerton. Entrambe le feste durano esattamente 17 minuti, e appaiono l'una l'inverso ma anche il complemento dell'altra. Inoltre, a molti degli spazi pubblici del film corrispondono retroscena privati: la galleria di statue in cui Szavost tenta di portare Alice, il bagno in cui Ziegler stava consumando il suo rapporto sessuale con Mandy, i corridoi in cui la misteriosa donna mascherata cerca di persuadere Bill ad allontanarsi da Somerton, il settore del negozio «Rainbow» in cui la figlia del proprietario si è appartata con i clienti giapponesi ecc. Sintomatico anche il codice del vestiario: all'inappuntabile smoking di Ziegler fa riscontro il suo essere semisvestito nella sequenza del bagno; simmetricamente i due giapponesi sorpresi seminudi riappaiono il giorno successivo elegantemente vestiti, e così via.

La scena sociale appare insomma a Kubrick come un luogo di rappresentazione e di travestimento. Centrale sotto questo aspetto il motivo della *maschera*: le maschere grottesche e deformate dei partecipanti all'orgia di Somerton (fig. 1) non sono altro che la manifestazione di un più generale principio di mascheramento sociale[3]. Esemplare il lavoro che Kubrick compie con il volto e gli stili mimici di Tom Cruise. Le espressioni tipiche dell'attore (il sorriso seducente, lo sguardo brillante e allusivo, un certo alzare le sopracciglia per sottolineare i buoni intendimenti e la sincerità) vengono fissate e serializzate in una piccola galleria di smorfie ricorrenti, buone per ogni occasione e al tempo stesso suscettibili di improvvisi svuotamenti[4].

Il tema della rappresentazione e della messa in scena è d'altra parte molto insistito in tutto il film[5]. Il corpo della Kidman è spesso inquadrato al centro di due "quinte" (le colonne della prima immagine del film) o tende-sipario (nella confessione della prima notte, con la donna rannicchiata sotto la finestra della camera da letto, fig. 2). Gli ambienti (sia interni che esterni) sono addobbati di luci natalizie come una grande scenografia (nel sottofinale Bill spegne le luci dell'albero di casa, quasi a preannunciare l'imminente conclusione del film). La festa di Somerton è sostanzialmente un fastoso rituale: come dichiarerà Ziegler con chiarezza e insistenza fin eccessive nel dialogo "rivelatore" finale, si trattava di «una messa in scena [...], una specie di sciarada, [...] una finta».

Fino a questo punto abbiamo osservato emergere il gioco della rappresentazione come maschera della realtà all'interno del mondo diegetico del film. Lo stesso principio funziona però a un altro livello: quello che riguarda il film stesso come prodotto di una rappresentazione. Kubrick adotta nel film uno stile modellato sul regime cinematografico classico, che fa della continuità e della coerenza il suo punto di forza. Eppure in alcuni punti del film il regista fa inceppare questo meccanismo fluido e scorrevole. Per esempio, viola deliberatamente alcune regole del montaggio classico. In varie occasioni (per esempio all'inizio del dialogo tra Alice e Szavost, durante il primo incontro tra Bill e Milich ecc.) gli stacchi di montaggio collegano due punti di vista specularmene opposti: viene quindi attuato quello che tecnicamente si chiama uno "scavalcamento dell'asse". Queste «dissonanze stilistiche»[6] procurano allo spettatore una lieve ma insistente idea di "salto" nella linea di continuità della rappresentazione classica.

E ancora: il film è attraversato da insistenti *ripetizioni verbali*. Queste possono aver luogo all'interno della battuta di uno stesso personaggio: Bill ripete a Mandy ben sei volte «guardami», Nick ripete «io suono» due volte e così via, fino al «ti racconterò tutto» finale di Bill ad Alice, anch'esso ripetuto due volte. Le ripetizioni hanno luogo altrettanto spesso nei dialoghi tra due soggetti, uno dei quali ripete testualmente la battuta dell'altro come per un generale senso di perplessità e di incomprensione: Bill ripete le battute di Domino e di Nick, Milich ripete le battute di Bill, e così via. Ne risulta l'impressione che la macchina rappresentativa talvolta entri in un *loop*, si incanti, come un disco rotto o un automa che non sappia più rispondere ai comandi[7].

E infine: in molti casi le immagini del film sono bruscamente inter-

rotte e sottratte agli sguardi dello spettatore. Fin dall'inizio il corpo della Kidman è presentato per essere immediatamente e bruscamente riconsegnato al fondo nero dei titoli di testa. La scena di Somerton si interrompe bruscamente con uno stacco sul ritorno a casa di Bill. Anche la conclusione del film, con la battuta di Alice sulla necessità per la coppia di «scopare», fa appena in tempo ad essere pronunciata che i titoli di coda interrompono bruscamente la scena del negozio di giocattoli.
Salti, ripetizioni, interruzioni. La continuità della rappresentazione classica non viene esplicitamente distrutta ma sottilmente minata, sottoposta a piccole crisi locali, perdite di controllo infinitesimali ma pure sensibilmente presenti. Essa stessa si rivela insomma una maschera la cui tenuta può sempre incappare in incidenti, incertezze, tentativi di sollevamento.

BLOCCO MAGICO

Cosa scopre lo spettatore dietro la maschera del reale e dietro quella della rappresentazione cinematografica? Anche in questo caso possiamo considerare anzitutto il livello del mondo diegetico. Torna in questo caso il grande tema kubrickiano del desiderio animale e ancestrale che, malamente anestetizzato dalla civiltà e camuffato dalla recita sociale, riaffiora prepotentemente: «Milioni di anni di evoluzione, vero?» chiede sarcastica Alice a Bill nel primo colloquio notturno. In particolare emerge lo stretto legame tra desiderio sessuale e morte, tema tipicamente freudiano che Kubrick (ma ancora di più Schnitzler) declina in vari modi, dal bacio con Marion davanti al cadavere del padre di lei all'ossessione erotica di Bill per il cadavere della ragazza morta all'obitorio.
A questo si aggiunge, più che in altri film di Kubrick, il tema della connessione tra denaro e potere[8]. Se il personaggio di Ziegler (l'unica grossa intromissione di Kubrick e Raphael rispetto alla novella di Schnitzler) incarna perfettamente tale binomio, i richiami al denaro si concentrano intorno al personaggio di Bill: questi entra in scena cercando il proprio portafoglio; continua a trattare il prezzo di merci e servizi con i tassisti, con Domino, con Milich; il suo

stesso nome rimanda d'altra parte al "conto" (*the bill*) che Ziegler ha pagato all'osteopata consigliatogli dallo stesso amico medico, o che uno degli accompagnatori notturni di Nick ha saldato prima che questi partisse. Se questa sovrapposizione non fosse abbastanza chiara, ci pensa Sally, la compagna di casa di Domino, a chiarirla: nell'accogliere il medico gli chiede se egli sia «Bill, *the* Bill, the doctor»[9].

Ma, ancora una volta, il gioco di affioramenti del rimosso funziona altrettanto bene se ci spostiamo al livello della rappresentazione cinematografica. In questo caso ciò che riemerge all'interno del presente è la Storia, intesa come un complesso sistema di citazioni intertestuali disparate ma misteriosamente sintonizzate e sincronizzate[10].

Un primo segnale in questo senso giunge dal rispetto scrupoloso che Kubrick riserva alla novella di Schnitzler *Doppio sogno* da cui il film è tratto[11]. La storia del medico Fridolin e della moglie Albertine viene rivestita e travestita dalla storia di Bill e Alice; ma il rivestimento è abbastanza sottile e il travestimento abbastanza riconoscibile perché la trama originale continui ad affiorare. Tutta l'ambientazione è intenzionalmente ambigua sotto questo punto di vista: «La New York descritta da Kubrick è uno strano ibrido tra la Grande Mela della fine del xx secolo e la Vienna di inizio Novecento in cui è ambientato il racconto di Schnitzler»[12]. Ecco dunque il gran numero di nomi europei centro-orientali: Ziegler, Szavost, Milich; ecco ambienti come il caffè «Sharky's», intonato a un clima tardoromantico, in cui risuona il brano *Rex Tremendae* dal *Requiem* K. 626 di Mozart; ecco alcuni particolari come la carrozzina antiquata che la piccola Helena indica ai genitori nella scena finale («Un po' all'antica», commenta Alice) – ma anche la presenza del valzer di Šostakovič fin dalle prime immagini del film.

La storia originale di Schnitzler d'altra parte non è la sola che sentiamo riecheggiare nella vicenda di Bill e Alice. Almeno altre tre storie sono chiaramente evocate. Il nome Alice rinvia al personaggio di Lewis Carroll, in particolare ad *Attraverso lo specchio* (*Through the Looking-Glass, and What Alice Found There*, 1871): fin dalle prime immagini (quando si toglie gli occhiali per andare alla festa degli Ziegler), sia nella scena in cui lei e Bill si baciano dopo la festa (fig. 3), sia quando trova la droga in bagno la sera successiva, Alice è associata alla presenza di specchi. La prima volta che incontriamo Helena, la figlia degli Hartford, la bimba è vestita come Clara, la protagonista del balletto *Lo schiaccianoci*, e chiede ai genitori il permesso di vedere la fiaba in televisione; alla fine del film, nel negozio di giocattoli, la stessa Helena richiama l'attenzione dei genitori su una versione della Barbie ricalcata sul modello dello stesso personaggio. *Lo schiaccianoci* (un balletto del 1892 di Čajkovskij dalla favola *Lo schiaccianoci e il re dei topi* (1816) di E.T.A. Hoffmann) è una favola natalizia in cui si narra di viaggi fantastici, di giocattoli meccanici simili a soggetti umani e di desideri sessuali di una bambina trasfigurati nel sogno. Infine, i riferimenti all'arcobaleno contenuti in modo ripetuto e insistente nel dialogo tra Bill e le modelle alla festa di Ziegler e poi nel nome del negozio di Milich (nella sceneggiatura originaria anche la parola d'ordine della festa doveva essere «Fidelio rainbow»), come pure il ricordo della tempesta nel racconto della modella a Bill, rimandano alla storia de *Il mago di Oz* (*The Wizard of Oz*, 1939) di Victor Fleming, dal libro omonimo (1909) di L. Frank Baum: ancora la storia del viaggio fantastico di una ragazzina verso un paese incantato.

Al di là di questi rimandi a precise storie di viaggi, di avventure e di sogni, la gamma dei riferimenti culturali disseminati nel film è in ogni caso estremamente ampia e complessa: dall'Ovidio dell'*Ars amandi* citato da Szavost (e riecheggiato dal nome di Amanda Curran, la ragazza che di lì a poco Bill salva dalla morte per droga) al Mago Sabbiolino (nuovamente di Hoffmann) riecheggiato dal racconto della modella che Bill salva da un accecamento per polvere (e ripreso nel nome dell'orchestra che suona uno dei motivi sullo sfondo: Tommy Sanderson and *The Sandmen*); dai quadri dei ritrattisti romantici o dei paesaggisti settecenteschi italiani e inglesi alle pareti di casa Ziegler al "Fidelio" che viene usato come parola d'ordine a Somerton (il *Singspiel* musicato da Beethoven è anch'esso una storia di amore coniugale, e in particolare di una moglie decisa a salvare la vita del marito prigioniero); dagli echi kafkiani della scena del "processo" a Somerton all'andamento joyciano del peregrinare urbano di Bill-Harold Bloom-Ulisse; dalle citazioni delle opere shakespeariane che contaminano tragico e comico, realtà e sogno[13], fino al richiamo a *Il delta di Venere* (*Delta of Venus*, la raccolta di racconti erotici di Anaïs Nin scritti negli anni quaranta e pubblicati nel 1977) nel personaggio del seduttore ungherese. E la lista potrebbe allungarsi[14].

E infine, *Eyes Wide Shut* contiene un ulteriore livello di riferimenti, diretti al cinema e perfino alla vita privata di Kubrick. Quasi tutti i suoi film precedenti vengono variamente allusi[15]; i quadri di casa Harford e del bagno di Ziegler sono dipinti dalla moglie e dalla figlia del regista; la casa degli Hartford è ricalcata su quella abitata in passato dal regista a New York, e così via.

Il film si configura insomma come una sedimentazione di reperti culturali di epoche e provenienze differenti, che pure sono compresenti in uno stesso spazio e su una stessa superficie. Esso ricorda in questo senso la metafora del "blocco magico" usata da Freud per esprimere i meccanismi memoriali dell'inconscio (e le sue espressioni nel sogno):

> Se si solleva dalla tavoletta di cera tutto il foglio che la ricopre – celluloide e carta incerata – le scritte [precedentemente impresse] scompaiono. [...] Eppure è facile costatare che si è conservata sulla tavoletta di cera [sottostante] la traccia permanente delle cose che erano state scritte e che, con un'illuminazione appropriata, esse ridiventano leggibili[16].

SPECCHI

Se il primo principio di costruzione del film è la mascheratura del reale, e il secondo è la ipersedimentazione intertestuale, il terzo principio è il *rimando speculare*. *Eyes Wide Shut* è fittamente intessuto di rime, ripetizioni a distanza, somiglianze e *déjà vu* che ne fanno un vasto labirinto di specchi.

A prima vista l'avventura di Bill sembrerebbe possedere un andamento circolare; a ben vedere però la sua struttura è un'altra. Se si assumono come punti di riferimento da un lato casa Hartford, luogo di partenza e di approdo, e dall'altro le due altre "case" della storia – la magione di Ziegler e la villa di Somerton –, ci si accorge che Bill effettua quattro tragitti: il primo e il quarto lo vedono giungere a casa Ziegler, il secondo e il terzo a Somerton. Non solo: i luoghi visitati per ultimi nel secondo tragitto (l'area del «Sonata Caffè», il negozio «Rainbow») tornano nel terzo, mentre il quarto tragitto ripercorre i luoghi o gli incontri precedentemente percorsi per primi (Marion, Domino-Sally, le peregrinazioni in strada). In altri termini a guidare gli spostamenti di Bill non è propriamente una figura circolare, quanto piuttosto una *logica speculare*: *essa presenta nella seconda parte (BA) il riflesso speculare della prima (AB)*[17]. Questa logica della specularità d'altra parte attraversa per intero il film costituendo effetti di rispondenza e di eco tra le sue parti. Osserviamo anzitutto che i motivi figurativi del doppio e dello specchio tornano ossessivamente: si pensi alle due modelle che accompagnano Bill a casa Ziegler, ai due giapponesi al «Rainbow», alle porte gemelle una delle quali conduce all'appartamento di Domino e Sally (fig. 4), alle due ragazze a Somerton, agli specchi in cui si riflette Alice, al romanzo *Shadows on the Mirror* di Frances Fyfield (un libro pubblicato nel 1989) di cui intravediamo la copertina a casa di Domino e di Sally.

Notiamo poi che esiste una fitta serie di richiami tra scene differenti o all'interno della stessa scena: la confessione di Alice circa la sua attrazione per l'ufficiale viene richiamata dalla scena seguente di Marion che confessa il suo amore represso per Bill; la telefonata che interrompe il dialogo tra Bill e Alice ritorna a interrompere il rapporto tra il medico e Domino e poi, nel sottofinale, richiama Bill a casa di Ziegler; durante la festa iniziale un inserviente richiama Nick interrompendo il suo dialogo con Bill, poi un altro (proveniente dalla parte opposta) richiama Bill interrompendo il suo flirt con le due modelle – come per due volte inservienti mascherati interrompono il dialogo tra Bill e la donna misteriosa alla festa di Somerton. Anche alcune espressioni verbali ritornano in situazioni differenti: per esempio la frase «devo proprio essere sincero/a» («to be perfectly honest») ricorre in bocca a Bill che parla con la ragazza del bar a fianco del «Sonata Caffè», al *concierge* dell'albergo di Nick e a Sally che rivela la malattia di Domino, e viene riecheggiata ancora nel «devo proprio essere sincero» (nell'originale «I have to be completely frank») pronunciato da Ziegler nella scena della rivelazione finale. Anche la battuta di Bill a Mandy uscita dal coma («Ci vorrà tempo per rimetterti. Questo lo sai, vero?») viene echeggiata sinistramente dalla battuta di chiusura di Ziegler nel dialogo finale con Bill («La vita continua. Fino a quando non continua più. Ma questo tu lo sai, vero?»). Ancora: è interessante notare il ritorno, in forme talvolta incongrue, di alcuni colori. In particolare il rosso ricorre nel vestito di Nuala a casa Ziegler, nei tappeti e nell'abito del sacerdote a Somerton, nei locali dell'obitorio, nel biliardo di Ziegler. Infine, anche alcuni ambienti urbani si richiamano. In particolare la strada in esterni che si innesta a T sull'altra strada e presenta in fondo una vetrina aggettante (di volta in volta un locale anonimo, il «Rainbow» o lo «Sharky's») sembra tornare identica in situazioni e punti differenti del film: la scena dell'aggressione dei teppisti, quella del pedinamento ecc.

DISSONANZE

Il quarto e ultimo principio compositivo del film è quello che chiamerò della *dissonanza consonante.* Esso consiste nel sovrapporre alla presentazione "oggettiva" del mondo allo spettatore le prospettive "soggettive" dei singoli personaggi, in modo tale che l'esperienza percettiva, narrativa ed epistemica dello spettatore risulti incerta e precaria. La critica ha insistito molto su questa sovrapposizione, ma occorre osservare che il gioco di Kubrick non è estensivo ma intensivo: le intermissioni tra dimensione soggettiva e oggettiva sono localizzate e strategiche, in modo da minare le certezze dello spettatore senza tuttavia distruggerle.

Anzitutto Kubrick gioca fin dalle prime inquadrature a confondere i confini tra suoni e musica diegetici e non diegetici: il valzer di Šostakovič che sembra extradiegetico si rivela parte della soggettiva sonora di Bill e Alice nel momento in cui il medico spegne lo stereo e la musica si interrompe; una stessa ambiguità si ritrova in molti altri momenti del film[18]. Un discorso analogo per le soggettive visive: ad esempio nella festa iniziale di casa Ziegler vediamo per la prima volta Nick Nightingale che sta suonando e l'inquadratura successiva ci mostra Bill intento a osservare tale scena; stesso

procedimento per varie inquadrature costituite da carrelli in avanti nel corso dell'orgia di Somerton.
D'altra parte l'incertezza tra dimensione oggettiva e soggettiva si estende alla dimensione narrativa del film. Sul racconto che lo spettatore vede svilupparsi sotto i propri occhi pesano le narrazioni che gli vengono fornite verbalmente dai personaggi: i due racconti di Alice, quello della infedeltà immaginata e quello dell'orgia nel sogno; i resoconti dei vari "testimoni" della vicenda, dal *concierge* dell'hotel di Nick a Sally; la spiegazione ambiguamente rassicurante di Ziegler a Bill. Questi racconti depistano lo spettatore e rilanciano la sua attività interpretativa sotto due aspetti. Per un verso si sovrappongono "inappropriatamente" al racconto del film: in particolare il sogno di Alice (contrariamente a una prima ipotesi, per cui Kubrick fece preparare alcuni bozzetti) non viene mai visualizzato, ma in un certo senso è già stato visualizzato nell'orgia di Somerton cui ha assistito Bill. Per altro verso i racconti non sembrano collimare del tutto, lasciando aperta la strada a un costante senso di dubbio.
Potrebbe sembrare a questo punto che il film si risolva in una sovrapposizione tra la prospettiva dello spettatore e quella di Bill, sua guida nelle avventure osservate, vissute e ascoltate; ma anche in questo caso troviamo una dissonanza: lo spettatore è condotto (soprattutto mediante un uso anomalo delle ellissi e delle dissolvenze) a perdere il senso del tempo e dello spazio laddove Bill lo conserva; inoltre i richiami alle varie dimensioni intertestuali che abbiamo osservato sopra lasciano del tutto indifferente il personaggio, che resta fino alla fine un estraneo per lo spettatore[19].

INTERPRETAZIONE

Il fastoso dispositivo interpretativo allestito da Kubrick in *Eyes Wide Shut* funziona in base alla complessa interazione dei quattro principi che ho cercato di isolare: la mascheratura della verità, la ipersedimentazione dei riferimenti intertestuali, i richiami speculari multipli, la dissonante consonanza tra le prospettive soggettive e quella "oggettiva". Ma, venendo finalmente alla seconda domanda che sta guidando la nostra analisi, perché allestire un simile apparato?

Per rispondere a questa domanda occorre considerare il particolare rapporto di Kubrick con la storia culturale del Novecento. Le ricerche recenti hanno sottolineato con crescente insistenza i legami del regista americano con alcune tendenze dominanti del pensiero e dell'arte della modernità: da un lato si coglierebbero in lui echi dell'esistenzialismo "nichilista" che fa capo a Nietzsche e Heidegger (e delle sue riprese nella Teoria post-strutturalistica francese degli anni settanta: Lacan, Foucault, Barthes ecc.), dall'altro si ritroverebbero molti aspetti dell'estetica modernista di Joyce o Kafka, per esempio nell'uso del distacco emotivo e del grottesco[20].

Ora, uno dei principi di queste tendenze filosofiche e letterarie consiste nell'affermare il *primato della interpretazione* all'interno della esperienza dei soggetti. Concorrono in questo senso varie tendenze: la convinzione di Nietzsche della pura apparenza del mondo in sé; l'affermazione di Heidegger circa la natura radicalmente storica di ogni nostra conoscenza; la convinzione maturata da Freud per cui il nostro inconscio si dà a conoscere solo indirettamente (attraverso i sogni, oppure mediante una serie di atti pratici e linguistici della nostra vita quotidiana) e chiede dunque un paziente lavoro di analisi. L'ermeneutica (la disciplina delle interpretazioni) viene in tal modo universalizzata e diviene la "lingua franca" della filosofia del Novecento – una filosofia

> caratterizzata dall'assunzione secondo cui l'oggettività non costituisce una istanza di riferimento ultimo, giacché risulta determinata dalla tradizione e dalla storia. In questo senso, la critica della scienza come pretesa di conoscenza certa degli oggetti (Nietzsche) [e] la critica della coscienza come pretesa del soggetto di essere trasparente a sé stesso (Freud) [...] troverebbero il loro comune denominatore nell'ermeneutica, il cui significato complessivo si può riassumere nella tesi nietzscheana secondo cui non esistono fatti, ma solo interpretazioni[21].

Su questo primo strato di fenomeni culturali se ne salda immediatamente un secondo. La riflessione teorica francese strutturalista e post-strutturalista degli anni sessanta e settanta sottolinea (a partire dall'idea di Jacques Derrida per cui il mondo esiste per noi solo in quanto "traccia" di un originale inattingibile) l'importanza del Testo come grande metafora del mondo. L'esperienza della lettura diviene in tal modo il paradigma di una esistenza votata alla incessante deriva interpretativa, al passaggio infinito da un significante all'altro: «[la lettura del] Testo è tutta intessuta di citazioni, di riferimenti, di echi: linguaggi culturali [...] anteriori o contemporanei, che lo attraversano da un capo all'altro in una vasta stereofonia»[22]. Il lettore stesso, come il *flâneur* di Baudelaire all'interno dello spazio urbano ottocentesco, si aggira nel Testo godendo del proprio spaesamento, della attrazione che ogni particolare esercita su di lui, dei misteriosi rimandi tra due luoghi lontani, delle piccole folgorazioni epifaniche che lo colgono all'improvviso.

Infine, ecco sovrapporsi ai primi due un terzo strato di riferimenti: il cinema non è affatto estraneo a questa sensibilità, e ne costituisce al contrario un punto focale. Il dispositivo filmico riattiva la regressione tipica del sogno, ponendo direttamente lo spettatore di fronte a immagini in sé enigmatiche; la natura del film è tale da visualizzare l'idea di un mondo come pura apparenza, sovrapponendo e ibridando sogno e realtà, visione oggettiva e soggettiva[23]. Il cinema si pone così come il dispositivo per eccellenza di cui il Novecento si dota per sperimentare forme di interpretazione e talvolta (nel cinema cosiddetto modernista) per esibirle con particolare insistenza.

Come il lettore avrà già riconosciuto per proprio conto, *Eyes Wide Shut* non solo tematizza questa rete di riferimenti, ma la porta al massimo grado di concentrazione: *Eyes Wide Shut* si fa *exemplum* di un cinema che nel rendere percepibili le derive esistenziali dei propri personaggi[24] e nel trasformare i sogni in esperienze collettive, si afferma come la grande macchina di produzione dell'interpretazione del Novecento.

MODERNO?

Eyes Wide Shut si presenta dunque come un grande dispositivo ermeneutico e, in quanto tale, come un monumento alla cultura dell'interpretazione che ha caratterizzato la modernità novecentesca. Quest'ultima osservazione sollecita una domanda conclusiva, che inserisco a mo' di postilla: qual è la posizione di *Eyes Wide Shut* rispetto alla modernità? La domanda, apparentemente semplice, è in realtà scivolosa perché incrocia due ampi dibattiti che si sono sviluppati negli ultimi anni: da un lato la questione del "superamento" della modernità e/o della post-modernità, anche in ambito cinematografico[25]; dall'altro quella circa la qualificazione di Kubrick come regista "moderno" o "postmoderno". Senza potermi addentrare nella discussione mi limito a prospettare tre possibili risposte. Secondo la prima, *Eyes Wide Shut* si presenterebbe come un film solidamente *moderno*, capace di esprimere e di esplicitare quel lavoro dell'immaginazione che sottende ogni nostra operazione conoscitiva[26]. In base a una seconda lettura, si tratterebbe al contrario di un film *postmoderno*, un fastoso dispositivo interpretativo essenzialmente vuoto[27]. Infine, credo si possa ipotizzare che *Eyes Wide Shut* costituisca un film *a-moderno*: *Eyes Wide Shut* si presenterebbe come un *rebooting* della modernità, ma anche come un atto di commiato da essa. Alla fine del film, dopo aver recitato giudiziosamente le battute di Albertine, il suo doppio nella novella di Schnitzler, Alice si prende il tempo per aggiungere un ultimo sberleffo: il sogno è finito, l'avventura è conclusa, il film sta per chiudersi, la macchina interpretativa che questo capitolo ha cercato di ricostruire sta per fermarsi. Ora la cosa importante è "scopare".

[1.]

[2.]

[3.]

[4.]

Note al testo

Enrico Carocci
Kubrick, o dell'ossimoro

[1] C. Young, *The Hollywood War of Independence*, in «Film Quarterly», XII, 3, Spring 1959 (trad. it. *La guerra d'indipendenza di Hollywood*, in S. Kubrick, *Non ho risposte semplici. Il genio del cinema si racconta*, Roma, minimum fax, 2015, p. 27).

[2] G. Lambert, *The Killing*, in «Sight & Sound», XXVI, 2, Autumn 1956 (trad. it. *Rapina a mano armata*, in M. Ciment (a cura di), *Stanley Kubrick*, Milano, la Biennale di Venezia-Editoriale Giorgio Mondadori, 1997, p. 202).

[3] P. Krämer, *The Limits of Autonomy: Stanley Kubrick, Hollywood and Independent Filmmaking*, in G. King, C. Molloy, Y. Tzioumakis (a cura di), *American Independent Cinema: Indie, Indiewood and Beyond*, London, I.B. Tauris, 2013.

[4] R. Sklar, *Stanley Kubrick and the American Film Industry*, in B.A. Austin (a cura di), *Current Research in Film: Audiences, Economics, and Law*, vol. IV, New York, Ablex Publishing, 1988 (trad. it. *Kubrick e l'industria del cinema negli Stati Uniti*, in G.P. Brunetta (a cura di), *Stanley Kubrick*, Venezia, Marsilio, 1999, p. 67).

[5] Cfr. D. Bordwell, K. Thompson, J. Steiger, *The Classical Hollywood Cinema: Film Style and Mode of Production to 1960*, London, Routledge, 1985.

[6] Si vedano i saggi sul film in T. Ljujić, P. Krämer, R. Daniels (a cura di), *Stanley Kubrick: New Perspectives*, London, Black Dog Publishing, 2015, pp. 116-149.

[7] Così il «New York Times» del 14 giugno 1962.

[8] Th. Elsaesser, *Evolutionary Imagineer: Stanley Kubrick's Authorship*, in «Kinematograph», n. 20, 2004 (trad. it. *Il visionario dell'evoluzione. Stanley Kubrick autore*, in H.-P. Reichmann (a cura di), *Stanley Kubrick*, Firenze-Milano, Giunti Arte Mostre Musei, 2007, p. 182.

[9] W. Roth, *Generals and Censors: «Paths of Glory» and the Games of Power*, in «Kinematograph», n. 20, 2004 (trad. it. *Generali e censori. «Orizzonti di gloria» e giochi di potere*, in Reichmann (a cura di), *Stanley Kubrick*, cit., pp. 65-79).

[10] Lo script del film (*Burning Secret*) è stato ritrovato nel 2018, sorprendentemente quasi concluso, da Nathan Abrams: cfr. ad esempio <https://www.theguardian.com/film/2018/jul/15/stanley-kubrick-lost-screenplay-burning-secret-found> (20/7/2018).

[11] V. LoBrutto, *Stanley Kubrick: A Biography*, New York, Dutton, 1997 (trad. it. *Stanley Kubrick. L'uomo dietro la leggenda*, Milano, Il Castoro, 1999, pp. 142-172).

[12] Young, *La guerra d'indipendenza di Hollywood*, cit., p. 26.

[13] Le prime scene erano state girate da Mann, e la sceneggiatura di Dulton Trumbo già più volte riscritta: cfr. F. Radford, *Having His Cake and Eating It Too: Stanley Kubrick and «Spartacus»*, in Ljujić, Krämer, Daniels (a cura di), *Stanley Kubrick: New Perspectives*, cit., pp. 98-115. Kubrick disconobbe in seguito la paternità del film, nonostante fosse riuscito a inserire alcuni elementi di una propria visione della vicenda che contrastavano con quella di Trumbo. Sulle vicende che accompagnarono la difficile produzione si veda M.M. Winkler (a cura di), *«Spartacus»: Film and History*, Malden-Oxford, Blackwell, 2007.

[14] P. Krämer, *"Complete Total Final Annihilating Artistic Control": Stanely Kubrick and Post-war Hollywood*, in Ljujić, Krämer, Daniels (a cura di), *Stanley Kubrick: New Perspectives*, cit., p. 50.

[15] N. Abrams, *Stanley Kubrick: New York Jewish Intellectual*, New Brunswick, Rutgers University Press, 2018.

[16] LoBrutto, *Stanley Kubrick*, cit., p. 14.

[17] In Abrams, *Stanley Kubrick*, cit., p. 7.

[18] D. Macdonald, *On Nymphets and Monsterettes*, in «Esquire», September 1962, p. 46.

[19] E. Hobsbawm, *Fractured Times: Culture and Society in the 20th Century*, London, Little, Brown & Co., 2013 (trad. it. *La fine della cultura. Saggio su un secolo in crisi di identità*, Milano, Rizzoli, 2013).

[20] N. Kagan, *The cinema of Stanley Kubrick*, New York, Holt, Rinehart and Winston, 1972, p. XIII.

[21] M. Guerra, *Il meccanismo indifferente. La concezione della Storia nel cinema di Stanley Kubrick*, Roma, Aracne, 2007, p. 7.

[22] Elsaesser, *Il visionario dell'evoluzione*, cit., p. 182.

[23] Ci riferiamo alle funzioni individuate in G. Pescatore, *L'ombra dell'autore*, Roma, Carocci, 2006, pp. 25-29.

[24] G. Marrone, *Kubrick come "brand"*, in U. Cantone (a cura di), *Le carte di Kubrick. Pubblicità e letteratura di un genio del cinema*, Palermo, Sellerio, 2009, p. 45.

[25] S. Kubrick, *Director's notes: Stanley Kubrick movie-maker*, in «The Observer Weekend Review», 4 December 1960 (trad. it. in <http://www.archiviokubrick.it/parole/interviste/1960directorsnotes.html> [15/7/2018]).

[26] G. Siskel, *Kubrick's Creative Concern*, in «Chicago Tribune» 13 February 1972 (trad. it. *Le preoccupazioni creative di Kubrick*, in Kubrick, *Non ho risposte semplici*, cit., p. 168).

[27] R. Eugeni, *Invito al cinema di Kubrick*, Milano, Mursia, 2016[3], p. 135. Intorno ai temi sono strutturati gli studi di P. Giuliani, *Stanley Kubrick*, Paris, Rivages, 1990 (trad. it. *Stanley Kubrick*, Recco, Genova, Le Mani, 1996) e di Ph. Kuberski, *Kubrick's Total Cinema: Philosophical Themes and Formal Qualities*, London-New York, Continuum, 2012.

[28] S. Bernardi, *Kubrick e il cinema come arte del visibile*, Milano, Il Castoro, 2000[2], p. 16.

[29] Marcello Walter Bruno ipotizza un riferimento alla New York nella quale, negli anni venti, il padre di Kubrick esercitava come Bill la professione di medico (M.W. Bruno, *Il cinema di Stanley Kubrick*, Roma, Gremese, 2017, p. 158).

[30] Su cui rimandiamo a Eugeni, *Invito al cinema di Kubrick*, cit., pp. 217-227.

[31] M. Cometa, *La cultura visuale di Stanley Kubrick*, in Cantone (a cura di), *Le carte di Kubrick*, cit., pp. 36, 38.

[32] Si tratta di una delle modalità attraverso cui il cineasta rende percepibile la crisi della ragione attraverso una «crisi del controllo sullo spazio e sul tempo»: cfr. ancora Eugeni, *Invito al cinema di Kubrick*, cit., pp. 147 ss.

[33] F. Casetti, *L'occhio del novecento. Cinema, esperienza, modernità*, Milano, Bompiani, 2005.

[34] V. Zagarrio, *Per Kubrick. Storia, romanzo, sguardo*, in Id. (a cura di), *Overlooking Kubrick. La storia, la messa in scena, lo sguardo, il montaggio, la psiche*, Roma, Audino, 2006, pp. 13-14.

[35] L'espressione, che proviene da una conversazione privata, è citata in J. Naremore, *On Kubrick*, London, British Film Institute, 2007 (trad. it. *Su Kubrick*, Torino, Kaplan, 2009, p. 16).

[36] G. Alonge - G. Carluccio, *L'autore: il caso Kubrick. «Eyes Wide Shut» (1999)*, in Iid. (a cura di), *Il cinema americano contemporaneo*, Roma-Bari, Laterza, 2015, p. 142.

[37] F. Raphael, *Eyes Wide Open: A Memoir of Stanley Kubrick and «Eyes Wide Shut»*, New York, Ballantine Books, 1999 (trad. it. *Eyes Wide Open*, Torino, Einaudi, 1999, p. 113).

[38] Sull'influenza dello stile filmico di Ophüls, si veda Bruno, *Il cinema di Stanley Kubrick*, cit., pp. 148-151.

[39] E. Kandel, *The Age of Insight: The Quest to Understand the Unconscious in Art, Mind, and Brain, from Vienna 1900 to the Present*, New York, Random House, 2012 (trad. it. *L'età dell'inconscio. Arte, mente e cervello dalla grande Vienna ai nostri giorni*, Milano, Cortina, 2012, pp. 22, 28).

[40] *Stanley Kubrick*, in J. Gelmis, *The Film Director as Superstar*, New York, Doubleday, 1970, pp. 293-316 (trad. it. *Il regista cinematografico come superstar: Stanley Kubrick*, in Kubrick, *Non ho risposte semplici*, cit., p. 125).

[41] C. McAvoy, *Creating «The Shining»: Looking Beyond the Myths*, in Ljujic´, Krämer, Daniels (a cura di), *Stanley Kubrick: New Perspectives*, cit., p. 285.

[42] Kandel, *L'età dell'inconscio*, cit., p. 94.

[43] In Gelmis, *Il regista cinematografico come superstar*, cit., pp. 132-133.

[44] In J. Hofsess, *Mind's Eye: «A Clockwork Orange»*, in «Take One», May-June, 1971 (trad. it. *L'occhio della mente: Arancia meccanica*, in Kubrick, *Non ho risposte semplici*, cit., p. 154).

[45] A. Michelson, *Bodies in Space: Film as "Carnal Knowledge"*, in «Artforum», 7, n. 6, February, 2969 (trad. it. *Corpi nello spazio: il cinema come "conoscenza carnale"*, in Brunetta (a cura di), *Stanley Kubrick*, cit.).

[46] V. Gallese - M. Guerra, *Lo schermo empatico. Cinema e neuroscienze*, Milano, Cortina, 2015, pp. 147-157; M. Coëgnarts, *Stanley Kubrick and the Art of Embodied Meaning-Making in Film*, in «Cinergie - Il cinema e le altre arti», n. 12, 2017, pp. 53-71.

[47] P. Bertetto, *Lo specchio e il simulacro. Il cinema nel mondo diventato favola*, Milano, Bompiani, 2007, p. 154.

[48] Bernardi, *Kubrick e il cinema*, cit., pp. 13, 155-174.

[49] Eugeni, *Invito al cinema di Kubrick*, cit., pp. 180-181.

[50] P. Cherchi Usai, *Kubrick architetto*, in Brunetta (a cura di), *Stanley Kubrick*, cit., p. 286.

[51] G. Bruno, *Atlas of Emotion: Journeys in Art, Architecture, and Film*, New York, Verso, 2002 (trad. it. *Atlante delle emozioni. In viaggio tra arte, architettura e cinema*, Milano, Paravia-Bruno Mondadori, 2006, p. 272).

[52] D. Bingham, *The Displaced Auteur: A Reception History of «The Shining»*, in M. Falsetto (a cura di), *Perspectives on Stanley Kubrick*, New York-London, G.K. Hall-Prentice, 1996, pp. 284-306.

[53] R. Luckhurst, *The Shining*, London, Palgrave Macmillan for BFI, 2013, p. 7.

[54] J. Pallasmaa, *Monster in the Maze. Stanley Kubrick: «The Shining»*, in Id., *The Architecture of image: existential space in cinema*, Helsinki, Rakennustieto, 2001 (trad. it. *Il mostro nel labirinto. L'architettura in «Shining»*, in Reichmann (a cura

di), *Stanley Kubrick*, cit., pp. 251-252).

[55] S. Freud, *Das Unheimliche*, 1919 (trad. it. *Il perturbante*, in Id., *Opere 1917-1923. L'Io e l'Es e altri scritti*, Torino, Bollati Boringhieri, 1989, p. 102).

[56] V. Pravadelli, *La grande Hollywood. Stili di vita e di regia nel cinema classico americano*, Venezia, Marsilio, 2007, pp. 195-229.

[57] M. Ciment, *Kubrick*, Paris, Calmann-Lévy, 1999 (trad. it. *Kubrick*, ed. definitiva, Milano, Rizzoli, 2002, p. 135).

[58] G. Bruno, *Surface: Matters of Aesthetics, Materiality and Media*, Chicago, University of Chicago Press, 2014 (trad. it. *Superfici. A proposito di estetica, materialità e media*, Monza, Johan & Levi, 2016, p. 156).

[59] R. Brotherton, *Suspicious Minds: Why We Believe Conspiracy Theories*, London, Bloomsbury, 2015 (trad. it. *Menti sospettose. Perché siamo tutti complottisti*, Torino, Bollati Boringhieri, 2017).

[60] A. Riegl, *Der moderne Denkmalkultus. Sein Wesen und seine Entstehung*, Wien-Leipzig, W. Braumüller, 1903 (trad. it. *Il culto moderno dei monumenti. Il suo carattere e i suoi inizi*, Milano, Abscondita, 2011).

Elio Ugenti
Le età di Stanley Kubrick

[1] In questo paragrafo si prenderà in considerazione soltanto il periodo in cui Kubrick collaborò con la rivista «Look», tralasciando la precedente esperienza non professionale presso il giornale scolastico della William Howard Taft High School e le prime fotografie realizzate con l'amico Marvin Traub, su cui cfr. V. LoBrutto, *Stanley Kubrick: A Biography*, New York, Dutton, 1997 (trad. it. *Stanley Kubrick. L'uomo dietro la leggenda*, Milano, Il Castoro, 1999) e Ch. Kubrick (a cura di), *Stanley Kubrick: A Life in Pictures*, London, Little, Brown & Co., 2002 (trad. it. *Stanley Kubrick. Una vita per immagini*, Milano, Rizzoli, 2003).

[2] M. Stagg, *Camera Quiz Kid: Stan Kubrick*, in «The Camera», n. 70, 1948, pp. 36-41.

[3] L'elenco completo delle fotografie pubblicate da Kubrick sulla rivista «Look» è disponibile al seguente link: <http://www.archiviokubrick.it/opere/look/index.html> (5/4/2018).

[4] Cfr. P. Mather, *Stanley Kubrick at Look Magazine: Authorship and Genre in Photojournalism and Film*, Bristol-Chicago, Intellect, 2013 (in particolare pp. 49-71).

[5] Si veda su questo M. Draguet, *Stanley Kubrick attraverso lo specchio oscuro delle fotografie*, in AA.VV., *Stanley Kubrick fotografo*, Firenze, Giunti, 2012.

[6] Si veda anche E. Ghezzi (a cura di), *Stanley Kubrick. Ladro di sguardi*, Milano, Bompiani, 1994.

[7] Afferma Kubrick: «credo che registrare esteticamente un'azione spontanea, anziché realizzare una foto con grande cura, sia l'utilizzo più valido ed espressivo della fotografia» (citato in Stagg, *Camera Quiz Kid: Stan Kubrick*, cit., p. 37).

[8] Cfr. F. De Bernardinis, *L'immagine secondo Kubrick*, Torino, Lindau, 2003.

[9] Cfr. Ch. Kubrick (a cura di), *Stanley Kubrick. Una vita per immagini*, cit., pp. 34-35.

[10] La pagina è riprodotta ivi, p. 36.

[11] Si veda su questo Mather, *Stanley Kubrick at Look Magazine*, cit., pp. 13-132. Si veda anche W. Guadagnini, *Elementi di disturbo. La fotografia di Stanley Kubrick*, in AA.VV., *Stanley Kubrick fotografo*, cit., pp. 36-37. Guadagnini, sostenitore dell'idea di tenere la carriera da fotografo di Kubrick ben separata da quella da cineasta, rintraccia un elemento di continuità tra il fotografo e il regista nella capacità di «trovare un perfetto equilibrio tra le ragioni editoriali e

quelle individuali», insieme alla «capacità, straordinaria, di muoversi all'interno dei codici, e dall'interno metterli in discussione».

[12] J. Stang, *Film Fan to Film-Maker*, in «The New York Times Magazine», 12 December 1958 (trad. it. <http://www.archiviokubrick.it/parole/interviste/1958filmfan.html> (5/4/2018)).

[13] Ch. Kubrick (a cura di), *Stanley Kubrick. Una vita per immagini*, cit., p. 33.

[14] Cfr. ad esempio M. Burke, *Kubrick's Early Non-Fiction Work*, in G.D. Rhodes (a cura di), *Stanley Kubrick: Essays on His Films and Legacy*, Jefferson, McFarland & Co., 2008, p. 22.

[15] Cfr. J. Bernstein, *How about a little game? (Profile: Stanley Kubrick; A day in the life of Stanley Kubrick)*, in «The New Yorker», 12 November 1966 (trad. it. *Profilo di Stanley Kubrick*, in S. Kubrick, *Non ho risposte semplici. Il genio del cinema si racconta*, Roma, Minimum Fax, 2015, pp. 50-51).

[16] G.D. Philips, *Early Work*, in A. Castle (a cura di), *The Stanley Kubrick Archives*, Colonia, Taschen, 2008, p. 272.

[17] Cfr. Burke, *Kubrick's Early Non-Fiction Work*, cit.

[18] T.M. Pryor, *Young Man with Ideas and a Camera*, in «New York Times», 14 January 1951 (trad. it. <http://www.archiviokubrick.it/parole/interviste/1951youngman.html> [5/4/2018]).

[19] A tale proposito Paolo Cherchi Usai fa notare come l'idea di utilizzare il «New York Times» per diffondere informazioni utili a rendere noto il suo progetto rientrasse all'interno di una strategia promozionale molto ben delineata, che può essere letta come «un'anticipazione del funzionale quanto delicato rapporto fra il regista e i media» (*Scacco al generale: analisi di «Fear and Desire»*, in «Segnocinema», n. 40, 1989).

[20] Cfr. ad esempio l'introduzione a T. Ljujić, P. Krämer, R. Daniels (a cura di), *Stanley Kubrick: New Perspectives*, London, Black Dog Publishing, 2015.

[21] J. Naremore, *On Kubrick*, London, British Film Institute, 2007 (trad. it. *Su Kubrick*, Torino, Kaplan, 2009, pp. 50-67).

[22] Si veda ad esempio l'articolo anonimo pubblicato dal «New York Times» del 1° aprile 1953. Per un'antologia critica su questo film si veda *«Fear and Desire»: Antologia critica*, a cura di P. Cherchi Usai, in «Segnocinema», n. 40, 1989, pp. 25-31.

[23] R. Eugeni, *Invito al cinema di Kubrick*, Milano, Mursia, 1995, pp. 27-29.

[24] LoBrutto, *Stanley Kubrick*, cit., p. 89.

[25] *Ibid.*, pp. 98-101.

[26] Cfr. Burke, *Kubrick's Early Non-Fiction Work*, cit.

[27] Cfr. P. Schrader, *Notes on Noir* [1972], in A. Silver - J. Ursini (a cura di), *Film Noir Reader*, New York, Limelight, 1998. Si veda anche V. Pravadelli, *La grande Hollywood. Stili di cinema e di regia nel cinema classico americano*, Venezia, Marsilio, 2007, pp. 121-155. Pravadelli rintraccia, infatti, alcuni elementi di stile che caratterizzano il noir (ad esempio *voice over*, uso del flashback, rapporto irrisolto tra presente e passato) che sono presenti in entrambi i film di Kubrick di questo periodo.

[28] B. Krohn, *Stanley Kubrick*, Paris, Cahiers du Cinéma, 2010.

[29] Per due volte, inoltre, viene proposto un flashback nel flashback. In uno dei due compare la seconda moglie di Kubrick, Ruth Sobotka, che si esibisce in un balletto classico.

[30] Cfr. J.-L. Godard, *Un bon devoir*, in «Cahiers du Cinéma», n. 80, 1958.

[31] Nel corso di questo contributo saranno menzionati alcuni dei progetti abbandonati da Kubrick. Altri, che rimase-

ro a uno stato embrionale, non saranno presi in considerazione. Per un'approfondita ricognizione, cfr. F. Ulivieri, *Waiting for a miracle: a survey of Stanley Kubrick's unrealized projects*, in «Cinergie. Il cinema e le altre arti», n. 12, 2017.

[32] Cfr. V. LoBrutto, *Chronology*, in Castle (a cura di), *Stanley Kubrick Archives*, cit., p. 533.

[33] C. Young, *The Hollywood War of Independence*, in «Film Quarterly», XII, 3, Spring 1955 (trad. it. *La guerra d'indipendenza di Hollywood*, in Kubrick, *Non ho risposte semplici*, cit., pp. 29-30).

[34] Naremore, *Su Kubrick*, cit., p. 81.

[35] Sulla censura del film in Europa, si veda P. Sorlin, *Kubrick: la guerra e la storia*, in V. Zagarrio (a cura di), *Overlooking Kubrick. La storia, la messa in scena, lo sguardo, il montaggio, la psiche*, Roma, Audino, 2006.

[36] Si vedano, a tal proposito, le dichiarazioni di Tony Curtis in J. Baxter, *Stanley Kubrick: A Biography*, Boston, Da Capo Press, 1997 (trad. it. *Stanley Kubrick. La biografia*, Torino, Lindau, 1999, p. 9).

[37] L'espressione, ricordata da Christiane Kubrick nel documentario *Stanley Kubrick. A Life in Pictures*, è dello stesso Stanley Kubrick, che dopo la distribuzione in sala di *Spartacus* disse: «Ora sono un regista "ufficiale", posso fare una storia che amo».

[38] A. Cox, intervistato nel film *Stanley Kubrick: A Life in Pictures*.

[39] Cfr. T. Southern, *An Interview with Stanley Kubrick* (July, 1962), in Castle (a cura di), *The Stanley Kubrick Archives*, cit., p. 341.

[40] James Mason, citato in G.D. Phillips, *Lolita*, in Castle (a cura di), *The Stanley Kubrick Archives*, cit., p. 330.

[41] Sulla vicenda, cfr. LoBrutto, *Stanley Kubrick*, cit., pp. 232-240.

[42] Cfr. Southern, *An Interview with Stanley Kubrick*, cit., pp. 340-343.

[43] James B. Harris, intervistato in *Stanley Kubrick: A Life in Pictures*.

[44] Cfr. LoBrutto, *Stanley Kubrick*, cit., 269.

[45] Naremore, *Su Kubrick*, cit., p. 114.

[46] Krohn, *Stanley Kubrick*, cit., p. 48.

[47] Cfr. S. Bassetti, *La musica secondo Kubrick*, Torino, Lindau, 2002.

[48] V. Zagarrio, *Per Kubrick. Storia, romanzo, sguardo*, in Id. (a cura di), *Overlooking Kubrick*, cit., p. 14.

[49] Sul progetto di *Napoleon*, cfr. A. Castle (a cura di), *Stanley Kubrick's «Napoleon»: The Greatest Movie Never Made*, Köln, Taschen, 2011. Cfr. anche G.D. Philips, *The Epic That Never Was: Stanley Kubrick's «Napoleon»*, in Castle (a cura di), *The Stanley Kubrick Archives*, cit., pp. 496-503.

[50] Dichiarazione riportata in *Stanley Kubrick: A Life in Pictures*, diretto dallo stesso Harlan.

[51] Cfr. LoBrutto, *Stanley Kubrick*, cit., p. 346.

[52] *Ibid.*, p. 352.

[53] Cfr. J. Harlan, *From Wartime Lies to* Aryan Papers, in Castle (a cura di), *The Stanley Kubrick Archives*, cit., p. 509.

[54] Cfr. A. Castle, *Stanley Kubrick's «A.I.»*, in Id. (a cura di), *The Stanley Kubrick Archives*, cit., pp. 504-508.

Ilaria A. De Pascalis
Il dottor Stranamore - Ovvero: come ho imparato a non preoccuparmi e ad amare la bomba

[1] Cfr. B. Hars-Tschachotin, *Superpower paranoia expressed in space: The War Room as the key visual in «Dr. Strangelove»*, in H.-P. Reichmann (a cura di), *Stanley Kubrick*, Frankfurt, Deutsches Filmmuseum, 2004 (trad. it. *Paranoia cosmica tra superpotenze. La War Room come immagine chiave in «Il Dottor Stranamore»*, in H.-P. Reichmann (a cura di),

Stanley Kubrick, Firenze-Milano, Giunti Arte Mostre Musei, 2007, p. 115).

[2] Per la traduzione italiana dei termini si è fatto riferimento principalmente al romanzo satirico che Peter George trasse dalla sceneggiatura del film, scritta dallo stesso autore assieme a Stanley Kubrick e Terry Southern: *Il dottor Stranamore, ovvero: come ho imparato a non preoccuparmi e ad amare la bomba*, Milano, Bompiani, 1964. Va sottolineato come, con un gesto non privo di ironia, la sceneggiatura era basata sul (serissimo) romanzo fantapolitico dello stesso Peter George, pubblicato nel Regno Unito nel 1958 sotto lo pseudonimo «Peter Bryant», con il titolo *Two Hours to Doom*, e uscito nello stesso anno negli Stati Uniti con il titolo *Red Alert*.

[3] La trama si sviluppa attraverso un montaggio alternato fra tre luoghi: la base Burpleson, presso cui è stanziato Ripper, chiuso nel suo ufficio assieme al suo ostaggio il Colonnello della RAF Lionel Mandrake; il bombardiere nucleare comandato dal Maggiore texano T.J. «King» Kong, diretto con il suo equipaggio accuratamente multirazziale verso uno degli obiettivi strategici su territorio russo; e la War Room, la Sala di Guerra, quartier generale presso il Pentagono, dove sono riuniti fra gli altri il Presidente Merkin Muffley, il Generale Buck Turgidson, l'Ambasciatore russo Alexei De Sadeski, e lo stratega Dr. Strangelove/dottor Stranamore, decisi a disinnescare l'attacco. Il film è costruito attraverso una serie di conversazioni differite, disturbate o impossibili fra i personaggi, che raggiungono l'apice dell'assurdità nel momento in cui il presidente russo Kissof svela al proprio ambasciatore e a Muffley che è stata già attivata la Doomsday Machine, la Macchina della Fine del Mondo: un meccanismo che prevede una ritorsione nucleare apocalittica da parte sovietica in caso di attacco statunitense, impossibile da disinnescare e assolutamente automatizzata; le testate nucleari sono inoltre ricoperte da «torio-cobalto G», elemento radioattivo che renderebbe la superficie terrestre inabitabile per almeno novantatre anni. Nel corso della notte dunque Muffley autorizza Kissof a inviare missili contro gli aerei americani, la base Burpleson viene riconquistata dopo una sanguinosa battaglia, Ripper si suicida, e Mandrake scopre comunque i codici per far disinnescare l'attacco; ma il bombardiere del maggiore Kong non può riceverli, perché la sua radio è stata danneggiata da un missile russo, così come parte dei motori, il che costringe lui e il suo equipaggio a volare così bassi da non essere intercettabili dai radar. Di conseguenza, convinti dell'opportunità delle proprie azioni, Kong e i suoi uomini gettano comunque la loro bomba in un attacco suicida, attivando la Macchina della Fine del Mondo – e rendendo vani tutti gli sforzi fatti durante la notte per impedire l'apocalisse. L'ultima sequenza vede l'intervento decisivo del dottor Stranamore, che spiega come si possa preservare la vita umana inviando i principali leader mondiali e altri campioni umani (selezionati come "migliori" da un computer in base a una serie di elementi psicofisici) a vivere nelle miniere più profonde, riproducendosi con donne individuate per la loro avvenenza erotica e preparandosi così a ripopolare la terra con i propri discendenti una volta passati i cento anni di contaminazione.

[4] Cfr. G. Case, *Calling Dr. Strangelove. The Anatomy and Influence of the Kubrick Masterpiece*, Jefferson, McFarland & Co., 2014, pos. 379/3674, edizione Kindle.

[5] Cfr. R. Sklar, *Stanley Kubrick and the American film industry*, in B.A. Austin (a cura di), *Current Research in Film: Audiences, Economics, and Law*, vol. IV,

New York, Ablex Publishing, 1988 (trad. it. *Kubrick e l'industria del cinema negli Stati Uniti*, in *Stanley Kubrick*, a cura di G.P. Brunetta, Venezia, Marsilio, 1999, p. 71). Va sottolineato che numerosi critici non apprezzarono invece l'«insolenza» e «l'irresponsabile disfattismo» del film: si veda in proposito J. Naremore, *On Kubrick*, London, British Film Institute, 2007 (trad. it. *Su Kubrick*, Torino, Kaplan, 2009, pp. 114-115).

[6] *Ibid.*, p. 36.

[7] Cfr. D. Bordwell, *The Art Cinema as a Mode of Film Practice* [1979], in L. Braudy - M. Cohen (a cura di), *Film Theory and Criticism: Introductory Readings*, New York-Oxford, Oxford University Press, 1999, p. 719. Sul cinema d'autore e la modernità si vedano i due saggi di Veronica Pravadelli, *Moderno/Postmoderno: elementi per una teoria*, in B. Torri (a cura di), *Nuovo cinema. Scritti in onore di Lino Miccichè*, Venezia, Marsilio, 2005, pp. 66-79; e *Italian 1960s Auteur Cinema (and beyond): Classic, Modern, Postmodern*, in F. Burke (a cura di), *A Companion to Italian Cinema*, Chichester, Wiley-Blackwell, 2017, pp. 228-248.

[8] Sono numerosi i racconti sul modo in cui Kubrick abbia spinto i propri attori verso l'eccesso dell'interpretazione, in particolare G.C. Scott: cfr. Case, *Calling Dr. Strangelove*, cit., pos. 810/3674.

[9] S.M. Ejzenštejn, *Sulla biomeccanica. Azione scenica e movimento*, Roma, Armando, 2009, p. 49.

[10] *Ibid.*, p. 66.

[11] Naremore, *Su Kubrick*, cit., p. 36.

[12] *Ibid.*, p. 122.

[13] J. Naremore, *Acting in the Cinema*, Berkeley, University of California Press, 1988, p. 72.

[14] Sulla mostruosità protesica di Stranamore, cfr. M. Guerra, *Il meccanismo indifferente. La concezione della Storia nel cinema di Stanley Kubrick*, Roma, Aracne, 2007, pp. 212-213.

[15] Cfr. Naremore (*Su Kubrick*, pp. 112-126), ma anche P. Krämer, *Dr. Strangelove or: How I Learned to Stop Worrying and Love the Bomb*, London, Palgrave Macmillan for BFI, 2014. Sulla sequenza dei titoli di testa in particolare, si veda Case, *Calling Dr. Strangelove*, cit., pos.i 1048/3674 e 1199/3674.

[16] M.M. Bachtin, *Tvorčestvo Fransua Rable i narodnaja kul'tura srednevekov'ja i Renessansa*, Moskva, 1965 (trad. it. *L'opera di Rabelais e la cultura popolare. Riso, carnevale e festa nella tradizione medievale e rinascimentale*, Torino, Einaudi, 1979, p. 25).

[17] Cfr. Case, *Calling Dr. Strangelove*, cit., pos. 883/3674.

[18] Sulla soggettiva come strumento simbolico in Kubrick si veda S. Bernardi, *Kubrick e il cinema come arte del visibile*, Milano, Il Castoro, 2000, pp. 106-115.

[18] Si veda in merito *ibid.*, pp. 73-79, e Guerra, *Il meccanismo indifferente*, cit., pp. 177-178.

[20] A. Martini, *Logica e sacrificio*, in Brunetta (a cura di), *Stanley Kubrick*, cit., p. 149.

[22] Ivi, pp. 150-151.

[22] Cfr. Krämer, *Dr. Strangelove*, cit., p. 40.

[23] Sull'intreccio fra mascolinità e razza nella cultura degli Stati Uniti si veda R. Wiegman, *American Anatomies: Theorizing Race and Gender*, Durham-London, Duke University Press, 1995.

[24] Sull'uso di rime e ripetizioni formali come strumento di produzione del senso nel cinema narrativo resta imprescindibile la riflessione di R. Bellour, *L'analyse du film*, Paris, Albatros, 1979 (trad. it. *L'analisi del film*, Torino, Kaplan, 2005).

[25] La si può interpretare come semisoggettiva proprio per l'enfasi data dal movimento di zoom, che fa parte di quelle «marche semantiche nell'immagine che esprimono la soggettività della

visione», e dunque la configura come «soggettiva stilistica»: cfr. Bernardi, *Kubrick e il cinema come arte del visibile*, cit., p. 112.

[26] Th. Elsaesser, *Evolutionary Imagineer: Stanley Kubrick's Authorship*, in «Kinematograph», n. 20, 2004 (trad. it. *Il visionario dell'evoluzione. Stanley Kubrick autore*, in H.-P. Reichmann (a cura di), *Stanley Kubrick*, Firenze-Milano, Giunti Arte Mostre Musei, 2007, p. 184).

[27] Case, *Calling Dr. Strangelove*, cit., pos. 902/3674.

[28] Ph. Kuberski, *Kubrick's Total Cinema: Philosophical Themes and Formal Qualities*, London-New York, Continuum, 2012, p. 70.

[29] Bernardi, *Kubrick e il cinema come arte del visibile*, cit., pp. 38-39.

[30] Hars-Tschachotin, *Paranoia cosmica tra superpotenze*, cit., p. 108.

[31] Bernardi, *Kubrick e il cinema come arte del visibile*, cit., p. 41. Sul rapporto fra ritratto e primo piano si veda P. Bertetto, *Microfilosofia del cinema*, Venezia, Marsilio, 2014, pp. 191-192.

[32] M.A. Doane, *Vicinanza, distanza, scala*, in G. Carluccio (a cura di), *Otto Preminger, regista. Generi, stile, storie*, Torino, Kaplan, 2009, p. 35.

[33] *Ibid.*, p. 41. Va sottolineato che, nell'analisi proposta da Doane, lo spazio di Preminger si sviluppa poi in funzione di una configurazione labirintica, in cui viene mantenuta una coerenza fra primo piano e paesaggio, costruiti *in continuum* (p. 49); esattamente l'inverso di quanto avviene secondo questa analisi ne *Il dottor Stranamore*.

[34] P. Bertetto, *Il cinema e l'estetica dell'intensità*, Milano-Udine, Mimesis, 2016, p. 206.

[35] Doane, *Vicinanza, distanza, scala*, cit., p. 51.

[36] Sulla de-umanizzazione del mondo e dell'arte in certe espressioni della modernità, si veda M. Calinescu, *Five Faces of Modernity. Modernism, Avant-Garde, Decadence, Kitsch, Postmodernism*, Durham, Duke University Press, 1987, pp. 125-132.

[37] Bertetto, *Il cinema e l'estetica dell'intensità*, cit., p. 210.

[38] Doane, *Vicinanza, distanza, scala*, cit., p. 50.

[39] Cfr. *Konspekt dobavlenii k Štuttgartu* (1929), (trad. it. parz. *Appunti per le integrazioni all'articolo di Stoccarda*, in S.M. Ejzenštejn, *Il montaggio*, a cura di P. Montani, Venezia, Marsilio, 1986, pp. 36-47).

[40] Si veda anche Id., *Teoria generale del montaggio* (1937), a cura di P. Montani, Venezia, Marsilio, 1985, pp. 150-169.

[41] Cfr. G. De Vincenti, *Il concetto di modernità nel cinema*, Parma, Pratiche, 1993, p. 17. Sulla ricerca estetica portata avanti dal modernismo, si veda ancora Calinescu, *Five Faces of Modernity*, cit., pp. 68-85.

[42] M. Foucault, *Naissance de la biopolitique. Cours au Collège de France 1978-1979*, Paris, Seuil, 2004 (trad. it. *Nascita della biopolitica. Corso al Collège de France (1978-1979)*, Milano, Feltrinelli, 2005, pp. 177 ss.).

[43] Id., *La volonté de savoir. Histoire de la sexualité 1*, Parigi, Gallimard, 1976 (trad. it. *La volontà di sapere. Storia della sessualità 1*, Milano, Feltrinelli, 1978, p. 82).

[44] *Ibid.*, p. 121.

[45] *Ibid.*, p. 123.

[46] Scrive Foucault: «se il genocidio è il sogno dei poteri moderni, non è per una riattivazione del vecchio diritto di uccidere; è perché il potere si colloca e si esercita a livello della vita, della specie, della razza e dei fenomeni massicci di popolazione» (*Ibid.*, p. 121).

[47] Id., *Nascita della biopolitca*, cit., p. 25.

[48] «Ci incontreremo ancora / non so dove / non so quando / ma so che ci in-

contreremo ancora in un giorno di sole. / Continua a sorridere / come fai sempre / finché il cielo azzurro non scaccerà via le nuvole» (*We'll Meet Again*, 1939, testo di Hugh Charles, musica di Ross Parker).

Peter Krämer
2001: Odissea nello spazio

[1] Nella classifica del 2012 del «Sight & Sound international critics» sui «migliori film di tutti i tempi» *2001* è al numero sei, *The Top 100 Films*, in «Sight & Sound», XXII, 9, 2012, p. 56.

[2] La letteratura su *2001* è così ampia che in questo saggio posso fare riferimento solo a una piccola parte delle pubblicazioni rilevanti per la discussione in corso. Nella maggior parte dei casi ho scelto esempi recenti.

[3] Cfr. ad esempio, N. Abrams, *What was HAL? IBM, Jewishness and Stanley Kubrick's* 2001: A Space Odyssey *(1968)*, in «Historical Journal of Film, Radio and Television», XXXVII, 3, 2017, pp. 416-435; B. Kapferer, *2001 and Counting: Kubrick, Nietzsche, and Anthropology*, Chicago, Prickly Paradigm Press, 2014; E. Pezzotta, *Stanley Kubrick: Adapting the Sublime*, Jackson, University Press of Mississippi, 2013, cap. 2.

[4] Cfr. ad esempio, Ch. Frayling, *The 2001 File: Harry Lange and the Design of the Landmark Science Fiction Film*, London, Reel Art Press, 2015; P. Bizony, *The Making of Stanley Kubrick's «2001: A Space Odyssey»*, Cologne, Taschen, 2015.

[5] Sulla ricezione critica del film si vedano B. Schauer, *Escape Velocity: American Science Fiction Film, 1950-1982*, Middleton, Wesleyan University Press, 2017, pp. 109, 113-121; R. Barton Palmer, *2001: The Critical Reception and the Generation Gap*, in R. Kolker (a cura di), *Stanley Kubrick's 2001: A Space Odyssey: New Essays*, Oxford, Oxford University Press, 2006, pp. 13-27.

[6] P. Krämer, *2001: A Space Odyssey*, Londra, BFI, 2010, pp. 91-93; e Id., *"Dear Mr. Kubrick": Audience Responses to «2001: A Space Odyssey» in the Late 1960s*, in «Participations: Journal of Audience & Reception Studies», VI, 2, 2009, <http://www.participations.org/Volume%206/Issue%202/special/kramer.htm> (21/6/2018).

[7] Id., *"Could you tell us how to create a Star-Child?": Special Effects, Science Fiction und Publikumsreaktionen auf «2001: A Space Odyssey»*, in M. Wedel (a cura di), *Special Effects in der Wahrnehmung des Publikums: Beiträge zur Wirkungsästhetik und Rezeption transfilmischer Effekte*, Berlin, Springer VS, 2016, pp. 191-207; Id., *The Legacy of «Dr. Strangelove»: Stanley Kubrick, Science Fiction Blockbusters, and the Future of Humanity*, in K.A. Ritzenhoff - A. Krewani (a cura di) *The Apocalypse in Film: Dystopias, Disasters, and Other Visions about the End of the World*, Lanham, Rowman & Littlefield, 2016, pp. 48, 53-55; P. Krämer, *"A film specially suitable for children": The Marketing and Reception of «2001: A Space Odyssey» (1968)*, in N. Brown - B. Babington (a cura di), *Family Films in Global Cinema: The World Beyond Disney*, London, I.B. Tauris, 2015, pp. 37-52; Krämer, *2001: A Space Odyssey*, cit., pp. 7, 86-88; Id., *"Dear Mr. Kubrick"*, cit.

[8] Per le opere esistenti su questo argomento si veda: Schauer, *Escape Velocity*, cit., pp. 110-113; Krämer, *"A film specially suitable for children"*, cit., pp. 40-43.

[9] Esiste un facsimile di questo comunicato stampa in P. Bizony, *2001: Filming the Future*, London, Aurum, 2000, pp. 10-11.

[10] Krämer, *2001: A Space Odyssey*, cit., pp. 32-33.

[11] Id., *"The Greatest Mass Murderer Sin-*

ce *Adolf Hitler": Nuclear War and the Nazi Past in «Dr Strangelove» (1964)*, in Ch. Cornea - R.O. Thomas (a cura di), *Dramatising Disaster: Character, Event, Representation*, Newcastle, Cambridge Scholars Publishing, 2013, pp. 121-122. Il fatto che *Il dottor Stranamore* fosse ancora nelle sale all'inizio del 1965 può essere dedotto dal fatto che, secondo i report di botteghino di «Variety» a fine anno, il film generò una parte sostanziale dei suoi guadagni complessivi nel 1965 (*Big Rental Picture of 1964*, in «Variety», 13 January 1965, p. 3, e *All-Time Top Grossers*, in «Variety», 5 January 1966, p. 36).

[12] *«Odyssey» on Time; O'Brien Comes Home*, in «Variety», 27 March 1968, pp. 1, 3.

[13] Brauer, *Escape Velocity*, cit., pp. 110-113; Krämer, *"A film specially suitable for children"*, cit., pp. 40-43.

[14] Id., *2001: A Space Odyssey*, cit., pp. 90-91.

[15] S. Hall - S. Neale, *Epics, Spectacles, and Blockbusters: A Hollywood History*, Detroit, Wayne State University Press, 2010, capp. 2-8.

[16] Krämer, *"A film specially suitable for children"*, cit., pp. 41-43.

[17] Ad esempio, quando «McCall's», che si definiva «la prima rivista per donne», fece una *cover story* sulla «donna del XXI secolo» nel marzo 1968, la colonna «Sight and Sound» di Lenore Hershey riportava l'argomento dell'imminente uscita di *2001*, descritta come «un'esplorazione del futuro con meravigliose sfumature per uomini e donne che pensano» («McCall's», March 1968, p. 12). Più in generale sul pubblico femminile, si veda P. Krämer, *A Powerful Cinema-going Force? Hollywood and Female Audiences since the 1960s*, in M. Stokes - R. Maltby (a cura di), *Identifying Hollywood's Audiences: Cultural Identity and the Movies*, London, BFI, 1999, pp. 98-112.

[18] J. Belton, *Widescreen Cinema*, Cambridge, MA, Harvard University Press, 1992, cap. 5; Hall - Neale, *Epics, Spectacles, and Blockbusters*, cit., pp. 140-145.

[19] Per una lista delle uscite in Cinerama si veda S. Hall, *Hard Ticket Giants: Hollywood Blockbusters in the Widescreen Era*, vol. II, tesi di dottorato non pubblicata, University of East Anglia, 1999, pp. 114-115.

[20] *All-Time Boxoffice Champs*, in «Variety», 3 January 1968, p. 21.

[21] Si veda ad esempio la riproduzione del poster in Krämer, *2001: A Space Odyssey*, cit., p. 90.

[22] Si vedano le classifiche al botteghino in Krämer, *The New Hollywood*, cit., pp. 111-115.

[23] *All-Time Boxoffice Champs*, cit., p. 21.

[24] Una buona indicazione della portata e della varietà della campagna di marketing della MGM durante il periodo iniziale della *roadshow* è data dall'«Exhibitor's Campaign Book» che lo studio preparò per l'uscita del 1969; la maggior parte degli articoli in esso contenuti sarebbero stati disponibili anche nel 1968. L'«Exhibitor's Campaign Book» per *2001* può essere trovato nella collezione di libri della University of Southern California, Los Angeles.

[25] Entrambi gli articoli possono essere trovati presso lo Stanley Kubrick Archive (SKA).

[26] Per una gamma di poster e pubblicità si veda «Exhibitor's Campaign Book». Numerosi trailer si possono trovare su YouTube (ad esempio <https://www.youtube.com/results?search_query=2001+a+space+odyssey+original+theatrical+trailer> (21/6/2018). Non è sempre semplice determinare quale di questi trailer sia effettivamente uscito negli Stati Uniti alla fine degli anni sessanta.

[27] Pubblicità per *2001*, cfr. «Los Ange-

les Times West Magazine», 25 February, 1968, pp. 12-15.

[28] Riguardo a questi indizi, così come ai casi successivi nei quali il film solleva domande alle quali non fornisce alcuna chiara risposta, gli spettatori potrebbero aver trovato le spiegazioni necessarie nel romanzo di Clarke. La mia analisi è in gran parte limitata al film: a parte piccole eccezioni, non attingo alle informazioni contenute nel romanzo.

[29] Così è chiamato il capo degli omini-di nel romanzo di Clarke.

[30] Anche questo nome è preso dal romanzo di Clarke.

[31] Tutti i minutaggi sono presi dal DVD americano di *2001: Odissea nello spazio* della Warner Bros., cofanetto del 2007 facente parte della «Directors Series». Questa versione del DVD riproduce il film a 24 frame al secondo, che è la stessa velocità della proiezione cinematografica.

[32] È un altro termine preso dal romanzo di Clarke.

[33] Lettera nel fascicolo SK/12/8/4, SKA. Per proteggere l'anonimato di questo e di altri corrispondenti, identifico le singole lettere riferendomi alla loro data e alla città di provenienza dei corrispondenti; qui 16 luglio 1968, Rock Mill, Ohio.

[34] Vengono studiate nel dettaglio le lettere ricevute da Kubrick su *2001* nelle seguenti pubblicazioni: Krämer, *"Could you tell us how to create a Star-Child?"*, cit., pp. 191-207; Id., *The Legacy of «Dr. Strangelove»*, cit., pp. 48, 53-55; Id., *"A film specially suitable for children"*, cit., pp. 37-52; Id., *2001: A Space Odyssey*, cit., pp. 7, 86-88; Id., *"Dear Mr. Kubrick"*, cit. Alcune delle lettere sono ristampate in J. Agel (a cura di), *The Making of Kubrick's «2001»*, New York, Signet, 1970, pp. 171-192.

[35] Lettera datata 15 April 1968, Fort Lee, New Jersey, SK/12/8/4, SKA, ristampata in ivi, pp. 186-187 (qui la lettera è erroneamente elencata come proveniente da Leonia, New Jersey).

[36] Lettera datata 25 October 1968, Wichita, Kansas, SK/12/8/4, SKA, ristampata in ivi, pp. 172-173 (enfasi nell'originale).

[37] Lettera non datata, North Augusta, South Carolina, SK/12/8/4, SKA.

[38] Lettera datata 14 June 1968, St. Louis, SK/12/8/4, SKA.

Paolo Bertetto
Arancia meccanica

[1] Su questo tema si veda P. Bertetto, *Lo specchio e il simulacro. Il cinema nel mondo diventato favola*, Milano, Bompiani, 2007.

[2] In una Londra futuristica vive Alexander De Large (Alex), un giovane con il mito di Beethoven che è a capo dei *droogs*. I *droogs* sono soliti riunirsi al Korova Milk Bar, dove assumono «Latte più» (latte con aggiunta di mescalina) per poi scorrazzare in giro per la città e dedicarsi alla pratica dell'ultraviolenza, attraverso una serie di azioni criminali che vanno dal pestaggio di vittime indifese, alla rissa con altri gruppi rivali, fino allo stupro. Durante una rapina in una villa adibita a clinica dimagrante, Alex uccide la proprietaria e viene tradito dai compagni – ormai stanchi di sentirsi sottomessi a lui – che ne causano l'arresto. Pur di non scontare la pena, Alex accetta di sottoporsi alla «cura Ludovico», un esperimento sociale promosso dal Governo, che consiste nell'esposizione ripetuta del soggetto a filmati che ritraggono scene di violenza sotto l'effetto di farmaci che provocano nausea e disgusto. Dopo due settimane di cura, Alex è considerato guarito e rimesso in libertà. Fuori dal carcere, si trova però a essere vittima delle persone che

erano state oggetto dei suoi soprusi. Dopo essere stato seviziato dai suoi ex compagni, Alex viene soccorso dallo scrittore Frank Alexander (vittima di un pestaggio da parte dei *droogs*, durante il quale è stato costretto ad assistere allo stupro della moglie), che, dopo averlo riconosciuto, lo narcotizza e lo spinge al suicidio. Sopravvissuto miracolosamente, Alex viene curato dal Governo e, una volta ripresosi, scopre che l'effetto della cura Ludovico è svanito.

[3] J.-F. Lyotard, *Discours, figure* (1970), Paris, Klincksieck, 1971 (trad. it. *Discorso, figura*, Milano, Unicopli, 1998, pp. 13-14).

[4] Sulla voce commemorativa in *A Clockwork Orange*, si veda G. Cremonini, *Stanley Kubrick. L'arancia meccanica*, Torino, Lindau, 1996. Su *Arancia meccanica* si vedano inoltre, almeno, F. Gregori (a cura di), *Singin' in the Brain. Il mondo distopico di «A Clockwork Orange»*, Torino, Lindau, 2004; S.Y. McDougal (a cura di), *Stanley Kubrick's* A Clockwork Orange, Cambridge, Cambridge University Press, 2003; si veda inoltre G. Marrone, *La cura Ludovico. Sofferenze e beatitudini di un corpo sociale*, Torino, Einaudi, 2005.

[5] R. Barthes, *S/Z* , Paris, Seuil, 1970 (trad. it., *S/Z*, Torino, Einaudi, 1973).

[6] F. Nietzsche, *Frammenti postumi 1888-1889*, in *Opere*, vol. VIII, tomo 3, Milano, Adelphi, 1974, pp. 70-71. Ho discusso in maniera più ampia le relazioni tra il pensiero di Nietzsche e la cultura cinematografica (e in particolare l'espressionismo) in P. Bertetto, *Microfilosofia del cinema*, Venezia, Marsilio, 2014, pp. 73-96.

Michele Guerra
Barry Lyndon

[1] S. Brakhage, *Metaphors on Vision*, New York, Film Culture Inc., 1963 (trad. it. *Metafore della visione e Manuale per riprendere e ridare i film*, Milano, Feltrinelli, 1970, p. 55).

[2] S. Bernardi, *Kubrick e il cinema come arte del visibile*, Milano, Il Castoro, 2000.

[3] R. Eugeni, *Invito al cinema di Kubrick*, Milano, Mursia, 2015.

[4] O. Calabrese, *I mondi possibili di Kubrick, ovvero la poetica delle porte*, in G.P. Brunetta (a cura di), *Stanley Kubrick. Tempo, spazio, storia e mondi possibili*, Parma, Pratiche, 1985.

[5] V. Zagarrio, *Per Kubrick. Storia, romanzo, sguardo*, in Id. (a cura di), *Overlooking Kubrick*, Roma, Audino, 2006.

[6] Bernardi, *Kubrick e il cinema come arte del visibile*, cit., p. 11.

[7] E. Ghezzi, *Stanley Kubrick*, Milano, Il Castoro, 1999, p. 138.

[8] J. Starobinski, *L'invention de la liberté, 1700-1789*, Genève, Skira, 1964, p. 9.

[9] A. Walker, S. Taylor, U. Ruchti, *Stanley Kubrick, Director: A Visual Analysis*, New York, W.W. Norton & C., 2000, p. 245.

[10] La preziosa intuizione si trova in un'ottima tesi di laurea, di quasi trent'anni fa, sulle fonti iconografiche di *Barry Lyndon*, purtroppo non pubblicata: S. Gandolfi, *Barry Lyndon di Stanley Kubrick e la pittura del Settecento*, Università degli Studi di Parma, a.a. 1989-1990, relatore prof. R. Campari.

[11] J. Baudrillard, *L'Histoire: un scénario rétro* (1978) (trad. it. *La storia: uno scenario rétro*, in G.M. Gori (a cura di), *La storia al cinema. Ricostruzione del passato, interpretazione del presente*, Roma, Bulzoni, 1994).

[12] Sul progetto *Napoleon* si veda il poderoso volume curato da A. Castle (a cura di), *Stanley Kubrick's «Napoleon»: The Greatest Movie Never Made*, Köln, Taschen, 2011. Sui rapporti di vicinanza tra il progetto su Napoleone e *Barry Lyn-*

don mi permetto di rimandare invece a quanto già scritto in M. Guerra, *Il meccanismo indifferente. La concezione della Storia nel cinema di Stanley Kubrick*, Roma, Aracne, 2007.

[13] Bernardi, *Kubrick e il cinema come arte del visibile*, cit., p. 174.

[14] R.M. Fischer, *Pictures at an Exhibition? Allusions and Illusions in «Barry Lyndon»*, in H.-P. Reichmann (a cura di), *Stanley Kubrick*, Frankfurt, Deutsches Filmmuseum, 2004, p. 175 (trad. it. *Quadri in movimento? Allusioni e illusioni in Barry Lyndon*, in H.-P. Reichmann (a cura di), *Stanley Kubrick*, Firenze-Milano, Giunti Arte Mostre Musei, 2007).

[15] Ghezzi, *Stanley Kubrick*, cit., p. 128.

[16] Bernardi, *Kubrick e il cinema come arte del visibile*, cit., p. 13.

[17] M. Ciment, *Kubrick*, Paris, Calmann-Lévy, 1999 (trad. it. *Kubrick*, Milano, Rizzoli, 2002[4], pp. 169-172).

[18] Si veda Guerra, *Il meccanismo indifferente*, cit., pp. 91-96.

[19] Si vedano K. Heimann, M.A. Umiltà, M. Guerra, V. Gallese, *Moving mirrors: a high-density EEG study investigating the effect of camera movements on motor cortex activation during action observation*, in «Journal of Cognitive Neuroscience», XXVI, 9, 2014, pp. 2087-2101; V. Gallese - M. Guerra, *The Feeling of Motion: Camera Movements and Motor Cognition*, in «Cinéma & Cie», XIV, 22-23, 2014, pp. 103-112; Iid., *Lo schermo empatico. Cinema e neuroscienze*, Milano, Cortina, 2015 (in particolare la parte dedicata proprio a Kubrick, pp. 147-157); K. Heimann, M. Calbi, S. Uithol, M.A. Umiltà, M. Guerra, V. Gallese, *Embodying the Camera: an EEG Study on the Effects of Camera Movements on Film's Spectator Sensorimotor Cortex Activation* (in corso di pubblicazione).

[20] Bernardi, *Kubrick e il cinema come arte del visibile*, cit., p. 44.

[21] F. Casetti, *Filmic Experience*, in «Screen», L, 1, March 2009, p. 57.

[22] M. Pramaggiore, *Making Time in Stanley Kubrick's Barry Lyndon: Art, History, and Empire*, New York, Bloomsbury, 2014, p. 16.

Vito Zagarrio
Full Metal Jacket

[1] Citato in G.P. Brunetta, *En attendant Kubrick*, in Id. (a cura di), *Stanley Kubrick*, Venezia, Marsilio, 1999, p. 9.

[2] 1967: in un campo d'addestramento dei marines nel South Carolina, il sergente istruttore Hartman ha il compito di trasformare diciassette giovani civili americani in vere e proprie macchine da guerra da inviare in Vietnam. L'addestramento procede con estrema durezza, tra urla e insulti rivolti da Hartman alle giovani reclute. Tra esse spiccano Joker, Cowboy e il goffo Leonard Lawrence, ribattezzato Palla di Lardo da Hartman, che più di tutti gli altri è reso oggetto di insulti e umiliazioni da parte dell'istruttore. Aiutato da Joker, che viene nominato suo *tutor*, Palla di Lardo migliora nel tempo, ma sviluppa nei confronti di Hartman un odio smisurato che lo conduce, nel corso della notte che precede la partenza per il Vietnam, a uccidere il sergente istruttore per poi suicidarsi con un colpo di fucile in bocca. La seconda parte del film è ambientata in Vietnam, qualche mese dopo. Joker è diventato reporter di guerra e dalle retrovie viene spedito al fronte insieme a Rafterman, proprio mentre i vietnamiti stanno sferrando un'offensiva estremamente violenta. Al fronte Joker ritrova il suo amico Cowboy, che presto viene messo a capo del plotone di stanza a Huế. Nel corso di un'operazione di guerra, il gruppo di militari americani si trova preso di mira da un cecchino. Molti

marines vengono uccisi, e tra questi c'è anche Cowboy. È Joker a scovare il cecchino (si tratta di una giovanissima ragazza vietnamita), ed è lui a infliggerle il colpo di grazia dopo che un suo compagno, Animal Mother, l'ha gravemente ferita. Completata l'operazione, i sopravvissuti del plotone si rimettono in marcia verso la base.

[3] Cfr. R. De Gaetano, *La critica e il non-tutto dell'opera*, in R. De Gaetano - N. Tucci (a cura di), *Fata Morgana Web 2017. Un anno di visioni*, Cosenza, Pellegrini, 2017, p. 19.

[4] Cfr. S. Bernardi, *Kubrick e il cinema come arte del visibile*, Parma, Pratiche, 1990; R. Eugeni, *Invito al cinema di Kubrick*, Milano, Mursia, 2015; M. Chion, *Stanley Kubrick: L'humain, ni plus ni moins*, Paris, Cahiers du cinéma, 2005 (trad. it. *Stanley Kubrick. L'umano, né più né meno*, Torino, Lindau, 2006).

[5] Cfr. S. Kozloff, *Invisible Storytellers*, Berkeley-Los Angeles, University of California Press, 1988.

[6] C. Kyle, con J. De Felice - S. McEwen, *American Sniper: The Autobiography of the Most Lethal Sniper in U.S. Military History*, New York, William Morrow, 2012 (trad. it. *American Sniper. Autobiografia del cecchino più letale della storia americana*, Milano, Mondadori, 2015).

[7] Kyle, membro del Navy Seal degli Stati Uniti, è il cecchino che ha fatto registrare il maggior numero di uccisioni da parte di uno *sniper*. Per i nemici era "il diavolo di Ramadi". Texano di nascita, cowboy per vocazione, cacciatore per formazione familiare, Kyle si arruola nei Seals e viene spedito in Iraq subito dopo l'inizio della guerra post-11 settembre. Da lì è impegnato in varie missioni in prima linea, dove si distingue per la sua abilità col fucile e il suo coraggio, diventando presto una leggenda. Quando alla fine si congeda per dedicarsi alla famiglia, viene paradossalmente ucciso da un reduce afflitto da stress post-traumatico. Dove non sono riusciti ad ammazzarlo i nemici, riesce il fuoco "amico" in patria di un ex soldato. Alla sua morte, Kyle viene omaggiato da imponenti funerali di Stato, il suo feretro passa per le strade salutato da migliaia di persone, e la sua autobiografia diventa un testamento postumo, un grande *memoir* dei nostri tempi.

[8] Le citazioni sono tratte dal già citato romanzo *American Sniper*, pp. 10-13, *passim*.

[9] Curiosa – ma non troppo – la questione del *nickname* di Rafterman. «Uomo-zattera», lo traduce De Bernardinis (*raft* = zattera), che gioca quindi con l'idea di un personaggio "traghettatore". "Uomo zattera", "traghettatore" è anche per Marcello Walter Bruno. Ma in realtà, secondo *The Short-Timers*, il nomignolo viene da *rafter* = trave, e il romanzo si dilunga in una sorta di flashback che ricostruisce le gesta un po' comiche del soldato che perde l'equilibrio per cercare di vedere una spogliarellista in un locale. Cfr. F. De Bernardinis, *L'immagine secondo Kubrick*, Torino, Lindau, 2003; M.W. Bruno, *Joker → Killer. Kubrick e il Vietnam della mente*, in Brunetta, *Stanley Kubrick*, cit., p. 254.

[10] Si veda una scena in cui Gomer Pyle cerca comicamente di simulare un combattimento alla baionetta (nel film i soldati si allenano allo stesso modo).

[11] Cfr. M. Herr, *Dispatches* , New York, Knopf, 1977 (trad. it. *Dispacci*, Milano, Rizzoli, 2008). Di Herr si veda anche *Kubrick*, New York, Grove Press, 2000 (trad. it. *Con Kubrick. Storia di un'amicizia e di un* capolavoro, Roma, minimum fax, 2009).

[12] Cfr. C. Vogler, *The Writer's Journey: Mythic Structure for Writers*, Studio City, Michael Wiese Productions, 1998 (trad. it. *Il viaggio dell'eroe*, Roma, Audino, 2005); R. McKee, *Story: Substance*,

Structure, Style, and the Principles of Screenwriting, New York, Regan Books, 1997 (trad. it. *Story. Contenuti, struttura, stile, principi per la sceneggiatura e per l'arte di scrivere storie*, Roma, Omero, 2013).

[13] D.L. Edelman, *«Full Metal Jacket»: The Jungian Thing*, 29 October 2007, <http://www.davidlouisedelman.com/film/full-metal-jacket> (21/06/2018).

[14] F. Borin (a cura di), *The Kubrick After. Influssi e contaminazioni sul cinema contemporaneo*, Padova, Il Poligrafo, 1999.

[15] Cfr. E. D'Alessandro, *Stanley Kubrick e me*, Milano, Il Saggiatore, 2012.

[16] Brunetta, *En attendant Kubrick*, cit., p. 10.

[17] *Ibid.*

[18] Cfr. Bruno, *Joker → Killer*. cit., p. 249.

[19] Cfr. V. Gallese - M. Guerra, *Lo Schermo empatico. Cinema e neuroscienze*, Milano, Cortina, 2015.

[20] Cfr. J. Baudrillard, *L'histoire: un scénario rétro* (1978) (trad. it. *La storia: uno scenario rétro*, in Id., *Simulacri e impostura. Bestie, Beaubourg, apparenze e altri oggetti*, Bologna, Cappelli, 1980, p. 7).

[21] *Ibid.*

[22] Sui *Vietnam movies* mi permetto di rimandare al mio *Il "teatro" della guerra. Lo sguardo del cinema_hollywoodiano*, in «Il Ponte», nn. 1-2, 1996.

[23] D'Alessandro, factotum, autista e assistente di Kubrick dai tempi di *Arancia meccanica*, nota nel suo "diario" kubrickiano come *Full Metal Jacket*, pur essendo stato concepito prima, per colpa della lunga durata della produzione esce nello stesso periodo in cui vengono distribuiti nelle sale l'altro film di Coppola sul Vietnam, *Gardens of Stone*, *Platoon* di Oliver Stone e *Hamburger Hill* di John Irvin. Col rischio di non andare bene sul mercato. Cfr. D'Alessandro, *Stanley Kubrick e me*, cit.

[24] Sulle categorie del *Vietnam-movie* rimando al mio *Per Kubrick. Storia, romanzo, sguardo*, in V. Zagarrio (a cura di), *Overlooking Kubrick, La storia, la messa in scena, lo sguardo, il montaggio, la psiche*, Roma, Audino, 2006, pp. 17-21.

[25] Cfr. M.L. Lanning, *Vietnam at the Movies*, New York, Fawcett Columbine, 1994.

[26] L. Dittmar - G. Michaud (a cura di), *From Hanoi to Hollywood: The Vietnam War in American Film*, New Brunswick-London, Rutgers University Press, 1990; M. Anderegg (a cura di), *Inventing Vietnam: The War in Film and Television*, Philadelphia, Temple, 1988; J.C. Rowe - R. Berg (a cura di), *The Vietnam War and American Culture*, New York, Columbia University Press, 1991, in particolare il saggio di R. Berg, *Losing Vietnam: Covering the War in an Age of Technology* (1986).

[27] Cfr. ad esempio M.B. Young, *The Vietnam Wars, 1945-1990*, New York, Harper Collins, 1991; T.C. Herzog, *Vietnam War Stories. Innocence Lost*, London-New York, Routledge, 1992.

[28] R. Stam, *Reflexivity in Film and Literature: From «Don Quixote» to Jean-Luc Godard*, New York, Columbia University Press, 1992. Cfr. anche G. De Vincenti, *Il concetto di modernità nel cinema*, Parma, Pratiche, 1993.

[29] Sul metalinguaggio insistono nelle loro ottime analisi del film sia De Bernardinis (*L'immagine secondo Kubrick*, cit.) che Bruno (*Joker → Killer*, cit.).

[30] Cfr. De Bernardinis, *L'immagine secondo Kubrick*, cit.

[31] Sono pochi i movimenti di dolly nel film: oltre a questo, in quasi-soggettiva dello *sniper*, c'è un dolly diegetico quando viene raccontata la difficoltà di Palla di Lardo a superare il quadro svedese (in una successiva inquadratura lo aiuterà Joker, diventato suo "tutor")

[32] Cfr. C.G. Jung. *Jung on Evil*, selected

and with an introduction by Murray Stein, New York, Routledge, 1996.

[33] Mi permetto di rimandare al mio *La soggettiva del cadavere*, in «Bianco e Nero», n. 4, 1999.

[34] Cfr. F. Casetti, *Dentro lo sguardo. Il film e il suo spettatore*, Milano, Bompiani, 1986.

[35] Cfr. De Bernardinis, *L'immagine secondo Kubrick*, cit., p. 106.

[36] P. Sorlin, *Kubrick: la guerra e la storia*, in Zagarrio (a cura di), *Overlooking Kubrick*, cit., pp. 25-30.

[37] Una simile analisi si può fare per altri film kubrickiani. Rimando a proposito al mio *Per Kubrick. Storia, romanzo, sguardo*, cit., pp. 8-10.

[38] N. Browne, *The Rhetoric of Filmic Narration*, Ann Arbor, UMI Research Press, 1982.

Ruggero Eugeni
Eyes Wide Shut

[1] E. Pezzotta, *Critica della critica: il caso* Eyes Wide Shut, Tesi di laurea, Università degli Studi di Bergamo, relatore prof. S. Ghislotti, a.a. 2001-2002; G.D. Phillips - R. Hill, *Eyes Wide Shut*, in *The Encyclopedia of Stanley Kubrick*, New York, Checkmark books, 2002, pp. 104-107; J. Rosenbaum, *In Dreams Begin Responsibilities*, in G. Cocks, J. Diedrick, G. Perisek (a cura di), *Stanley Kubrick, Film, and the Uses of History*, Madison, The University of Wisconsin Press, 2006, pp. 245-254; A.J. Ransom, *Opening «Eyes Wide Shut»: Genre, Reception, and Kubrick's Last Film*, in «Journal of Film and Video», LXII, 4, 2010, pp. 31-46; *Grotesque Caricature: Stanley Kubrick's «Eyes Wide Shut» as the Allegory of Its Own Reception*, in «Postmodern Culture», X, 2, 2000. Per una bibliografia aggiornata sul film rimando a L. Cimmino, D. Dottorini, G. Pangaro (a cura di), *Il doppio sogno di Stanley Kubrick. Dalla «Traumnovelle» a «Eyes Wide Shut»*, Soveria Mannelli, Rubbettino, 2017, pp. 215-222.

[2] New York, ai giorni nostri. Il medico William (Bill) Hartford e la moglie Alice si recano a un fastoso ricevimento prenatalizio a casa di Victor Ziegler, un facoltoso cliente. Mentre Alice viene corteggiata da un attempato ma seducente *viveur*, Sandor Szavost, Bill ritrova un vecchio compagno di studi, Nick Nightingale, che lavora ora come pianista, e flirta con due modelle. Ziegler richiede però il suo aiuto: Mandy, una prostituta con cui Ziegler si era appartato nel bagno della casa, ha avuto una crisi da overdose. Bill, nella massima discrezione, salva la ragazza. Una volta a casa Bill e Alice fanno l'amore.

La sera successiva Bill e Alice fumano insieme una sigaretta di marijuana: Alice confessa a Bill di aver provato tempo prima una forte e irresistibile attrazione sessuale per un altro uomo. Bill, scioccato dalla rivelazione, viene chiamato al capezzale di un cliente appena deceduto. Qui Marion, la figlia del morto, gli confessa il suo amore per lui. Più tardi, in strada, un gruppetto di teppisti lo motteggia dandogli dell'omosessuale. Una giovane prostituta, Domino, lo abborda e lo conduce al proprio appartamento, ma una telefonata di Alice richiama Bill alla realtà. Il medico si trova quindi per caso nel locale in cui si esibisce Nick Nightingale: il vecchio amico fornisce a Bill la parola d'ordine («Fidelio») per accedere a una misteriosa festa; il medico noleggia una maschera e un mantello presso il negozio di costumi «Rainbow» (qui Milich, il proprietario, scopre la giovanissima figlia che si è appartata con due giapponesi seminudi e travestiti) e si reca a Somerton, la villa in cui si svolge la misteriosa festa. Tra una folla di individui incappucciati e protetti da maschere grottesche, prende avvio una sontuosa orgia. Nonostante gli avvertimenti di una misteriosa donna mascherata che gli intima di allontanarsi, Bill viene scoperto e sottoposto a un grottesco processo. Improvvisamente, tuttavia, la donna mascherata si offre per "riscattarlo". Tornato a casa, l'uomo sente Alice che ride sfrenatamente nel sonno. Svegliatasi, la moglie racconta angosciata a Bill un sogno in cui fa l'amore con il giovane ufficiale del suo precedente racconto e poi con una grande quantità di uomini all'interno di un'orgia.

Il mattino dopo Bill, prima di andare al lavoro, passa a cercare Nick, ma il pianista è scomparso in circostanze ambigue. Si reca quindi da Milich: i due giapponesi appaiono ora distintamente vestiti e salutano affabilmente il proprietario. Incapace di lavorare, il medico si reca in auto a Somerton: fuori dalla villa riceve un biglietto in cui viene minacciato nel caso di ulteriori indagini. Quella sera Bill chiama Marion, ma gli risponde il fidanzato di costei. Si reca allora da Domino, ma trova solo la sua compagna di appartamento, Sally, che gli rivela che la giovane prostituta ha scoperto di essere affetta da HIV virus. Per strada, Bill si accorge di essere pedinato; leggendo un giornale in un locale apprende della morte per overdose di Mandy, la ragazza incontrata due sere prima da Ziegler – e forse anche la misteriosa donna che si è offerta di riscattarlo alla festa della sera prima. Recatosi all'obitorio fissa a lungo la ragazza morta. Una telefonata lo chiama a casa di Ziegler: anche il ricco cliente di Bill era all'orgia in maschera, destinata a ospitare un gruppo selezionato di potentissimi personaggi. Ma non c'è stato nessun "sacrificio": il processo era solo una messa in scena per intimidire Bill. Tornato nuovamente a casa, il medico trova la maschera, che aveva perduto, adagiata sul cuscino a fianco di Alice, al suo posto. La moglie si sveglia, e Bill decide di raccontarle tutto quanto avvenuto.

Il mattino seguente trova i coniugi Hartford reduci da un lungo e sofferto racconto. I due si recano con Helena ad acquistare dei giocattoli. Nel negozio ha luogo un breve e intenso dialogo conclusivo: «Penso che dovremmo ringraziare il destino – afferma Alice – [...] per averci fatto uscire senza alcun danno da tutte le nostre avventure: sia da quelle vere che da quelle solo sognate». Tuttavia, conclude la donna, ora c'è una cosa più importante da fare: «scopare».

[3] Questo aspetto è stato di recente sviluppato da D. Metlić, *Unmasking the Society: The Use of Masks in Kubrick's Films*, in J. Fenwick, I.Q. Hunter, E. Pezzotta (a cura di), *Stanley Kubrick: A Retrospective*, «Cinergie - Il cinema e le altre arti», n. 12, 2007, pp. 21-30.

[4] Sulla recitazione "straniante" e brechtiana imposta a Tom Cruise si vedano tra gli altri D. Ingham, *Kidman, Cruise, and Kubrick: A Brechtian Pastiche*, in C. Baron, F.P. Tomasulo (a cura di), *More than a Method: Trends and Traditions in Contemporary Film Performance*, Detroit, Wayne State University Press, 2004; S.M. Carkicke, *The Material Poetry of Acting: "Objects of Attention" Performance Style, and Gender in «The Shining» and «Eyes Wide Shut»*, in «Journal of Film and Video», n. 1-2, 2006, pp. 21-30.

[5] R. De Gaetano, *La scena e il rituale*, in Id., *L'immagine contemporanea. Cinema e mondo presente*, Marsilio, Venezia, 2010, pp. 15-31.

[6] G. Carluccio, *Somewhere under the rainbow*, in G. Carluccio - F. Villa (a cura di), *Dossier «Eyes Wide Shut»*, numero monografico di «La Valle dell'Eden», n. 8-9, 2001-2002, pp. 29-38.

[7] M. Chion, *Eyes Wide Shut*, London, BFI, 2002, pp. 70-76, che recupera il termine tecnico di psittacismo (*parro-*

ting, psittacisme), indicante una forma di disturbo del linguaggio.

[8] Tra i vari saggi che hanno focalizzato questo punto, rimando a E. Morreale, *Macrofisica del potere*, in «Cineforum», n. 389, 1999, pp. 9-12.

[9] D'altra parte, la figura di Bill funziona come sineddoche di un intero sistema sociale basato sulla circolazione del denaro in quanto necessario complemento alla circolazione dei corpi: anche Helena sta risolvendo a casa con l'aiuto di Alice alcuni problemi matematici legati all'uso di dollari.

[10] M. Guerra, *Il meccanismo indifferente. La concezione della storia nel cinema di Stanley Kubrick*, Roma, Aracne, 2007, in particolare pp. 149-174.

[11] Il richiamo di Kubrick al rispetto scrupoloso della novella è testimoniato dalle successive revisioni della sceneggiatura che sono ora consultabili presso i Kubrick Archives: L. Scholes - R. Martin, *Archived Desires: «Eyes Wide Shut»*, in T. Ljujić, P. Krämer, R. Daniels (a cura di), *Stanley Kubrick: New Perspectives*, London, Black Dog Publishing, 2015, pp. 343-356. Il confronto tra novella e film è al centro di numerosissimi lavori, per i quali rimando a Cimmino, Dottorini, Pangaro (a cura di), *Il doppio sogno*, cit.

[12] G. Alonge, *"To be perfectly honest..." or: Mr. Harford and the vicious circle*, in Carluccio - Villa (a cura di), *Dossier «Eyes Wide Shut»*, cit., p. 20.

[13] A.W. Preuyssner, *Kubrick's «Eyes Wide Shut» as Shakespearean tragicomedy*, in «Literature/Film Quarterly», XXIX, 4, 2001, pp. 290-296.

[14] A questa serie di richiami vanno forse aggiunti quelli al patrimonio folclorico europeo, già presenti nella novella di Schnitzler e ripresi da Kubrick: si veda su questo punto S.E. Matrix, *A Secret Midnight Ball and a Magic Cloak of Invisibility: The Cinematic Folklore of Stanley Kubrick's «Eyes Wide Shut»*, in P. Greenhill - S.E. Matrix (a cura di), *Fairy Tale Films: Visions of Ambiguity*, Logan, Utah State University Press, 2010, pp. 178-197.

[15] Questa idea viene sviluppata da M.W. Bruno, *Il cinema di Stanley Kubrick*, Roma, Gremese, 2017, pp. 153-164.

[16] S. Freud, *Notiz über den Wunderblock*, 1924 (trad. it. *Nota sul "Notes magico"*, in Id., *Opere Complete*, Vol. 10, *Inibizione, sintomo e angoscia e altri scritti: 1924-1929*, Torino, Bollati Boringhieri, 2000, pp. 4854-4859, citazione a p. 4858).

[17] La sequenza finale nel negozio di giocattoli è l'unico momento del film che sfugge a questa logica, quasi a evidenziare il fatto che i protagonisti sono usciti dal sistema che li aveva fin qui tenuti avvinti.

[18] K. McQuiston, *We'll Meet Again: Musical Design in the Films of Stanley Kubrick*, Oxford-New York, Oxford University Press, 2013, pp. 57-58.

[19] A. Giovannelli, *Cognitive Value and Imaginative Identification: The Case of Kubrick's «Eyes Wide Shut»*, in «The Journal of Aesthetics and Art Criticism», LXVIII, 4, 2010, pp. 355-366.

[20] Su questi aspetti (su cui si è centrata una parte consistente della critica recente, da Elsaesser a Naremore, da Giuliani a Webster), mi permetto di rinviare a R. Eugeni, *Stanley Kubrick oggi: i libri, i dibattiti, le mostre, i film*, in Id., *Invito al Cinema di Kubrick*, Milano, Mursia, 2014, pp. 197-227.

[21] M. Ferraris, *L'ermeneutica*, Roma-Bari, Laterza, 1998, p. 10. Vedi anche Id., *Storia dell'ermeneutica*, Milano, Bompiani, 2008.

[22] R. Barthes, *De l'œuvre au texte* (1971), in Id., *Le bruissement de la langue*, Paris, Seuil, 1984 (trad. it. *Dall'opera al testo*, in Id., *Il brusio della lingua. Saggi critici*, vol. IV, Torino, Einaudi,

1988, p. 61). Secondo B. Peucker, *Kubrick and Kafka: The Corporeal Uncanny*, in «Modernism/modernity», VIII, 4, 2001, pp. 663-674, il titolo del film deriverebbe da una citazione da Kafka riportata da Barthes: «Si fotografano delle cose per allontanarle dalla propria mente. Le mie storie sono un modo di chiudere gli occhi», R. Barthes, *La chambre claire*, Paris, Hill & Wang, 1980 (trad. it. Id., *La camera chiara*, Torino, Einaudi, 1980, pp. 55-56).

[23] Cfr. rispettivamente J.-L. Baudry, *Il dispositivo. Cinema, media, soggettività*, a cura di R. Eugeni - G. Avezzù, Brescia, la Scuola, 2017; P. Bertetto, *Microfilosofia del cinema*, Venezia, Marsilio, 2014; F. Casetti, *L'occhio del novecento. Cinema, esperienza, modernità*, Milano, Bompiani, 2005.

[24] Su Bill come *flâneur* postmoderno si veda almeno K. Cohen, *Erotica, epistemologica, etica: «Eyes Wide Shut» come «Prüfung» postmoderna*, in Cimmino, Dottorini, Pangaro (a cura di), *Il doppio sogno*, cit., pp. 47-70.

[25] L. Malavasi, *Postmoderno e cinema. Nuove prospettive di analisi*, Roma, Carocci, 2017.

[26] Si tratta della posizione di molti commentatori, tra cui segnalo R. De Gaetano, *Le fluttuazioni del "semiconscio"*, in Carluccio - Villa, *Dossier «Eyes Wide Shut»*, cit., pp. 63-69.

[27] Rimando alla discussione di E. Pezzotta, *Stanley Kubrick: Adapting the Sublime*, Jackson, University Press of Mississippi, 2013, pp. 148-159.

Filmografia

a cura di *Elio Ugenti*

1951

Day of the Fight
Regia, fotografia e produzione: Stanley Kubrick; *testo della voce narrante*: Robert Rein; *montaggio*: Julian Bergman; *musiche originali*: Gerald Fried; *interpreti*: Walter Cartier, Vincent Cartier, Bobby James, Dan Stampler, Nat Fleischer, Douglas Edwards (Voce narrante); *distribuzione*: RKO; *origine*: USA; *durata*: 16'.

Flying Padre
Regia e fotografia: Stanley Kubrick; *montaggio*: Isaac Kleinerman; *musica*: Nathaniel Shilkret; *interpreti*: Reverendo Fred Stadtmueller, Pedro, Bob Hite (voce narrante); *produzione*: Burton Benjamin; *distribuzione*: RKO; *origine*: USA; *durata*: 9'.

1953

The Seafarers
Regia, fotografia e montaggio: Stanley Kubrick; *sceneggiatura*: Will Chasen; *interpreti*: Don Hollenbeck (se stesso e voce narrante), Paul Hall; *produzione*: Lester Cooper; *produttore esecutivo*: Alexander Pietrzak; *distribuzione* (2008): Indian Relay Productions; *origine*: USA; *durata*: 29'.

Paura e desiderio (*Fear and Desire*)
Regia, fotografia, montaggio e produzione: Stanley Kubrick; *sceneggiatura*: Howard Sackler, Stanley Kubrick; *musiche originali*: Gerald Fried; *interpreti*: Frank Silvera (Mac), Paul Mazursky (Sidney), Kenneth Harp (Tenente Corby/Generale Nemico), Steve Coit (Fletcher/Capitano Nemico), Virginia Leith (prigioniera), David Allen (voce narrante); *produttore associato*: Martin Perveler; *distribuzione*: Joseph Burstyn Inc.; *origine*: USA; *durata*: 68'.

1955

Il bacio dell'assassino (*Killer's Kiss*)
Regia, soggetto, fotografia e montaggio: Stanley Kubrick; *sceneggiatura*: Howard Sackler, Stanley Kubrick (non accreditato); *musiche originali*: Gerald Fried; *interpreti*: Jamie Smith (Davey Gordon), Irene Kane (Gloria Price), Frank Silvera (Vincent Rapallo), Jerry Jarret (Albert); *produzione*: Stanley Kubrick, Morris Bousel; *distribuzione*: United Artists; *origine*: USA; *durata*: 67'.

1956

Rapina a mano armata (*The Killing*)
Regia: Stanley Kubrick; *sceneggiatura*: Stanley Kubrick (dal romanzo *Clean Break* di Lionel White); *dialoghi*: Jim Thompson; *fotografia*: Lucien Ballard; *montaggio*: Betty Steinberg; *musiche originali*: Gerald Fried; *effetti speciali*: Dave Koehier; *interpreti*: Sterling Hayden (Johnny Clay), Coleen Gray (Fay), Vince Edwards (Val Cannon), Jay C. Flippen (Marvin Unger), Ted Decorsia (Randy Kennan), Marie Windsor (Sherry Peatty), Elisha Cook (George Peatty), Joe Sawyer (Mike O'Really); *produzione*: James B. Harris; *produttore esecutivo*: Alexander Singer; *distribuzione*: United Artists; *origine*: USA; *durata*: 83'.

1957

Orizzonti di gloria (*Paths of Glory*)
Regia: Stanley Kubrick; *sceneggiatura*: Stanley Kubrick, Calder Willingham, Jim Thompson (dal romanzo *Paths of Glory* di Humphrey Cobb); *fotografia*: George Krause; *montaggio*: Eva Kroll; *musiche originali*: Gerald Fried; *costumi*: Isle Duhois; *effetti speciali*: Erwin Lange; *interpreti*: Kirk Douglas (Colonnello Dax), Adolphe Menjou (Generale Broulard), George Macready (Generale Mireau), Ralph Meeker (Caporale Paris), Wayne Morris (Tenente Roget), Richard Anderson (Maggiore Saint-Auban), Joseph Turkel (Soldato Arnaud), Timothy Carey (Soldato Feral); *produzione*: James B. Harris, Kirk Douglas (non accreditato); *distribuzione*: United Artists; *origine*: USA; *durata*: 87'.

1960

Spartacus (*Id.*)
Regia: Stanley Kubrick; *sceneggiatura*: Dalton Trumbo (dal romanzo *Spartacus* di Howard Fast); *fotografia*: Russell Metty; *montaggio*: Robert Lawrence; *musiche originali*: Alex North; *costumi*: Valles; *scenografia*: Russell A. Gausman, Julia Heron; *effetti speciali*: Wes Thompson (non accreditato); *interpreti*: Kirk Douglas (Spartacus), Laurence Olivier (Marco Licinio

Crasso), Tony Curtis (Antonino), Jean Simmons (Varinia), Charles Laughton (Sempronio Gracco), Peter Ustinov (Lentulo Batiato), John Gavin (Giulio Cesare), Nina Forch (Elena), Herbert Lom (Tigrane Levantino), John Ireland (Crisso), John Dall (Marco Publio Glabro), Charles McGraw (Marcello), Joanna Barnes (Claudia), Harold J. Stone (Davide), Woody Strode (Draba), Peter Brocco (Ramon), Paul Lambert (Giannico), Robert J. Wilke (capitano della guardia), Nicholas Dennis (Dionisio), John Hoyt (ufficiale romano), Frederik Worlok (Simmaco); *produzione*: Edward Lewis; *produttore esecutivo*: Kirk Douglas; *distribuzione*: Universal Pictures; *origine*: USA; *durata*: 196'.

1962

Lolita (*Id.*)
Regia: Stanley Kubrick; *sceneggiatura*: Vladimir Nabokov (dal suo romanzo *Lolita*); *fotografia*: Oswald Morris; *montaggio*: Anthony Harvey; *musiche originali*: Nelson Riddle, Bob Harris; *scenografia*: William Andrews, Syd Cain; *costumi*: Gene Coffin; *trucco*: George Parleton; *interpreti*: James Mason (prof. Humbert Humbert), Sue Lyon (Dolores «Lolita» Haze), Peter Sellers (Clare Quilty), Shelley Winters (Charlotte Haze), Diana Decker (Jean Farlow), Jerry Stovin (John Farlow), Suzanne Gibbs (Mona Farlow), Gary Cockrell (Dick), Lois Maxwell (infermiera Mary Lord), Cec Linder (fisico), Shirley Douglas (Mrs. Starch), Marianne Stone (Vivian Darkbloom), Marion Mathie (Miss Lebone), Maxine Holden (Miss Fromkiss), John Harrison (Tom), Cohin Maitland (Charlie Sedgewick); *produzione*: James B. Harris; *distribuzione*: Metro-Goldwin-Mayer; *origine*: Regno Unito, USA; *durata*: 153'.

1964

Il dottor Stranamore - Ovvero: come ho imparato a non preoccuparmi e ad amare la bomba (*Dr. Strangelove or: How I Learned to Stop Worrying and Love the Bomb*)
Regia e produzione: Stanley Kubrick; *sceneggiatura*: Stanley Kubrick, Terry Southern, Peter George (dal romanzo *Red Alert* di Peter George); *fotografia*: Gilbert Taylor; *montaggio*: Anthony Harvey; *scenografia*: Ken Adam; *musica*: Laurie Johnson; *trucco*: Stewart Freeborn; *costumi*: Bridget Sellers; *effetti speciali*: Wally Veevers; *montaggio del suono*: Leslie Hodgson; *interpreti*: Peter Sellers (Lionel Mandrake, Presidente Merkin Muffley, Dottor Stranamore), George C. Scott (Generale Turgidson), Sterling Hayden (Generale Ripper), Keenan Wynn (Colonnello Guano), Slim Pickens (Maggiore Kong), Peter Bull (Alexi de Sadesky), James Earl Jones (Tenente Zogg), Tracy Reed (Signora Scott), Jack Crailey (Signor Staines), Frank Berry (Tenente Dietrich), Glenn Beck (Tenente Kivel), Roy Stephens (Frank), Shane Rimmer (Capitano Owens); *produttore esecutivo*: Leon

Minoff; *produttore associato*: Victor Lyndon; *distribuzione*: Columbia Pictures; *origine*: Gran Bretagna, USA; *durata*: 95'.

1968

2001: Odissea nello spazio (*2001: A Space Odyssey*)
Regia, produzione e progettazione effetti speciali: Stanley Kubrick; *sceneggiatura*: Stanley Kubrick, Arthur C. Clarke (dal racconto *The Sentinel* di Arthur C. Clarke); *fotografia*: Geoffrey Unsworth; *montaggio*: Ray Lovejoy; *scenografia*: Ernest Archer, Harry Lange, Tony Masters; *musica*: Aram Chačaturjan, György Ligeti, Johann Strauss, Richard Strauss; *trucco*: Stuart Freeborn; *costumi*: Hardy Amies; *supervisione effetti speciali*: Wally Veevers, Douglas Trumbull, Con Pederson, Tom Howard; *montaggio del suono*: Winston Ryder; *interpreti*: Keir Dullea (David Bowman), Gary Lockwood (Frank Poole), William Sylvester (Heywood R. Floyd), Daniel Richter (Guarda-la-Luna), Leonard Rossiter (Andrei Smyslov), Margaret Tyzack (Elena), Robert Beatty (Ralph Alvorsen), Sean Sullivan (Bill Michaels), Douglas Rain (voce di HAL 9000), Frank Miller (voce del supervisore della missione spaziale), Alan Gifford (Padre di Frank Poole), Ann Gillis (Madre di Frank Poole); *distribuzione*: Metro-Goldwyn-Mayer; *origine*: Gran Bretagna, USA; *durata*: 139'.

1971

Arancia meccanica (*A Clockwork Orange*)
Regia, sceneggiatura e produzione: Stanley Kubrick (dal romanzo *A Clockwork Orange* di Anthony Burgess); *fotografia*: John Alcott; *montaggio*: Bill Butler; *scenografia*: John Barry; *musica elettronica*: Wendy Carlos (adattamento di brani da Ludwig van Beethoven, Gioachino Rossini, Edward Elgar, Henry Purcell); *altri brani musicali*: Terry Tucker, Erika Eigen, Arthur Freed, Nacho Herb Brown; *costumi*: Milena Canonero; *trucco*: Fred Williamson, George Partleton, Barbara Daly; *realizzazione quadri e sculture*: Hermann Makkink, Cornelius Makkink, Liz Moore, Christiane Kubrick; *interpreti*: Malcolm McDowell (Alex DeLarge), Patrick Magee (Mr. Alexander), Warren Clarke (Dim), James Marcus (Georgie), Aubrey Morris (Deltoid), Godfrey Quigley (Cappellano del carcere), Anthony Sharp (Ministro degli Interni), Michael Bates (Capitano delle guardie), Phil Stone (Padre di Alex), Sheila Raynor (Madre di Alex), Richard Connaught (Billy Boy), Adrienne Corri (Mrs. Alexander), Carl Duering (Dott, Brodsky), Michael Gover (Direttore del carcere), Paul Farrell (Vagabondo); *produttore associato*: Bernard Williams; *produttori esecutivi*: Max L. Raab, Si Litvinoff; *distribuzione*: Warner Bros.; *origine*: Gran Bretagna, USA; *durata*: 137'.

1975

Barry Lyndon (Id.)
Regia, sceneggiatura e produzione: Stanley Kubrick (dal romanzo *The Luck of Barry Lyndon* di William M. Thackeray); *fotografia*: John Alcott; *montaggio*: Tony Lawson; *scenografia*: Ken Adam; *musica*: Leonard Rosenmann (adattamenti di brani da Johann Sebastian Bach, Federico il Grande, Georg Friedrich Händel, Wolfang Amadeus Mozart, Giovanni Paisiello, Franz Schubert, Antonio Vivaldi), The Chifteans (musica tradizionale irlandese); *costumi*: Milena Canonero, Ulla-Britt Söderlund; *acconciature e parrucche*: Leonard; *trucco*: Ann Brodie, Alan Boyle, Barbara Daly, Jill Carpenter, Yvonne Coppard; *montaggio del suono*: Rodney Holland; *interpreti*: Ryan O'Neal (Barry Lyndon), Marisa Berenson (Lady Lyndon), Patrick Magee (Chevalier de Balibari), Hardy Krüger (Capitano Potzdorf), Steven Berkoff (Lord Ludd), Gay Hamilton (Nora Brady), Marie Kean (Madre di Barry), Diana Koerner (Ragazza tedesca), Murray Melvin (Reverendo Runt), Frank Middlemass (Sir Charles Lyndon), André Morell (Lord Wendover), Arthur O'Sullivan (Bandito), Godfrey Quigley (Capitano Grogan), Leonard Rossiter (Capitano Quin), Philip Stone (Graham), Leon Vitali (Lord Bullington), Dominic Savage (Bullingdon bambino), David Morley (Bryan Lyndon), Michael Horden (Narratore); *produttore associato*: Bernard Williams; *produttore esecutivo*: Jan Harlan; *distribuzione*: Warner Bros.; *origine*: Gran Bretagna, USA; *durata*: 185'.

1980

Shining (The Shining)
Regia e produzione: Stanley Kubrick; *sceneggiatura*: Stanley Kubrick, Diane Johnson (dal romanzo *The Shining* di Stephen King); *fotografia*: John Alcott; *montaggio*: Ray Lovejoy; *scenografia*: Roy Walker; *musica*: Béla Bartók, Krzysztof Penderecki, Wendy Carlos, Rachel Elkind, György Ligeti; *costumi*: Milena Canonero; *trucco*: Tom Smith, Barbara Daly; *montaggio del suono*: Dino Di Campo, Jack Knight; *interpreti*: Jack Nicholson (Jack Torrance), Shelley Duvall (Wendy Torrance), Danny Lloyd (Danny), Scatman Crothers (Hallorann), Barry Nelson (Ullman), Philip Stone (Grady), Joe Turkel (Lloyd), Anne Jackson (Dottoressa), Tony Burton (Durkin), Lia Beldan (Ragazza nella vasca), Billie Gibson (Anziana signora nella vasca), Barry Dennen (Watson), Lisa Burns e Louise Burns (Gemelle); *produttori associati*: Robert Fryer, Mary Lea Johnson, Martin Richards; *produttore esecutivo*: Jan Harlan; *distribuzione*: Warner Bros.; *origine*: Regno Unito, USA; *durata*: 144' (USA), 119' (Europa).

1987

Full Metal Jacket (Id.)
Regia e produzione: Stanley Kubrick; *sceneggiatura*: Stanley Kubrick,

Michael Herr, Gustav Hasford (dal romanzo *The Short-Timers* di Gustav Hasford); *fotografia*: Douglas Milsome; *montaggio*: Martin Hunter; *scenografia*: Anton Furst; *musiche originali*: Abigail Mead (pseudonimo di Vivian Kubrick); *altri brani musicali*: Tom Hall, Lee Hazelwood, Domingo Samudio, Goldman Band, Jeff Barry, Ellie Greenwich, Phil Spector, Mick Jagger, Keith Richards; *costumi*: Keith Denny; *trucco*: Christine Allsopp, Jennifer Boost; *effetti speciali*: John Evans, Peter Dawson, Jeff Clifford, Alan Barnard; *interpreti*: Matthew Modine (Joker), Adam Baldwin (Animal Mother), Vincent D'Onofrio (Leonard Lawrence "Palla di Lardo"), Ronald Lee Ermey (Sergente Hartman), Dorian Harewood (Eightball), Arliss Howard (Cowboy), Kevin M. Howard (Rafterman), Ed O'Ross (Touchdown), John Terry (Tenente Lockhart), Kieron Jecchinis (Crazy Earl), Kirk Taylor (Payback), Tim Colceri (Doorgunner), John Stafford (Doc Jay), Ian Tyler (Tenente Cleves), Gary Landon Mills (Donlon), Papillon Soo Soo (Prostituta vietnamita), Ngoc Le (Cecchino vietnamita), Peter Edmund (Biancaneve); *co-produttore*: Philip Hobbs; *produttore associato*: Michael Herr; *produttore esecutivo*: Jan Harlan; *distribuzione*: Warner Bros.; *origine*: Gran Bretagna, USA; *durata*: 116'.

1999

Eyes Wide Shut (*Id.*)
Regia e produzione: Stanley Kubrick; *sceneggiatura*: Stanley Kubrick, Frederic Raphael (dal racconto *Traumnovelle* di Arthur Schnitzler); *fotografia*: Larry Smith; *montaggio*: Negel Gali; *scenografia*: Les Tomkins, Roy Walker; *musiche originali*: Jocelyn Pook; *altri brani musicali*: Dimitrij Šostakovič, György Ligeti, Chris Isaak, Wolfang Amadeus Mozart, Wayne Shanklin, Jimmy McHugh, Dorothy Fields, Gus Kahn, Isham Jones, Georges Garvarentz, Charles Aznavour, Victor Young, Edward Heyman, Harry Warren, Al Dublin, Chris Isaak, Duke Ellington, Paul Francis Webster, Ted Shapiro, Jimmy Campbell, Reg Connolly, Oscar Levant, Bert Kaempfert, Charles Singleton, Eddie Snyder; *costumi*: Marit Allen; *trucco*: Robert McAnn; *montaggio del suono*: Paul Conway; *interpreti*: Tom Cruise (William Harford), Nicole Kidman (Alice Harford), Sydney Pollack (Victor Ziegler), Todd Field (Nick Nightingale), Marie Richardson (Marion), Vinessa Shaw (Domino), Rade Šerbedžija (Milich), Alan Cumming (Portiere dell'albergo), Madison Eginton (Helena Harford), Jackie Sawiris (Roz), Leslie Lowe (Ilona), Michael Doven (Segretario del dott. Ziegler), Louise Taylor (Gayle), Stewart Thorndike (Nuala), Randall Paul (Harris), Julienne Davis (Mandy), Sky Dumont (Sandor Szavost), Lisa Leone (Lisa), Kevin Connealy (Lou Nathanson), Thomas Gibson (Carl), Togo Igawa (Uomo giapponese), Eiji Kusuhara (Uomo giapponese), Abigail Good (Donna misteriosa), Brian W. Cook (Tall Butler), Leon Vitali (Red Cloak); *co-produttore*: Brian W. Cook; *produttore esecutivo*: Jan Harlan; *distribuzione*: Warner Bros.; *origine*: Gran Bretagna, USA; *durata*: 159'.

Bibliografia*

a cura di *Elio Ugenti*

INTERVISTE, TESTIMONIANZE E BIOGRAFIE

J. Baxter, *Stanley Kubrick: A Biography*, Boston, Da Capo Press, 1997 (trad. it. *Stanley Kubrick. La biografia*, Torino, Lindau, 1999)
E. D'Alessandro, con F. Ulivieri, *Stanley Kubrick e me*, Milano, il Saggiatore, 2012
M. Di Flaviano, F. Greco, S. Landini, *Stanley Kubrick and Us*, Torino, Lindau, 2001
M. Herr, *Kubrick*, New York, Grove Press, 2000 (trad. it. *Con Kubrick. Storia di un'amicizia e di un* capolavoro, Roma, minimum fax, 2009)
Ch. Kubrick (a cura di), *Stanley Kubrick: A Life in Pictures*, London, Little, Brown & Co., 2002 (trad. it. *Stanley Kubrick. Una vita per immagini*, Milano, Rizzoli, 2003)
V. LoBrutto, *Stanley Kubrick: A Biography*, New York, Dutton, 1997 (trad. it. *Stanley Kubrick. L'uomo dietro la leggenda*, Milano, Il Castoro, 1999)
G.D. Phillips (a cura di), *Stanley Kubrick: Interviews*, Jackson, University Press of Mississippi, 2001 (trad. it. S. Kubrick, *Non ho risposte semplici. Il genio del cinema si racconta*, Roma, minimum Fax, 2015)
F. Raphael, *Eyes Wide Open: A Memoir of Stanley Kubrick and «Eyes Wide Shut»*, New York, Ballantine Books, 1999 (trad. it. *Eyes Wide Open*, Torino, Einaudi, 1999)

MONOGRAFIE E NUMERI MONOGRAFICI DI RIVISTE

AA.VV., *Dossier Kubrick*, numero monografico di «Bianco e Nero», n. 5, 1999
AA.VV., *Stanley Kubrick fotografo*, Firenze, Giunti, 2012

* La vastità della bibliografia esistente sull'opera di Stanley Kubrick impedisce una restituzione integrale in questa sede. Si è scelto pertanto di offrire una selezione tra i volumi, gli articoli, i capitoli e i numeri monografici di riviste in lingua italiana, inglese, francese e tedesca, con particolare riferimento alle pubblicazioni degli ultimi trent'anni.

J.J. Abrams (a cura di), *The Philosophy of Stanley Kubrick*, Lexington, The University Press of Kentucky, 2007
N. Abrams, *Kubrick: New York Jewish Intellectual*, New Brunswick, Rutgers University Press, 2018
S. Azulys, *Stanley Kubrick: Une odyssée philosophique*, Chatou, Les Editions de la Transparence, 2011
S. Bassetti, *La musica secondo Kubrick*, Torino, Lindau, 2002
S. Bernardi, *Kubrick e il cinema come arte del visibile*, edizione aggiornata, Milano, Il Castoro, 2000
S. Bodde, *Die Musik in den Filmen von Stanley Kubrick*, Osnabrück, Der Andere Verlag, 2002
S. Borin (a cura di), *The Kubrick After: influssi e contaminazioni sul cinema contemporaneo*, Padova, Il Poligrafo, 1999
M. Broderick (a cura di), *Dossier: Post-Kubrick*, numero monografico di «Screening the Past», n. 42, 2017
G.P. Brunetta (a cura di), *Stanley Kubrick*, Venezia, Marsilio, 1999
M.W. Bruno, *Stanley Kubrick*, Roma, Gremese, 2017
U. Cantone (a cura di), *Le carte di Kubrick. Pubblicità e letteratura di un genio del cinema*, Palermo, Sellerio, 2009
A. Castle (a cura di), *The Stanley Kubrick Archives*, Köln, Taschen, 2008
M. Chion, *Stanley Kubrick: L'humain, ni plus ni moins*, Paris, Cahiers du cinéma, 2005 (trad. it. *Stanley Kubrick. L'umano, né più né meno*, Torino, Lindau, 2006)
M. Ciment, *Kubrick*, Paris, Calmann-Lévy, 1999 (trad. it. *Kubrick*, Milano, Rizzoli, 1999)
M. Ciment (a cura di), *Stanley Kubrick. Catalogo della retrospettiva della 54ª Mostra Internazionale del Cinema di Venezia*, Milano, Editoriale Giorgio Mondadori, 1997
G. Cocks, J. Diedrick, G. Perisek (a cura di), *Depth of Field: Stanley Kubrick, Film, and the Uses of History*, Madison, The University of Wisconsin Press, 2006
F. De Bernardinis, *L'immagine secondo Kubrick*, Torino, Lindau, 2003
E. De Paoli, *Kubrick: il disorientamento dell'individuo*, Genova, Erga, 2015
D. De Vries, *The Films of Stanley Kubrick*, Grand Rapids, Eerdmans, 1973
P. Duncan, *The Pocket Essential Kubrick*, Harpenden, Pocket Essentials, 1999 (trad. it. *Tutti i film di Stanley Kubrick*, Torino, Lindau, 2008)
P. Duncan, *Stanley Kubrick: The Complete Films*, Köln, Taschen, 2003
R. Eugeni, *Invito al cinema di Kubrick*, Milano, Mursia, 2016[3]
M. Falsetto (a cura di), *Perspectives on Stanley Kubrick*, New York-London, G.K. Hall-Prentice, 1996
M. Falsetto, *Stanley Kubrick: A Narrative and Stylistic Analysis*, Westport-London, Praeger, 2001[2]
J. Fenwick, I.Q. Hunter, E. Pezzotta (a cura di), *Stanley Kubrick: A Retrospective*, numero monografico di «Cinergie», n. 12, 2017
P. Fraisse, *Le cinéma au bord du monde. Une approche de Stanley Kubrick*, Paris, Gallimard, 2010

A. Frewin (a cura di), *Are We Alone?: The Stanley Kubrick's Extraterrestrial-Intelligence Interviews*, London, Elliott & Thompson, 2005 (trad. it. *Stanley Kubrick. Interviste extraterrestri*, Milano, Isbn, 2006)
M. Gagliano, *La forma della visione nel cinema di Kubrick e altri saggi*, Roma, Aracne, 2009
L.M. García Mainar, *Narrative and Stylistic Patterns in the Films of Stanley Kubrick*, New York, Camden House, 1999
B. Gauthier (a cura di), *Kubrick, les films, les musiques*, Montpellier, l'Entre-temps, 2012
C.L. Gengaro, *Listening to Stanley Kubrick: The Music in His Films*, Lanham, Scarecrow Press, 2013
E. Ghezzi, *Stanley Kubrick*, Milano, Il Castoro, 2007[5]
P. Giuliani, *Stanley Kubrick*, Paris, Rivages, 1990 (trad. it. *Stanley Kubrick*, Recco, Genova, Le Mani, 1996)
M. Guerra, *Il meccanismo indifferente. La concezione della storia nel cinema di Stanley Kubrick*, Roma, Aracne, 2007
J. Howard, *The Stanley Kubrick Companion*, London, Batsford, 1999
D. Hughes, *The Complete Kubrick*, London, Virgin, 2000
A. Jacke, *Stanley Kubrick: Eine Deutung der Konzepte seiner Filme*, Giessen, Psychosozial-Verlag, 2009
G. Jenkins, *Stanley Kubrick and the Art of Adaptation: Three Novels, Three Films*, Jefferson, McFarland, 1997
N. Kagan, *The Cinema of Stanley Kubrick*, Oxford, Roundhouse, 2000[3]
P. Kolker, *A Cinema of Loneliness*, Oxford-New York, Oxford University Press, 2011
B. Krohn, *Stanley Kubrick*, Paris, Cahiers du Cinéma, Sarl, 2010 (trad. it. *Stanley Kubrick*, Paris, Cahiers du Cinéma, 2010)
P. Kuberski, *Kubrick's Total Cinema: Philosophical Themes and Formal Qualities*, London, Continuum, 2012
S. Kubrick, *Ladro di sguardi. Fotografie di fotografie 1945-1949*, a cura di Enrico Ghezzi, Milano, Bompiani, 1994
R. Lasagna, *Il mondo di Kubrick. Cinema, estetica, filosofia*, Milano, Mimesis, 2015
R. Lasagna - S. Zumbo, *I film di Stanley Kubrick*, Alessandria, Falsopiano, 1997
T. Ljujic´, P. Krämer, R. Daniels (a cura di), *Stanley Kubrick: New Perspectives*, London, Black Dog Publishing, 2015
D. Magnisi - L. Costarella, *Gli orizzonti del cinema di Stanley Kubrick*, Bari, Adda, 2003
P. Mather, *Stanley Kubrick at Look Magazine: Authorship and Genre in Photojournalism and Film*, Bristol-Chicago, Intellect, 2013
K. McQuiston, *We'll Meet Again: Musical Design in the Films of Stanley Kubrick*, Oxford-New York, Oxford University Press, 2013
J. Monaco, *The Films of Stanley Kubrick*, New York, The New School Department, 1974
J. Naremore, *On Kubrick*, London, British Film Institute, 2007 (trad. it. *Su Kubrick*, Torino, Kaplan, 2009)

T.A. Nelson, *Kubrick: Inside a Film Artist's Maze*, Bloomington, Indiana University Press, 2000
A. Pecqueur, *Les écrans sonores de Stanley Kubrick*, Montdidier, Éditions du point d'exclamation, 2007
E. Pezzotta, *Stanley Kubrick: Adapting the Sublime*, Jackson, University Press of Mississippi, 2013
G.D. Phillips, *Stanley Kubrick: A Film Odyssey*, New York, Popular Library, 1975
G.D. Phillips - R. Hill (a cura di), *The Encyclopedia of Stanley Kubrick: From «Day of the Fight» to «Eyes Wide Shut»*, New York, Facts on File, 2002
R. Rasmussen, *Stanley Kubrick: Seven Films Analyzed*, Jefferson-London, McFarland & Co., 2001
H.-P. Reichmann (a cura di), *Stanley Kubrick*, Frankfurt, Deutsches Filmmuseum, 2004 (trad. it. Firenze-Milano, Giunti Arte Mostre Musei, 2007)
G.D. Rhodes (a cura di), *Stanley Kubrick: Essays on His Films and Legacy*, Jefferson, McFarland & Co., 2008
J. Rice, *Kubrick's Hope: Discovering Optimism from «2001» to «Eyes Wide Shut»*, Lanham, Scarecrow Press, 2008
L. Sante, *Stanley Kubrick Photographs: Through a Different Lens*, Köln-Los Angeles, Taschen, 2018
E. Smith, *The Stanley Kubrick Handbook - Everything You Need to Know About Stanley Kubrick*, Dayboro, Emereo Publishing, 2010
L. Sogni - L. Brivio (a cura di), *Stanley Kubrick*, Roma, Audino, 1999
S. Sperl, *Die Semantisierung der Musik im filmischen Werk Stanley Kubricks*, Würzburg, Verlag Königshausen & Neumann, 2006
S. Toffetti, *Stanley Kubrick*, Milano, Moizzi, 1978
J. Vidal, *Traité du combat modern. Films et fictions de Stanley Kubrick*, Paris, Allia, 2005 (trad. it. *Trattato del combattimento moderno: film e fiction di Stanley Kubrick*, Roma, Stampa alternativa, 2015)
A. Walker, U. Ruchti, S. Taylor, *Stanley Kubrick, Director: A Visual Analysis*, New York, W.W. Norton & Co., 2000
P. Webster, *Love and Death in Kubrick: A Critical Study of the Films from «Lolita» Through «Eyes wide Shut»*, Jefferson, McFarland, 2010
V. Zagarrio (a cura di), *Overlooking Kubrick. La storia, la messa in scena, lo sguardo, il montaggio, la psiche*, Roma, Audino, 2006
S. Zumbo, *La trappola del testo. Sul primo Kubrick*, Milano, Mimesis, 2018

MONOGRAFIE E DOSSIER SU SINGOLI FILM

J.-M. Bertrand, *2001: L'odyssée de l'espace. Puissance de l'énigme*, Paris, L'Harmattan, 2006
P. Bizony, *The Making of Stanley Kubrick's «2001: A Space Odyssey»*, Köln-Los Angeles, Taschen, 2014
G. Carluccio - F. Villa (a cura di), *Dossier «Eyes Wide Shut»*, in «La valle dell'Eden», n. 8-9, 2002

M. Carosso, *Stanley Kubrick's «Shining»*, Alessandria, Falsopiano, 2006
G. Case, *Calling «Dr. Strangelove»: The Anatomy and Influence of the Kubrick Masterpiece*, Jefferson, McFarland & Co., 2014
A. Castle (a cura di), *Stanley Kubrick's «Napoleon»: The Greatest Movie Never Made*, Köln, Taschen, 2011
M. Chion, *Eyes Wide Shut*, London, BFI, 2002
M. Chion, *Un'odissea del cinema. Il «2001» di Kubrick*, Torino, Lindau, 2000
S. Ciaruffoli, *Stanley Kubrick. «Eyes Wide Shut»*, Alessandria, Falsopiano, 2003
L. Cimmino, D. Dottorini, G. Pangaro (a cura di), *Il doppio sogno di Stanley Kubrick. Dalla «Traumnovelle» ad «Eyes Wide Shut»*, Soveria Mannelli, Rubbettino, 2017
R. Corliss, *Lolita*, London, BFI, 1994
G. Cremonini, *Stanley Kubrick. «L'arancia meccanica»*, Torino, Lindau, 1999
G. Cremonini, *Stanley Kubrick. «Shining»*, Torino, Lindau, 1999
R. Curti, *Rapina a mano armata*, Torino, Lindau, 2007
K. Douglas, *I Am Spartacus! Making a Film, Breaking the Blacklist*, New York, Open Road Media, 2012 (trad. it. *Io sono Spartaco! Come girammo un film e cancellammo la lista nera*, Milano, il Saggiatore, 2015)
J.P. Dumont - J. Monod, *Le foetus astral*, Paris, Christian Bourgois, 1970
J. Fenwick (a cura di), *Understanding Kubrick's «2001: A Space Odyssey»: Representation and Interpretation*, Bristol, Intellect, 2018
G. Fink, *«Orizzonti di gloria»: un film di Stanley Kubrick*, Padova, Radar, 1971
A. Gnocchi, *I segreti di «Shining»: King contro Kubrick*, Siena, Barney, 2014
F. Gregori (a cura di), *Singin' in the brain. Il mondo distopico di «A Clockwork Orange»*, Torino, Lindau, 2004
J. Harlan - J.M. Struthers (a cura di), *«A.I. Artificial Intelligence»: From Stanley Kubrick to Steven Spielberg - The Vision Behind the Film*, London, Thames & Hudson, 2009
R. Kolker (a cura di), *Stanley Kubrick's 2001: A Space Odyssey: New Essays*, New York, Oxford University Press, 2006
R.P. Kolker - N. Abrams, *«Eyes Wide Shut»: Stanley Kubrick and the Making of His Final Film*, Oxford-New York, Oxford University Press, 2019
P. Krämer, *2001: A Space Odyssey*, London, Palgrave Macmillan for BFI, 2010
P. Krämer, *Dr. Strangelove or: How I Learned to Stop Worrying and Love the Bomb*, London, Palgrave Macmillan for BFI, 2014
R. Luckhurst, *The Shining*, London, Palgrave Macmillan for BFI, 2013
S. Marcucci, *«Lolita»: analisi di un'ossessione*, Roma, Bulzoni, 1999
G. Marrone, *La Cura Ludovico. Sofferenze e beatitudini di un corpo sociale*, Torino, Einaudi, 2005
S.Y. McDougal (a cura di), *Stanley Kubrick's «A Clockwork Orange»*, Cambridge, Cambridge University Press, 2013
R. Menarini - C. Bisoni, *Stanley Kubrick. «Full Metal Jacket»*, Torino, Lindau, 2010
D. Olson (a cura di), *Studies in the Horror Film: Stanley Kubrick's «The Shining»*, Lakewood, Centipede Press, 2015

D. Ortmann, *Der Film Noir. Inhaltliche Parallelen von Stanley Kubricks «The Killing» Und John Hustons «Asphalt Jungle»*, München, Grin Verlag, 2018
P. Pilard, *«Barry Lyndon», Stanley Kubrick. Étude critique*, Paris, Nathan, 1990 (trad. it. *Stanley Kubrick. «Barry Lyndon»*, Torino, Lindau, 2007)
M. Pramaggiore, *Making Time in Stanley Kubrick's «Barry Lyndon»: Art, History and Empire*, London-New York, Bloomsbury, 2014
M. Pramaggiore, *Stanley Kubrick's «Barry Lyndon»: Transnationality, Imagery and a Director's Mark*, London-New York, Bloomsbury, 2014
F. Ulivieri (a cura di), *1964-1968: L'odissea di Kubrick. Il calendario di lavorazione di «2001»*, in «Segnocinema», n. 212, 2018
L.F. Wheat, *Kubrick's «2001»: A Triple Allegory*, Lanham-London, Scarecrow Press, 2000
M.M. Winkler, *«Spartacus»: Film and History*, Malden-Oxford, Blackwell, 2007

SAGGI IN VOLUME E RIVISTA

G. Alonge - G. Carluccio, *L'autore: il caso Kubrick. «Eyes Wide Shut» (1999)*, in Iid. (a cura di), *Il cinema americano contemporaneo*, Roma-Bari, Laterza, 2015
J. Aumont, 2001*: Couleur du temps*, in Id., *Matière d'images, redux*, Paris, La Différence, 2009
J. Baudrillard, *L'Histoire, un scénario rétro* (1978) (trad. it. *La storia: uno scenario rétro*, in Id., *Simulacri e impostura. Bestie, Beaubourg, apparenze e altri oggetti*, Milano, Pgreco, 2008)
S. Bernardi, *Struttura tematica e struttura stilistica in «2001: Odissea nello spazio»*, in P. Bertetto (a cura di), *L'interpretazione dei film*, Venezia, Marsilio, 2003
P. Bertetto, *Sensazione e intensità. «Arancia meccanica» e «Vinyl»*, in Id., *Il cinema e l'estetica dell'intensità*, Milano, Mimesis, 2016
T. Botz-Bornstein, *From "Ethno-Dream" to Hollywood: Schnitzler's «Traumnovelle», Kubrick's «Eyes Wide Shut», and the Problem of "Deterritorialization"*, in Id., *Films and Dreams: Tarkovsky, Bergman, Sokurov, Kubrick and Wong Kar-Wai*, Lanham-Boulder, Lexington Books, 2007
S.M. Carnicke, *The Material Poetry of Acting: "Objects of Attention", Performance Style, and Gender in The Shining and Eyes Wide Shut*, in «Journal of Film and Video», n. 1-2, 2006
E. Carocci, *La paura di HAL. Cinema e politica delle emozioni nell'epoca del biocapitalismo*, in «Bianco e nero», n. 3, 2009
T. Cazals, *L'homme-labyrinthe*, in «Cahiers du cinéma», n. 401, 1987
P. Cherchi Usai, *Kubrick "rimosso": «Fear and Desire» e «The Seafarers»*, in «Segnocinema», n. 40, 1989
H. Deer - I. Deer, *Kubrick and the Structures of Popular Culture*, in «Journal of Popular Film and Television», n.3, 1974
R. De Gaetano, *«Eyes Wide Shut»: la scena e il rituale*, in Id., *L'immagine contemporanea. Cinema e mondo presente*, Venezia, Marsilio, 2010

G. Deleuze, *Cinéma, corps et cerveau, pensée* in Id., *L'Image-temps*, Paris, Les Éditions de Minuit, 1985 (trad. it. *Cinema, corpo e cervello, pensiero*, in Id., *L'immagine tempo. Cinema 2*, Torino, Einaudi, 2017)
Th. Elsaesser, *Screen Violence: Emotional Structure and Ideological Function in «A Clockwork Orange»*, in C.W.E. Bigsby (a cura di), *Approaches to Popular Culture*, London, Arnold, 1976
R. Eugeni, *La cornice spezzata del presente. Figure della memoria in Stanley Kubrick e Hideo Nakata*, in A. Mengoni (a cura di), *Racconti della memoria e dell'oblio*, Siena, Protagon, 2009
H. Feldman, *Kubrick and His Discontents*, in «Film Quarterly», XXX, 1, 1976
G. Fink, *Kubrick: non raccontare una storia*, in «Cinema e cinema», n. 9, 1976
G. Fofi, *Storia di Stanley Kubrick*, in «L'Illustrazione Italiana», n. 1, 1981
A. Giovannelli, *Cognitive Value and Imaginative Identification: The Case of Kubrick's «Eyes Wide Shut»*, in «The Journal of Aesthetics and Art Criticism», LXVIII, 4, 2010
D. Bingham, *Kidman, Cruise, and Kubrick: a Brechtian pastiche*, in C. Baron, D. Carson, F.P. Tomasulo (a cura di), *More than a Method: Trends and Traditions in Contemporary Film Performance*, Detroit, Wayne State University Press, 2004
C. Gorbman, *Ears Wide Open: Kubrick's Music*, in P. Powrie - R. Stilwell (a cura di), *Changing Tunes: The Use of Pre-Existing Music in Film*, Aldershot-Burlington, Ashgate, 2006
F. Jameson, *Historicism in «The Shining»* (1981), in Id., *Signatures of the Visible*, New York, Routledge, 1992 (trad. it. *Storicismo in «Shining»*, in Id., *Firme del visibile. Hitchcock, Kubrick, Antonioni*, Roma, Donzelli, 2003)
P. Krämer, *The Limits of Autonomy: Stanley Kubrick, Hollywood and Independent Filmmaking*, in G. King, C. Molloy, Y. Tzioumakis (a cura di), *American Independent Cinema: Indie, Indiewood and Beyond*, London-New York, Routledge, 2013
P. Krämer, *Stanley Kubrick Known and Unknown*, in «Historical Journal of Film, Radio and Television», XXXVII, 3, 2017
S.E. Matrix, *A Secret Midnight Ball and a Magic Cloak of Invisibility: The Cinematic Folklore of Stanley Kubrick's «Eyes Wide Shut»*, in P. Greenhill, S.E. Matrix (a cura di), *Fairy Tale Films: Visions of Ambiguity*, Logan, Utah State University Press, 2010
S. Mattessich, *Grotesque Caricature: Stanley Kubrick's «Eyes Wide Shut» as the Allegory of Its Own Reception*, in «Postmodern Culture», X, 2, 2000
C. McAvoy, *The Uncanny, The Gothic and The Loner: Intertextuality in the Adaptation Process of «The Shining»*, in «Adaptation», VIII, 3, 2015
A.W. Preussner, *Kubrick's* Eyes Wide Shut *as a Shakespearean tragicomedy*, in «Literature/Film Quarterly», XXIX, 4, 2001
A.J. Ransom, *Opening «Eyes Wide Shut»: Genre, Reception, and Kubrick's Last Film*, in «Journal of Film and Video», LXII, 4, 2010
A. Sainati, *Narrare l'oltre. Kubrick, «The Killing», la geometria e la perdita*, in Id., *Il cinema oltre il cinema*, Pisa, ETS, 2011
M. Sineux, *Maestro, musique! Image et son dans le cinéma de Stanley Kubrick*, in «Positif», n. 186, 1976

S. Vacirca: *Hotel Overlook: la geografia immaginaria di «Shining»*, in A. Minuz (a cura di), *L'invenzione del luogo. Spazi dell'immaginario cinematografico*, Pisa, ETS, 2011
C. Witmer, *The Mythology of the Stanley Kubrick Image*, in K. Lancaster - T. Mikotowicz (a cura di), *Performing the Force. Essays on Immersion into Science-Fiction, Fantasy and Horror Environments*, Jefferson, McFarland & Co., 2001
J.D. Wright, *Shades of Horror: Fidelity and Genre in Stanley Kubrick's «The Shining»*, in C. MacCabe, K. Murray, R. Warner (a cura di), *True to the Spirit: Film Adaptation and the Question of Fidelity*, Oxford-New York, Oxford University Press, 2011